U0725405

全域土地

综合整治与生态修复
理论与实践

Theory and Practice of Comprehensive Land
Management and Ecological Restoration

汪 洋　童菊儿　主编

中国建筑工业出版社

深耕国土空间全域综合整治
与生态修复助力乡村振兴

壬寅初春日梁军书于京华

自然资源部国土整治中心副总工程师 梁军题

编 委 会

编制单位：中国电建集团华东勘测设计研究院有限公司

主　编：汪　洋　童菊儿

副主编：牟宗莉　王　凯　曹　宇　何　挺

编　委：

骆丽梅　黄淼军　郭　琳　程　娟

蒋洪明　石　鑫　蒋万洋　江　潮

刘　锐　连煜浩　仇　璐　沈灵之

刘尊景　陈　森　彭　峰　周奇辉

刘胜尧　金　诚　陈佳宁　姜颖洁

张爱华　吴家龙　胡士兵　苏梦园

包家豪　丁晓妹　胡　芬

顾　问：

徐美福　黄　瑰　楼永良　汪　晖

李红举　梁　军　李永建

序

谈全域土地综合整治与生态修复，绕不过浙江省十几年前力推的"千村示范、万村整治"工程。2018 年 9 月 27 日，浙江省"千村示范、万村整治"工程荣获联合国"地球卫士奖"。2018 年，浙江省正式启动第一批 150 个全域土地综合整治与生态修复工程。2019 年，自然资源部印发《关于开展全域土地综合整治试点工作的通知》，在国家层面部署启动全域土地综合整治试点工作。2020 年，自然资源部下发《全域土地综合整治试点实施要点（试行）》。2021 年 4 月，自然资源部国土空间生态修复司发布《全域土地综合整治试点实施方案编制大纲（试行）》。

浙江是中国革命红船起航地、改革开放先行地、习近平新时代中国特色社会主义思想重要萌发地，是新时代全面展示中国特色社会主义制度优越性的重要窗口。

浙江以全域土地综合整治与生态修复工程作为新时代生态文明建设的重要抓手，致力于国土空间格局优化和生态服务价值提升。以习近平生态文明思想统筹国土空间生态修复，按照山水林田湖草系统治理的方式，统筹各类空间地理要素。浙江推动全域土地综合整治，在传统土地整治中融入乡村振兴、产业融合、空间优化、生态修复等理念，促进用地效率提升与生态环境美化，土地整治朝着绿色、低碳、健康和集约发展，对我国走向社会主义生态文明时代、促进碳达峰碳中和有着重大示范意义。

全域土地综合整治发展时间较短，尚未完全走出传统土地整治的桎梏，在生态保护与修复、产业融合与发展、农民利益协调与保障、乡村文化传承与发扬等方面还存在很多问题。在生态文明建设和乡村振兴战略背景之下，土地整治工作亟需转变发展思路，由曾经激进的、低效的发展道路走向高质量的发展之路。

总体来看，浙江由于经济社会发展水平高，全域土地综合整治开展的时间早，其以"多目标定位、多模式实施、多元化投入"为特点的全域土地综合整治，统筹农用地整理、建设用地整理和乡村生态保护修复，不仅为新时代乡村治理创造了条件，同时紧密结合国家重大战略，探索共同富裕之路。浙江在乡村工作经验积累充足，具备探索新整治模式的条件和可能性，工作进展也因此较为顺利。相比之下，中西部地区受政策引导、经济发展等因素的制约，全域土地综合整治工作还处于探索阶段，尚未形成完善的工作机制和运行模式。

本书上接天气、下接地气，经过课题组历时3年多的打磨，结合国内外经验以及浙江"千万工程"升级版的实践，既有理论高度，是NbS（基于自然的解决方案）的教科书；又有实操案例，山水林田湖草是生命共同体的活样板，尤其是生态修复NbS主流化，该书以多个视角总结了浙江全域土地综合整治与生态修复鲜活模式和实践经验。

通读全书后，个人认为《全域土地综合整治与生态修复理论与实践》提供了以下八个方面的有益启示：

一在指导思想上。该书做到以习近平生态文明思想为统领，把尊重自然、顺应自然、保护自然的理念和节约优先、保护优先、自然恢复为主的方针，切实贯彻到理论与实践的各方面和全过程。

二在整治目标上。本书注重优化国土空间格局、提高资源利用效率、改善生态环境质量、提升国土空间品质，把生态安全、粮食安全放在更重要的位置，强调生态服务功能提升和文化内涵，更强调"绿水青山就是金山银山"、多元化产业实现"两山"转化。

三在整治对象上。从对土地这一特定要素的整治，向山水林田湖草村组成社会—经济—自然复合生态系统，它们互为条件、相互影响、相互制约，构成一个不可分割的有机的生命共同体，发挥着生态系统服务功能。山水林田湖草相生相克、阴阳互根，只有阴阳调和，方能万物而生、体现区域内国土空间全要素综合整治理念。

四在实施范围上。更强调区域综合性，推动全域规划、整体设计、综合整治。全域土地综合整治与生态修复还要解决好跨区域、跨流域生态安全问题，做好系统性整治修复。

五在方法路径上。强调山水林田湖草系统治理，坚持整体保护、系统修复、综合治理、区域统筹，更强调系统性、整体性、综合性。

六在整治措施上。该书破除了"工程思维"，把"多措并举"落到实处。在生态修复方面，更强调把生物、农艺与工程措施结合起来，强调NbS主流化，用生态技术手段解决自然恢复为主的问题，使得自然恢复做到投入最低。

七在实施模式上。近年国家对粮食安全、耕地保护修复提出了新的要求，该书结合新时代、新理念、新目标绘制新篇章。针对不同区域、不同对象、不同类型的综合整治，该书理论联系实际，创新、完善整治模式。浙江模式也具有多样化、创新性、实用性、综合性和动态性的特征。

八在政策机制上。改变了"单打一"的局面，综合运用政策，创新运行机制，提倡多功能定位、多元化投入、多样化实施。特别是注重解决好资金保障问题，提倡建立健全多元化投入机制，以财政资金为引导，撬动金融资本和社会资本参与。

开展全域土地综合整治，不能把政策工具当成目标，不能忘了促进乡村振兴和生态文明建设的初心。在坚守耕地数量有增加、耕地质量有提升、建设用地有减量、生态保护红线不突破这四条底线的前提下，鼓励各地大胆探索创新，形成符合当地实际、体现当地特色的全域土地综合整治模式，建成一批宜居、宜业、宜游的美丽乡村。

很多历史教训表明，在整个发展过程中有三个不能：不能只讲索取，不讲投入；不能只讲发展，不讲保护；不能只讲利用，不讲修复。我们要进一步强化顶层设计，着力在保护耕地红线、保护生态环境、保障高质量发展上下功夫，统筹协调好保护和保障的关系。只有坚持在发展中保护，在保护中发展，才能最终实现人与自然和谐共生。

本书内容体系安排较妥当，既有理论又有实践，富有时代感和实用性。通读全书，获益匪浅。

欣然为序。

贾文涛

2022年1月11日

目录

第 3 章　全域土地综合整治的工作路径

第 6 章 全域土地综合整治工程设计

第 7 章 全域土地综合整治项目实施与运营

第8章 全域土地综合整治案例分析

第**1**章

绪论

2017 年 7 月，浙江省在总结前期"千村示范、万村整治"工作经验的基础上，率先提出在杭州市西湖区双浦镇开展全域土地综合整治试点，围绕农业农村现代化、城乡融合发展和生态文明建设总目标，按照产业兴旺、生态宜居、乡风文明、治理有效、生活富裕的总要求，通过实施全域土地综合整治与乡村生态修复工程，创新土地制度供给和要素保障，优化农村生产、生活、生态用地空间布局，构建农田连片与村庄集聚的土地保护新格局、生态宜居与集约高效的农村土地利用空间结构，促进乡村振兴，助推全省"两个高水平"建设。2018 年 8 月 14 日，浙江省人民政府办公厅印发了《关于实施全域土地综合整治与生态修复工程的意见》（浙政办发〔2018〕80 号），就实施全域土地综合整治与生态修复工程提出了总体原则、主要任务和政策措施等。同年 10 月，浙江省成立保护耕地和全域土地综合整治与生态修复领导小组，印发了《全域土地综合整治与生态修复工程三年行动计划（2018—2020 年）》，提出按照山水林田湖草系统治理和绿色发展的理念，进行全域规划、全域设计、全域整治，推动土地整治向规划管控和空间治理转变，促进城乡土地资源要素有序流动、土地集约节约利用，逐步建成农田集中连片、建设用地集中集聚、空间形态高效集约的清洁田园、美丽国土新格局；提出到 2020 年，全省实施全域土地综合整治与生态修复工程 500 个，覆盖 300 个乡镇、2000 个行政村。在学习借鉴浙江经验的基础上，2018 年 11 月，河南省人民政府向自然资源部报送了《关于报送河南省开展全域国土综合整治助推乡村振兴战略实施工作方案的函》（豫政函〔2018〕100 号），提出到 2020 年开展 200 个示范村镇建设，到 2022 年全省启动实施 1000 个示范村镇建设；2019 年 11 月，湖北省政府批转省自然资源厅《关于推进全域国土综合整治的意见》（鄂政发〔2019〕25 号），提出充分发挥国土综合整治平台和支撑作用，促进乡村振兴和生态文明建设，推动实施"一治理四整治一绿化"工程。在吸纳各省全域土地综合整治试点经验的基础上，2019 年 12 月，自然资源部印发了《关于开展全域土地综合整治试点工作的通知》（自然资发〔2019〕194 号），提出以乡镇或部分村庄为基本实施单元，整体推进农用地整理、建设用地整理、乡村生态保护修复，优化生产、社会、生态空间格局，促进耕地保护和土地集约节约利用，改善农村人居环境，助推乡村全面振兴。

全域土地综合整治顺应时代发展而生，是贯彻落实生态文明理念、实施乡村振兴战略的重要实践，是推动土地整治由项目实施向规划管控和空间治理转变的重要抓手，是推动城乡土地要素有序公平流动、实现城乡共同富裕的重要途径，是实现耕地保护目标、促进土地节约集约利用、创新土地制度供给的重要平台，是新时期土地整治转型发展的必然要求，是自然资源制度的一次创新实践。

1.1.1 生态文明的时代召唤

伴随着经济发展，工业文明带来了一系列生态环境问题，使人类文明的发展陷入困境。20世纪六七十年代的环境危机使生态环境的重要性逐渐为各国政府、学者、民众所认识，世界范围内的人们对发展观进行了新的思考和探索。联合国《人类环境宣言》《我们共同的未来》《里约环境与发展宣言》《21世纪议程》等报告重新刻画了人与自然的关系，提出了"可持续发展"的概念，建立了人类活动减少环境影响的行动计划，正式拉开了人类走向生态文明的帷幕。生态文明是继原始文明、农业文明、工业文明之后的一种新的文明形态；从与其他文明形态的区别来看，生态文明强调高效率、高科技、低消耗、低污染、整体协调、循环再生与健康持续。

改革开放以来，我国对人与自然关系的认识不断深化。面对资源约束趋紧、环境污染严重、生态系统退化的严峻形势以及人民美好生活的需求，我国政府先后提出了一系列解决资源、环境问题的战略思想，作出了一系列相关部署。党的十八大明确提出，"把生态文明建设融入经济建设、政治建设、文化建设、社会建设的各方面和全过程"；2013年，人民日报公开发表习近平《关于〈中共中央关于全面深化改革若干重大问题的决定〉的说明》的文章，首次阐明了"山水林田湖是一个生命共同体"的思想；2015年，中共中央 国务院印发《生态文明体制改革总体方案》，进一步明确节约资源和保护环境的基本国策，并将生态文明纳入"五位一体"总布局，协同推进"四个全面"，落实创新、协调、绿色、开放、共享的发展理念；党的十九大报告指出加快生态文明体制改革，改革生态环境监管体制，提出建设"富强民主文明和谐美丽"的社会主义现代化强国的目标；《中共中央关于制定国民经济和社会发展第十四个五年规划和二〇三五年远景目标的建议》提出，"坚持尊重自然、顺应自然、保护自然""坚持节约优先、保护优先、自然恢复为主""守住自然生态安全边界"，将生态文明建设提升到新的历史高度。

全域土地综合整治作为新时代生态文明建设的重要抓手，致力于国土空间格局的优化和生态服务价值的提升。按照山水林田湖草系统治理的方式，统筹各类空间自然要素，在传统土地整治中融入乡村振兴、城乡一体化、产业融合、空间优化、生态修复等理念，促进用地效率提升与生态环境美化。推动全域土地综合整治的研究与实践，对我国走向社会主义生态文明时代有着重大意义。

1.1.2 空间治理的升级要求

区域发展与空间治理一向是人类面临的共同话题，空间治理的目标就是要根据推动社会经济高质量发展的总要求，积极适应经济发展的空间结构变化趋势，促进各类要素合理流动和高效集聚。一方面为优势地区培育创新发展新动力，拓展更大发展空间；另一方面为重点生态功能区、农产品主产区、重要资源输出地区和困难地区提供有效的横向补偿和转移支付。发达的市场经济国家在国家治理中，国土空间规划是统筹部门间和地区间有序发展的重要政策工具，即通过对最重要的土地资源实现最严格的用途管制来实现规划意图和发展宗旨。

当前，我国国土空间规划缺乏完善的法律保障体系，仍存在缺少统领全局的主干法律、各个法律层次不配套、法律规范内容笼统等问题；其次，各项规划中生态安全意识较弱，部分地区缺乏生态保护观念，尤其体现在初期"先发展、后环保"的错误思想，还有部分地区大搞标志性工程或形象工程，对生态环境保护长期"口惠而实不至"；横向方面各规划部门难以构建有效的沟通机制，各类规划反映不同的主题、隶属不同的部门、纵跨不同的层级，存在"各自为政"的状况。

党的十八大以来，中央高度重视治理能力和治理体系现代化，健全国土空间开发保护制度、健全国土空间规划体系、发挥地区比较优势形成高质量发展的空间布局等成为国家现代化建设的重要内容；2019 年，中共中央 国务院发布《关于建立国土空间规划体系并监督实施的若干意见》，新时代国土空间规划体系由"五级三类四体系"构成，旨在全面提升国土空间治理体系和治理能力现代化水平，实现与全域土地综合整治传导体系的顺利衔接；"十四五"要构建高质量国土空间规划管控体系、适应新发展格局的要素保障体系、"山水林田湖草"一体化保护修复体系、自然资源资产产权制度实施体系等国土空间治理现代化五大体系，推进自然资源管理从"事"到"制"、从"制"再到"治"的递进。新时代的空间治理旨在从供给侧入手，既要表达"山水林田湖草"生命共同体的基本理念，又不局限于对自然空间要素数量、功能、布局的优化。其治理目标应当追加各空间要素的经济、人文、社会和生态价值，传达"自然生态、经济生态、社会生态"一体的空间治理理念。

1.1.3 共同富裕的重要抓手

2004 年以来，连续 19 年的中央一号文件都聚焦于"三农"问题，党的十七大和十八大也分别提出了城乡统筹和城乡一体化的发展思路，对推动乡村发展、增加农民收入起到了重要的作用。乡村是具有自然、社会、经济特征的地域综合体，兼具生产、生活、生态、文化等多重功能，与城镇互促互进、共生共存，共同构成人类活动的主要空间。"乡村兴则国家兴，乡村衰则国家衰"，自始至终乡村都是国家治理的主线，同时也是国家战略的受益主体。

十九大首次提出乡村振兴战略，强调乡村是具有自然、社会、经济特征的地域综合体，提出了"产业兴旺、生态宜居、乡风文明、治理有效、生活富裕"的乡村发展总体要求。《乡村振兴战略规划（2018—2022 年）》以习近平总书记关于"三农"工作的重要论述为指导，对乡村振兴部署阶段性谋划，开展重大工程、重大计划和重大行动。2021 年《中共中央 国务院关于全面推进乡村振兴加快农

图 1-1　浙江省杭州市余杭区梦想小镇全域土地整治效果

业农村现代化的意见》明确了"十四五"期间三个重要任务，即农业农村现代化取得重要进展、巩固脱贫攻坚成果和改善农村生态环境。同年 4 月十三届全国人大常委会第二十八次会议表决通过《中华人民共和国乡村振兴促进法》，将国家粮食安全战略纳入法治保障，为解决"两个要害"提供法律支撑，实现粮食和重要农产品有效供给，大力发展"三品一标"，为全面实施乡村振兴战略提供有力法治保障。

以"多目标定位、多模式实施、多元化投入"为特点的全域土地综合整治，统筹农用地整理、建设用地整理、乡村生态保护修复和乡村文化保护，进一步实现国土空间格局的优化，不仅为我国新时代乡村治理创造了条件，同时紧密衔接国家重大战略，带动社会资金对农村地区的投入，为实现粮食安全和促进乡村振兴提供重要动力。

（1）粮食安全

中共十八大以来，习近平总书记多次强调，中国人的饭碗要端在自己手中，中国人饭碗里应该装中国生产的粮食。2019 年，十三届全国人大二次会议中指出：保障粮食安全是实施乡村振兴战略的首要任务。尤其是 2020 年全球疫情暴发，劳动力短缺，农业生产效率低下，许多国家限制粮食出口，国际粮食安全面临前所未有的挑战；2020 年，全国政协十三届三次会议指出，要加快推动"藏粮于地，藏粮于技"的战略实施落地；国务院办公厅发布《关于防止耕地"非粮化"稳定粮食生产的意见》，指出要采取有力举措防止耕地"非粮化"，切实稳定粮食生产，牢牢守住国家粮食安全的生命线。

粮食安全是一个永恒的课题，耕地是保障粮食生产的重要物质基础，在影响粮食安全的诸多因素中，耕地数量和质量是两个较为基本的因素[①]。我国耕地长期以来数量少、质量较低：从耕地数量上来看，受自然地理条件的影响，我国仅有约八分之一的国土面积可作为耕地使用，人均耕地不足两亩，相较于其他人口大国，耕地数量明显太少；从耕地质量上来看，全国一半以上的耕地分布在山地、丘陵或高原地区，仅有少部分位于平原[②]。不仅如此，由于长期使用化学肥料，有机肥料投入不足，全年无休耕，使得土壤结构恶化态势严重。

[①] 李文学. 土地整理与粮食安全 [J]. 理论与当代，2008（10）：42-45.
[②] 傅泽强，蔡运龙，杨友孝，戴尔阜. 中国粮食安全与耕地资源变化的相关分析 [J]. 自然资源学报，2001（4）：313-319.

图 1-2 浙江省嘉兴市秀洲区全域土地综合整治效果

与此同时，近年来随着城镇化、工业化的快速发展，城市规模呈现"摊大饼"式的扩张。在城镇化快速推进、农村人口大规模进城前，农业份额比重和农村就业率都较高，当时的粮食安全是以自我平衡为前提和基础设定的，而小规模农户是保障粮食安全的主力军。然而，当农业份额开始不断下降，农户收入结构中的非农收入比重提升后，农户的生产积极性也显著下降，促使以小农作为粮食安全供给主体的思路面临巨大挑战，粮食安全受到严重威胁。

因此，保证粮食安全要以一定数量、质量的耕地为基础，而土地整治在保障耕地数量和质量方面具有积极意义，是确保粮食安全的基础性工程。以开发未利用地为主的开发项目在增加耕地数量上起到显著效果，土地平整工程、农田水利工程等工程措施可以明显改善耕作条件，粮食单产水平和品质也随之得到提高，农田防护林工程利于提高光能利用率，增加干物质积累，从而促进粮食增产。因此，土地整治工程在保障粮食安全方面起到了重要作用。

尽管如此，传统的土地整治过分强调增加耕地数量而忽略了耕地质量，受"耕地总量动态平衡"大背景的影响，新增耕地比例是土地整治项目必须完成的一个刚性指标，而对耕地质量提高、土地生产条件、生态效益缺乏考量，导致很多土地整治工程"重指标、轻质量"[①]。除此之外，土地整治忽略了对生态环境的保护，特别是在工程体系中，为追求高效率、高品质，在工程设计中缺乏生态化理念，

---

① 肖建刚 . 建设高标准基本农田保障国家粮食安全 [J]. 南方国土资源，2012（6）：10–11.

图 1-3　浙江省杭州市富阳区东梓关村

使生态环境受到严重威胁。

随着高标准农田建设、工矿废弃地利用、综合整治、生态良田、美丽乡村、山水林田湖草等概念的不断提出，土地整治不再局限于耕地数量，而是在数量的基础上，融入了质量、生态和生命共同体。在生态文明建设和绿色发展理念指导下，全域整治的目标视角已由传统的建设用地增减挂钩指标转化成以优化土地开发利用空间格局为首要任务、以实行耕地数量质量生态"三位一体"管护为核心内容、以创新推进高标准农田建设作为关键举措和以改善生态环境为突出的位置，有效弥补了传统土地整治的短板。

（2）乡村振兴

城乡关系割裂以及二元分治体制下对乡村价值的定位造成了当今中国乡村人口老弱化、产业滞后化以及"城进村衰"的困境。"农村空心化""农业边缘化"和"农民老龄化"等新"三农"问题已成为制约中国推进城乡融合发展和实现全面建成小康社会的障碍。十九大立足于人民日益增长的美好生活需要和不平衡不充分的发展之间的矛盾提出了乡村振兴战略，以破解城乡发展不协调、城乡关系不对等的矛盾，这也给土地整治工程提出了新的要求与契机。2018年，中共中央 国务院发布《乡村振兴战略规划（2018—2022年）》，提出加快国土综合整治，实施农村土地综合整治重大行动，到2020年开展300个土地综合整治示范村镇建设；2021年《中华人民共和国乡村振兴促进法》为全面实施乡村振兴战略提供有力法治保障，提出乡村振兴重点围绕农村地区的产业发展、人才支撑、文化繁荣、生态保护、城乡融合等内容展开。

乡村振兴既需要有兴旺发达的产业作支撑，根植于良好的生态环境和深厚的文化底蕴，同时它也要以乡村治理体系健全和治理能力提升为前提。乡村转型发展促使土地利用主体通过土地整治工程等手段优化土地利用形态，土地利用形态的转变反过来又作用于乡村的转型发展与振兴。因此土地整治要始终围绕乡村振兴战略"产业兴旺、生态宜居、乡风文明、治理有效、生活富裕"的总要求拓展平台，丰富其本身的内涵，加快弥补乡村在生产、生活、生态、治理等方面的短板，完善配套制度体系，推动构建城乡融合新格局[①]。

传统意义上的土地整治更多关注工程技术属性，其核心目标主要集中在扩大农田规模、提高耕地质量、优化村庄布局等物质层面，甚至部分地区将土地整治视为占用城市空间的一种手段。新常态背景下，乡村振兴不仅表现在居住环境和公共服务等物质层面的提升，更体现在充满活力的产业、独特的文化、有序的治理体系等深层次复兴。实现乡村全面复兴应立足于城乡地域系统的差异和乡村地域的多功能价值，避免盲目地复制以往"乡村工业化""乡村城镇化"的线性转型过程，走可持续的内涵式发展道路。

在乡村振兴的背景之下，土地整治被赋予了新的内涵和功能，首先是全域土地综合整治对全要素的统筹，将土地整治与现代农业、体验农业、民宿经营和旅游观光等乡村多元业态有机融合，实现乡村"人口—土地—产业"的协调耦合[②]；其次是对物质空间与精神内核的统筹提升，在改变耕地数量、质量和利用形态的基础上，充分盘活乡村土地资源，兼顾保护村庄传统风貌、传承乡土文化、延续聚落肌理，维护乡村独特的魅力，提升乡村地域生态、文化功能。更重要的是，土地整治进一步提供了农村可持续发展能力，推动城乡一体化发展。

---

① 丁庆龙，叶艳妹. 乡村振兴背景下土地整治转型与全域土地综合整治路径探讨 [J]. 国土资源情报，
  2020（4）：48-56.
② 陈铁雄. 开展全域土地综合整治助推乡村振兴战略实施 [N]. 浙江日报，2018-07-16.

总体而言，实施乡村振兴战略，是对现阶段及未来城乡发展不平衡问题作出的积极回应，全域土地综合整治的实质是对乡村的有机更新，通过山水林田湖草全要素综合整治和全域优化生态、生产、生活空间布局，破解耕地保护碎片化、乡村用地无序化、农村发展低散弱问题，实现空间形态、产业发展、生态环境、人居环境、基础设施、乡风文明、乡村治理的系统性重塑。开展全域土地综合整治工程，是实施乡村振兴战略、推进农村有机更新、实现农业农村现代化的重要切入点和重大平台。

（3）共同富裕

实现共同富裕是人类自古以来的梦想和追求。改革开放之后，我国在深刻总结以往现代化建设的历史经验和教训的基础上，提出了关于共同富裕的一系列新思想和新认识。囿于当时的生产能力，邓小平明确提出社会主义的本质是最终实现共同富裕，用"先富带后富"的方针，即一部分地区有条件先发展起来，一部分地区发展慢点，先发展起来的地区带动后发展起来的地区，最终达到共同富裕。

进入新时代，人民基本物质需要得到满足，我国已经基本具备了实现共同富裕的物质条件，社会主要矛盾已经转化为人民日益增长的美好生活需要和不平衡

图 1-4　浙江省宁波市东钱湖土地整治

不充分的发展之间的矛盾。新时代共同富裕思想将这一矛盾的解决路径与共同富裕的实现统一起来，将共同富裕这一社会主义的本质规定外化为具体目标，作为衡量中国特色社会主义发展的重要指标。党的十九大报告提出，到 2035 年，基本实现社会主义现代化，全体人民共同富裕迈出坚实步伐；到 21 世纪中叶，把我国建成富强民主文明和谐美丽的社会主义现代化强国，全体人民共同富裕基本实现。2021 年《中共中央 国务院关于支持浙江高质量发展建设共同富裕示范区的意见》发布，支持鼓励浙江先行探索高质量发展建设共同富裕示范区，打造新时代全面展示中国特色社会主义制度优越性的重要窗口，凸显了建设共同富裕示范区亟待突破创新的重要方向和关键领域。

新时代的共同富裕涵盖了人民对经济、政治、文化、社会、生态文明等体现和反映美好生活的多领域的发展需求，尤其体现在"富裕"理念在人群和内容维度上的拓展。人群维度的拓展是指重点从贫困群众拓展到全体人民。从全体人民的需要出发，新时代共同富裕思想中的"富裕"理念从以收入为主要衡量标准扩展到包括教育、医疗、收入分配、养老、住房等多方面的内容，并体现到有针对性的解决方案中；内容维度上的拓展包括重点从物质富裕到物质和精神富裕再到社会全方位发展。物质富裕是人民的基本富裕要求，也是基础条件。在物质逐步富裕的基础上实现精神提升，逐步建设美好生活，这在扶贫理念和政策中体现得较为突出。除此之外，社会的全面发展是人的全面发展的前提条件，这种拓展使新时代共同富裕贯穿于经济建设、政治建设、文化建设、社会建设、生态文明建设全方位和全过程。

开展全域土地综合整治，落实国土空间规划，推动土地要素在城乡之间的公平、合理、有序流动，从而为农村地区发展提供必要的资金支持，推动农村基础设施建设，实现城乡一体化发展，是我国高质量发展实现共同富裕的重大牵引性工程，也是各地优化国土空间格局、促进产业集约高效绿色低碳发展、缩小城乡区域差距、维护粮食和生态安全的创新路径。通过全域土地综合整治，我国将打开共同富裕的"新空间"，推动实现空间格局大优化、产业发展大提升、城乡环境大改善。在物质层面上，全域土地综合整治与乡村产业息息相关，全域产业治理关系的改善起到发展空间优化和发展动力增强的效果；在精神层面上，城中村改造也是推动城乡品质领跑、实现共同富裕的题中之义，同时美丽乡村建设等基础建设的深入，也使得农民在社会的各方面得到了满足，进而实现新时代的共同富裕。

1.2 国内外发展研究

土地整治是世界上许多国家解决社会经济发展过程中土地利用问题的一项重要措施。国外土地整治历史可以追溯到 16 世纪中叶的德国、荷兰、法国、俄罗斯等国，20 世纪 60 年代以来，澳大利亚、加拿大、日本、韩国和我国台湾地区等也都开展了卓有成效的土地整治工作。不同国家和地区以及同一国家的不同发展阶段，土地整治的目标任务、侧重点有所差异。我国与其他国家和地区之间在政治、经济组织、土地制度、社会发展阶段、文化传统存在许多差异，出现了"土地开发整理""土地整理复垦开发""农村土地整治""国土综合整治"或"土地整治"等不同的称呼和定义，多数国家或地区称之为土地整理（Land Consolidation），还有土地重划（Land Readjustment）、土地重置（Land Replacement）、土地合并（Land Assembly）、土地调整（Land Readjustment）等。各个国家对于土地整治的称呼不同，且与我国正在推行的全域土地综合整治在内容和内涵上有所差异，主要反映在社会发展背景和土地制度的不同。

1.2.1 国外土地整治发展

纵观世界各国的发展历程来看，绝大部分发达国家或地区在社会经济发展的不同阶段开展了土地整治。

国外大多国家的土地整治经历了以下几个阶段：先从经济发展起步时期为了提高土地利用率进行土地开发，接着又以提高农业生产力、实现机械化耕作为目的开展农用地整理，而后在快速的城市化进程中为了提升城市土地集约节约利用度开展市地整理，为缩小城乡差距开展新农村建设。现阶段土地整治仍然是各个国家或地区发展不可缺少的一部分，且大多数发达国家都进入了土地整治的更高层次，即综合整治，体现在多元化目标和综合效益。国外农村土地整治则是以乡村居民生活条件等值化为根本原则，促进村庄革新、农村发展和农地景观保护，重塑"三生"空间。通过土地整治，追求经济、社会、环境效益的统一和协调，促进城乡经济社会均衡发展，保护和改善生态环境。当然，各个国家或地区的自然资源状况、基本国情、社会经济发展历程均有差异，因此在具体开展土地整治时其发展历程、整治的对象、模式都有所不同。

（1）德国历程

德国位于欧洲中部，土地总面积 35.7×10^4 平方千米，人口 8130 万，农业人口占 2%，是世界上城镇化发展较快、城镇化率较高的国家之一。德国是欧洲最早开展土地整治的国家，其土地整治的概念是随着经济社会的发展而作相应调整变化的。早期土地整治的概念，主要是通过产权调整的方式将小块土地调整合并成更有利于生产的大块土地，或者简单地说就是"小块并大块"。后来随着农业生产的发展，需要改善农村和农田的基础设施，因此土地整治还包括了农村基础设施建设以及村庄更新改造等内容。随着城市建设和大型基础设施用地的需要，德国土地整治目标增加了为建设准备土地和将建设打乱的地块重新规则化。根据《德意志联邦共和国土地整理法》第一条的基本原则规定，德国的土地整治是以改善农业和林业的产量以及工作条件为目的，同时通过对农村用地结构的重新安排，促进土地的综合利用以及农村地区的发展。

根据 1953 年颁布的《德意志联邦共和国土地整理法》，综合性土地整治主要是在以农地为主的区域进行，它以改善农林业生产和作业条件为主要目的，即直接促进农田基本建设和土地开发，提高农林企业生产经营的经济性、生产力和竞争力。对于促进农田基本建设，人们一般把改善农业结构与考虑乡村地区生态补偿功能的土地生态改良结合起来考虑，因而可以包含十分广泛的内容。由于在乡村地区存在着越来越严重的不符合规划和不合理的土地利用状况，并伴随着权益关系的混乱，因此土地整治的重要性与日俱增。在这里，土地整治并不负责土地规划、建筑规划或景观规划，其任务是在法律规定的框架内，通过协调各种公共需要来促进这些规划的实现[①]。

德国土地整治一方面包括了土地再调整，但同时更是农业专项发展规划和土地再调整的结合[②]。它遵循两项宏观指导原则，一是遵循生态保护和经济区位原则及土地资源的最优分配；二是土地和所有权结构的社会合理分布。具体包括私

---

① Erich Weiβ，贾生华 . 联邦德国的乡村土地整理 [M]. 北京：中国农业出版社，1999.

② Thomas J. Zur Sinnhaftigkeit von Bodenordnungsmaβnahmen in den ländlichen Bereichen–Versuch einer Systematisierung. Zeitschrift für Kulturtechnik und Landentwicklung[J]. Journal of Rural Engineering and Development，1995（36）：293–299.

人利益保障原则、代位 / 代理原则、辅助性原则、等价补偿原则、加速原则、有限持续时间原则、土地可持续规划和土地利用社会、环境适用原则及法制原则等八项具体原则。现代德国土地整理，主要以城乡居民生活条件等值化为根本原则，通过农地整理、农村基础设施建设和村庄更新改造等项目实施，加强乡村地区自然资源与生态景观保护，激发乡村发展活力，推进农村地区发展，改善乡村居住环境。

（2）日本历程

日本土地整治开始于 19 世纪 70 年代，是亚洲实施土地整治制度的先导者。

日本国土面积狭小，土地资源相对匮乏，但日本在有限的土地面积上面对人多地少的压力，不仅满足了居民的居住需求，而且在战后高速发展经济，成为公认的世界经济强国；同时，耕地得到有效的保护，成为全球土地利用最为合理的国家之一 [①]。这些都与日本开展的土地整治事业密不可分。在日本，土地整治也称土地整备事业，主要分为农村土地整治和城市地区土地整治两大部分。农村土地整治以土地区划整治为主，并按目的分为"农村整备事业""耕地整治""土地改良"三大类型项目，方法上都是采取"土地权属交换分合"的手段进行土地整治，如农村综合整治、土壤改良、农地合并、耕地重划、土地置换等，借以提高农地产量、耕地质量，提升土地使用效率。城市土地整治的主要手段分为两类：一是土地与权利的交换分合，二是权利变换。城市土地整治主要是基于交换分合的土地区划整理项目，以及基于权利变换措施的都市再开发项目，其目的为城市发展与再开发。

20 世纪 50 ~ 60 年代中期，日本土地整治的工作围绕兴建水田灌排设施和开垦农田（包括围垦开发等）展开，目的是保证优质农地用于农业，以促进农业生产力发展，增加粮食产量，《耕地整理法》和《土地改良法》一起构成了日本农地制度的内核 [②]。20 世纪 60 年代中期 ~ 70 年代中期，土地整治的主要工作是通过土地权属交换分合推动农田水利设施建设、水改旱和土地平整工作，目的是解决农地的细碎化问题，扩大农户经营规模和调整农业生产结构，实行农业机械化。由于该时期城市发展开始面临土地资源不足、区域发展不均衡的问题，城市地区土地整治目标开始转为城市圈和核心城市综合发展，开始实施《都市计划法》《都

[①] 刘文贤. 谈谈日本土地制度 [J]. 北京房地产，2006（3）：105-107.
[②] 汪先平. 当代日本农村土地制度变迁及其启示 [J]. 中国农村经济，2008（10）：74-80.

市再开发法》，通过土地整治调整土地产权关系。20世纪70年代中期～80年代末土地整治的主要工作是拓展整治范围，从农村地区的土地整治进入城市地区，并借此推动区域综合整治，使土地整治的整治对象进一步扩大。开展区域综合整治，在农村或准都市圈建设基础设施，调整土地权属和地块，解决农村土地抛荒、村庄空心化、土地低效利用等问题，支持适度规模化的土地经营，改善农村环境，提升土地综合利用水平，缩小城乡差距。从20世纪90年代起至今，经过前三个阶段的土地整治工作，实现了区域核心城市圈的发展，但也面临新的问题，例如人口老龄化、经济发展与生态保护之间的矛盾等。为此，日本的土地整治从农地、市地逐渐过渡到包含各类型用地的"国土综合整治"，其目标是国土形态与21世纪的时代潮流相适应，通过土地综合整治赋予安全的生活和优美舒适的环境，形成可持续发展的国土空间，支撑高效的经济社会活动。

1.2.2 国内土地整治发展

1986年，中发7号文件《关于加强土地管理、制止乱占耕地的通知》提出"十分珍惜和合理利用每寸土地，切实保护耕地"，并将其作为一项必须长期坚持的基本国策，从此我国将土地资源利用提升到前所未有的高度。1987年，国务院发布《中华人民共和国耕地占用税暂行条例》，明确了耕地占用税征收对象和税额；1988年，国务院颁布《中华人民共和国土地复垦规定》，明确了土地复垦责任人和义务，以及"谁破坏，谁复垦"原则，规范土地复垦工作有序进行。20世纪90年代以来，我国工业化进程显著加快，耕地数量一度锐减，1997年中共中央 国务院出台了《关于进一步加强土地管理切实保护耕地的通知》（中发〔1997〕11号），明确"实行占用耕地与开发、复垦挂钩政策"，提出要积极推进土地整理，搞好土地建设，土地整治相关工作开始纳入政府工作内容，并由国家主导开展。1998年成立国家土地管理局土地整理中心，全面指导全国土地整治工作。从2000年开始，以国家投资土地开发整理项目为引导，全国各地开展了大规模的土地整理活动，推动了土地整治快速发展。

1998年修订的《中华人民共和国土地管理法》提出，"国家鼓励土地整理。县、乡（镇）人民政府应当组织农村集体经济组织，按照土地利用总体规划，对田、水、路、林、村综合整治，提高耕地质量，增加有效耕地面积，改善农业生产条件和生态环境。"在法律层面上明确了土地整治的实施主体、规划依据、主要目标。2004年国务院印发了《关于深化改革严格土地管理的决定》，提出"严格执行占用耕地补偿制度""严格保护基本农田""鼓励农村建设用地整理,城镇建设用地增加要与农村建设用地减少相挂钩"。该文件下发后,原国土资源部门推动实施了一系列耕地占补平衡、基本农田整理、建设用地"增减挂钩"等项目,在国家层面探索了农村土地整治与耕地保护相结合的道路。2006 年,我国将基本农田建设作为耕地保护和土地整治的重点方向,在全国范围内确定了 115 个国家级基本农田示范县,通过高标准基本农田建设,实现耕地数量质量双重管护。同一时期,我国开始实施城乡建设用地增减挂钩试点,将农用地整理与建设用地整理结合起来,作为建设用地管理和土地整治的重要方面,在更大范围内推动乡村土地利用布局的优化,推动耕地保护和建设用地集约节约利用。城乡建设用地"增减挂钩"项目实施开启了我国农村土地综合整治的先例,一方面拓展了土地整治功能,实现了城乡用地布局优化,提高了土地资源利用效率;另一方面推动了城乡之间土地要素的流动,盘活了农村资产,为乡村发展注入了新的活力和动力。特别是通过城乡建设用地"增减挂钩"项目实施,带动了建设用地指标从农村向城市转移,实现了土地要素的市场化配置,支持了中国城镇化发展。

2008 年,党的十七届三中全会提出"大规模实施土地整治",土地整治正式纳入中央层面的战略布局。2015 年,《中共中央 国务院关于加快推进生态文明建设的意见》(中发〔2015〕12 号)提出"编制实施全国国土规划纲要,加快推进国土综合整治,构建平衡适宜的城乡建设空间体系,适当增加生活空间、生态用地,保护和扩大绿地、水域、湿地等生态空间"。我国生态文明建设对土地整治工作提出了新要求。2017 年国务院印发了《全国国土规划纲要(2016—2030 年)》,提出以主要城市化地区、农村地区、重点生态功能区、矿产资源开发集中区及海岸带(即"四区一带")和海岛地区为重点开展国土综合整治,进一步明确了土地整治区域和重点任务。期间,土地整治的各项基础工作得到进一步完善,颁布实施了《土地复垦条例》《土地复垦条例实施办法》,明确了土地复垦责任义务和工作要求;出台了《节约集约利用土地规定》,明确对历史遗留的工矿废弃地进行复垦利用,对城乡低效利用土地进行再开发,提高土地利用效率和效益,促进土地节约集约利用。原国土资源部土地整治中心组织开展了土地整治条例编制研究,湖南、贵州、山西、浙江、山东等省先后颁布实施了土地整治条例;制定了 150 多项制度文件,发布实施了 5 项国家标准、27 项行业标准,编制了三轮土地整治规划,其中 2011—2015 年、2016—2020 年两轮《全国土地整治规划》得到了国务院的审批,进一步提升了土地整治国家站位。这一时期,国家在吉林、新疆、青海、宁夏、河南、甘肃、海南等 14 个省区组织实施了土地整治重大工程,在河北、江苏、山东、湖北等 10 个省区组织开展了土地整治示范省建设，在四川、贵州、江西、新疆等 8 个贫困地区开展了农村土地综合整治，在河北、青海、江西等 24 个省组织实施了山水林田湖草生态保护修复重大工程试点，进一步凸显了土地整治的功能价值，尤其体现在助推国家粮食安全、脱贫攻坚、生态文明建设、区域协调发展、乡村振兴等战略的实施。

经过 20 多年实践，通过学习国外经验和国家试点推动等方式，我国土地整治事业取得了充分发展。在目标上，从单一的耕地保护逐渐向自然资源开发利用保护、国土空间生态保护修复、新型城镇化建设、乡村振兴、城市更新等多目标转变，与国家战略协同，成为统筹城乡、一体化发展，实施共同富裕的基础平台。在对象范围上，土地整治由农用地整理到建设用地整理再到全域土地综合整治，从单一的土地开发、增减挂钩、土地复垦向农业空间、城镇空间、生态空间和海域海岸带综合要素整治转变，实现与"五级三类"国土空间规划的协同，整治对象包含一切需优化利用的自然资源。在内涵上，土地整治由增加耕地数量扩大到增加耕地数量、提高耕地质量、保护生态环境并重，由单一的工程措施向行政、经济、法律等综合措施转变，整体推进农用地整理、建设用地整理和乡村生态保护修复。在功能上，将土地整治制度设计与土地调查、土地规划、土地权属、土地登记、耕地保护、建设用地管理、国土空间生态修复等制度结合起来，通过细化土地整治工作流程和技术成果，严格落实国土空间规划和用途管制要求，严格落实耕地保护和集约节约用地制度，规范推动土地要素在城乡之间的交易转移，从根本上实现了生产、生活、生态空间格局的优化；同时将城市与乡村结合，农村整治为城市提供发展空间，城市整治提升土地价值，获得的增值效益反哺农村，实现全域整治、协同发展。随着山水林田湖草生命共同体思想的提出以及"十三五"全国土地整治规划提出的新内涵新工作，全域土地综合整治已然成为土地整治领域最新的名词，它也是土地整治的新阶段，标志着土地整治由补充数量到提高质量再到注重生态，最后上升为生命共同体的转变。长期以来，土地整治秉持着"开源"和"挖潜"的理念 [①] ，在生态文明建设的背景下，土地整治逐步由零星、分散、简单的整治活动向综合、有计划、统筹演化，整治的目标、内容和手段逐渐多元化，时间维度和空间维度不断拓展，实现由土地整治逐步迈向全域土地综合整治。

---

① 贾克敬，张辉，徐小黎，祁帆. 面向空间开发利用的土地资源承载力评价技术 [J]. 地理科学进展，2017，36（3）：335-341.

1.3.1 发展现状

我国全域土地综合整治的实践起源于浙江省"千村示范、万村整治"项目。2003 年时任浙江省委书记的习近平提出："要用城市社区建设的理念指导农村新社区建设，抓好一批全面建设小康示范村镇，使农村与城市的生活质量差距逐步缩小"，标志着浙江省千万工程全面启动。2018 年，中共中央 国务院发布《乡村振兴战略规划（2018—2022 年）》，提出"加快土地综合整治，实施农村土地综合整治重大行动，到 2020 年开展 300 个土地综合整治示范村镇建设"。2018 年，浙江省正式启动第一批 150 个全域土地综合整治工程，涉及 148 个乡镇、657 个行政村，土地面积 408 万亩，计划总投资 339 亿元。同年 9 月，浙江"千村示范、万村整治"工程获联合国"地球卫士奖"，习近平总书记重要指示"要结合实施农村人居环境整治三年行动计划和乡村振兴战略，进一步推广浙江好的经验做法"。截至 2019 年底，浙江省共实施 410 个全域土地综合整治工程，涉及范围扩大至 1436 个行政村，土地面积 990 万亩，预算总投资 802 亿元，全域土地整治工程取得阶段性重大成果。

继浙江之后，全国多省份及城市也相继开展了全域土地综合整治的试点工作。2018 年河南省人民政府制定《河南省开展全域国土综合整治助推乡村振兴战略实施工作方案》，明确了编制村庄规划、择优选择试点、制订实施方案、开展综合整治等工作任务；2019 年 11 月，湖北省人民政府批转省自然资源厅《关于推进全域国土综合整治意见的通知》（鄂政发〔2019〕25 号），提出"一治理四整治一绿化"具体措施，明确了七项支持政策；2020 年 4 月，湖北《省全域国土综合整治领导小组办公室关于申报全域国土综合整治项目的通知》印发，明确了全域国土综合整治的工作任务、申报条件、工作要求等。同一时期，上海郊野公园建设、武汉田园综合体建设、成都市幸福美丽新村建设（小组微生整治）等项目也具有全域土地综合整治功能特点。

不同地域自然资源禀赋、地理环境、社会经济条件等存在差异，导致全

图 1-5　浙江省嘉兴市全域土地综合整治

域土地综合整治目标任务和主要做法也各不相同。浙江、上海等经济相对发达地区，全域土地综合整治侧重于服务城乡融合发展，保障农村新产业新业态发展用地，统筹产业发展空间，同时开展乡村生态保护和美丽乡村建设。浙江省率先在全国提出全域土地综合整治，其工作走在全国前列，已经呈现出相对成熟的发展模式，也建成了一批可复制、可推广的样板工程，这是本书将要重点介绍的。江西、湖北、河南等中部地区，较之于东部地区乡村经济发展较薄弱，农业现代化水平还比较低，劳动力流失问题严峻，全域土地综合整治侧重助推乡村振兴战略实施，解决现代农业发展需要的规模化和"空心村"问题，促进土地资源高效利用，促进中部崛起。在西部贫困地区，部分乡村还未完全脱贫，乡村发展水平低，全域土地综合整治侧重于服务乡村地区发展和生态保护问题，解决耕地保护、易地扶贫搬迁、农村基础设施建设、产业扶贫用地等问题。

　　总体来看，东部地区由于社会经济发展水平高，全域土地综合整治开展的时间早，乡村工作经验积累充足，具备探索新整治模式的条件和可能性，工作进展较为顺利。相比之下，中西部地区受政策引导、经济发展等因素的制约，乡村建设工作开展的时间较晚，全域土地综合整治工作还处于探索阶段，尚未形成完善的工作机制和运行模式。

1.3.2 存在问题

长期以来，高强度的国土开发利用为经济社会发展提供了强劲动力，但也对生态环境造成了巨大破坏。由于缺乏总体统筹规划，能够支撑更大规模经济增长的资源快速消耗，经济增长与生态保护之间的失衡态势逐渐显现。

根据原环境保护部和国土资源部2014年联合发布的《全国土壤污染状况调查公报》显示，全国土壤总的点位超标率为16.1%。水土流失面积约占陆地国土面积的40%，荒漠化土地面积占比接近30%。全国因采矿形成的采空区面积约为134.9万公顷，采矿活动占用或破坏的土地面积约238.3万公顷，恢复治理成效较差，全域土地综合整治推进资源节约、修复生态环境、减少环境负荷、优化国土空间开发格局等的任务较重。

全域土地综合整治是对国土空间中各类要素的系统修复治理，涉及多方面、多层次，需要统筹安排和实施。从整治内容上看，它涵盖了自然资源时空重组、生态环境治理建设、海岸带与海岛利用保护和城乡挂钩精准扶贫四大类[①]；从整治方式上看，它包含耕地后备资源开发、矿产资源综合利用、林草资源保护修复、小流域综合治理、建设用地整理、土地复垦、高标准农田建设等项目类型，需要融合形成统一的行动指南；从项目实施上看，它涉及与现有土地政策、规划、调查、评价等工作的衔接，探索形成一套科学有效的工作机制，全面发挥全域土地综合整治功能价值。

全域土地综合整治在实施过程中涉及自然资源、财政、发改、农林、环保、水利、交通、住建等多个行政部门，各部门之间缺少有机的衔接，尚未形成统一的协调机制。与此同时，国土空间规划目前在乡村详细规划中处于空白状态，以乡镇为整治单元的全域土地综合整治很难和现有规划进行结合。尽管全域土地综合整治在地方试点工作中越来越成熟，但如何从顶层设计入手，使其在纵向五级传导和横向多部门协调上不断优化，仍是全域土地综合整治亟待解决的问题。

（1）生态理念问题

在实施方面，全域土地综合整治应当秉持"宜农则农、宜林则林、宜耕则耕、宜牧则牧、宜水则水、宜建则建"的原则，在保护耕地和生态用地的前提下，统

---

① 严金明，张雨榴，马春光. 新时期国土综合整治的内涵辨析与功能定位 [J]. 土地经济研究，2017（1）：14–24.

筹推进各类用地整治，推进人居环境整治，开展美丽乡村、美丽田园和美丽河湖建设，以生态理念开展土地整治工程项目落地实施。

然而在实际项目中，存在许多为了追求土地指标而不顾生态保护的现象，例如山体开挖削平、池塘水系填埋、林地砍伐、盲目复垦土地等，这些做法容易引发水土流失、土地自然供水不足、生态结构不稳等问题。尤其是在北方地区，生态结构的稳定性和自我修复能力本来就比较弱，在土地整治过程中，如果不能正确处理好生态问题，对环境的破坏将是不可逆转的。

（2）理论方法和工程技术问题

目前，我国全域土地综合整治还没有形成自身的理论体系和技术方法，工程技术水平总体不高，科技创新能力较弱，不能较好地适应保障国家粮食安全、生态安全和国土安全的总体战略需求。以土地整治项目为例，在项目工程设计和实施过程中"重数量、轻生态"的现象还很普遍，常常聚焦于田块的平整规整、生态化单体工程的嵌套、项目短期的投入产出等，导致工艺技术的进步相对落后，并且生态化整治工程应用较为随意，未能产生叠加效应。在生态文明建设的新背景下，全域土地综合整治的内容从单一的国土开发向综合治理的方向转变，整治目标由以经济驱动为主向以社会发展和高品质生活为重点转变，整治区域从较发达地区向落后地区转移，整治的周期从短期向长期发展，这都需要先进的理论技术支撑和专业人才保障。

（3）产业持续问题

由于乡村从业人口越来越少，许多乡村仅有老人和小孩留守，耕地抛荒态势越来越严重，农业产业发展难以为继。全域土地综合整治作为一项系统性的工作，不仅涉及前期的规划设计、工程实施，也关乎后期的产业运营。全域土地综合整治将乡村土地盘活，营造良好的乡村发展本底，为城乡土地、资金、人才等要素的双向流动创造条件，它倡导村集体将整治后的土地转包给种粮大户或者农业企业进行规范化管理，吸纳当地农民参与到农业产业化发展中，一方面解决农民就业问题，另一方面规范化的运营管理能提高农产品的市场竞争力，增加农产品的溢价空间。

目前有些地区在开展全域土地综合整治过程中，不能很好地平衡长远利益与眼前利益的关系，往往以土地指标交易收益作为主要甚至唯一的目标，忽略整治与乡村产业的有机结合、整治后土地利用的长效机制建立等，导致光顾着增加耕地面积、提高耕地质量等改造乡村风貌，却不能利用乡村的特色资源形成特色产业，即便经历了整治也难以改变乡村在生产条件与经济发展上的困境。这不仅错失了全域土地综合整治带动乡村的良好契机，更有悖于全域土地综合整治的初衷。

（4）公众参与问题

农村土地主要由农村集体经济组织所有和使用。全域土地综合整治应该以农民受益为根本目的，共建共享土地整治成果。尊重农民的主体地位，充分发挥农村集体经济组织和农民群众的主体作用，问需于民、问计于民，不能搞"被整治"。同时健全民主决策机制，建设用地规划选址、整治工程实施、土地权属调整、土地指标调剂和收益分配等直接涉及农民合法权益的事项，应该广泛听取意见建议，接受社会监督，确保农民知情权、决策权、参与权、监督权。涉及土地征收和房屋拆迁的，依法依规给予征地补偿和房屋拆迁补偿安置，公平合理地分配使用整治后新增土地指标收益，鼓励农村集体经济和农户通过就业带动、保底分红、股权合作等方式共享发展成果。

部分地区在进行全域土地综合整治过程中并没有领会根本要义，没有充分尊重农民的主体地位，没有充分听取农民的意见就进行拆迁、征地工作，导致农民利益受损继而出现不可调和的矛盾；在整治的各个阶段中，没有充分吸纳公众对选址、规划、工程实施等工作的意见，导致农民对整治工作的积极性和主动性不高；土地整治完成后的指标交易产生的收益分配不合理，土地指标一次性收益数额较大，在实际分配过程中往往给村集体的比例不大，土地的收益并没有取之于民用之于民，没有通过全域土地综合整治工作实现乡村的全面振兴。

（5）文化传承问题

费孝通曾提出"各美其美，美人之美，美美与共，天下大同"处理不同文化关系的十六字箴言，其意义在于善于发现自身之美，欣赏他人之美，进而互相赞美达到融合。由于城镇化的快速发展，乡土文明受到城市文明的冲击，许多优秀的乡村文化面临消失殆尽的境地。全域土地综合整治应该充分尊重乡村的地域文化特色，要保护和传承农村优秀传统文化，加强农村公共文化建设，推进乡村治理能力和水平现代化，让农村既充满活力又和谐有序。

部分地区在进行全域土地综合整治过程中，不尊重乡村文化特色，盲目进行大拆大建，破坏乡村原有良好的人居环境。例如，为了增加建设用地复垦的指标，将建筑质量较高、人居环境良好的分散的居民点拆除，另行选址进行集中安置，为了集约用地，安置小区的布局采用独栋或者小高楼形式。这种做法破坏了乡村长久以来所形成的水田相依、屋舍俨然的乡土文明，取而代之的是工业文明催生下的千村一面，毫无特色可言的乡村形态。

全域土地综合整治发展时间较短，尚未完全走出传统土地整治的桎梏，在生态保护与修复、产业融合与发展、农民利益协调与保障、乡村文化传承与发扬等方面还存在很多问题。在生态文明建设和乡村振兴战略背景之下，土地整治工作亟需转变发展思路，由曾经激进的、低效的发展道路走向高质量的发展之路。

1.4.1 国外经验总结

（1）德国经验

德国土地整治在推动城镇化、城乡一体化发展的过程中发挥了重要作用。自20世纪20年代以来，随着农业生产的需求，需要改善农村和农田的基础设施，因此德国土地整治在地块简单合并和权属调整的基础上增加了农田基础设施建设和村庄更新等内容。同时德国也开始将农村土地整治模式应用到城市建设用地整治中，土地整治作为一项技术在城市土地的开发和再开发上得到了普遍推广和应用。到了20世纪70年代，德国的社会发展到一定阶段，提高农业生产力已不是国家的主要目标，且生态环境问题变得越来越严重，此时土地整治中增加了乡村文化保护和景观生态保护的内容，逐渐把土地整治的重点瞄准了农村综合发展。直至现在，土地整治一方面是为了缩小城乡差距，另一方面是为了减小城市压力，建设乡村美丽环境。如图1-6所示，德国以"城乡等值化"理念开展土地整治，大力发展小城镇建设，打造宜居生活环境 ① 。

德国建立了较为完备的土地整治法律体系，由《德意志联邦共和国土地整理法》和各州在此基础上制订的有关实施细则与条例共同构成。《德意志联邦共和国土地整理法》先后进行了四次修订，明确规定了土地整治的内容、目标、参与者的权利和义务、利益分配机制、权属调整等，建立了系统的土地管理条例。不仅如此，《德意志联邦共和国土地整理法》还规定，每个州的最高行政法院要设立土地整治法庭，负责审议和处理相关的诉讼案件和纠纷。在州一级土地整理局内部还设有一个独立的争议仲裁机构，专门负责解决土地整治过程中出现的争议。

德国土地整治注重信息技术的应用。土地整治涉及多领域、多专业、多主体，而且面积大、数据多，稍有不慎就容易出现衔接不畅工作难以推进的现象。德国在土地整治工作中较早地将信息技术应用到土地整治的具体工作中，避免了许多

---

① 谭荣，王荣宇. 借鉴德国乡村整治经验 助推全域土地综合整治 [J]. 浙江国土资源，2018（10）：19-22.

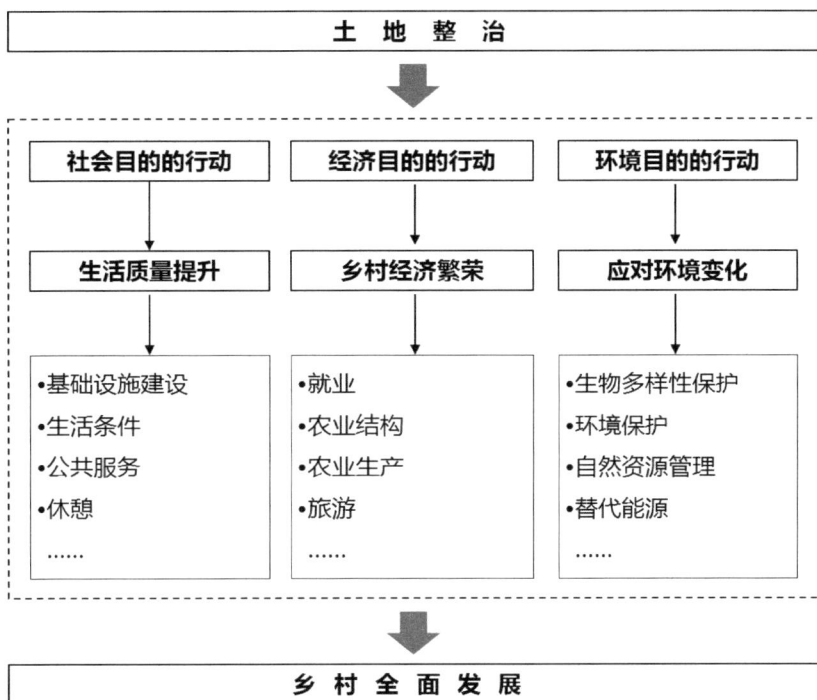

土 地 整 治

| 社会目的的行动 | 经济目的的行动 | 环境目的的行动 |

| 生活质量提升 | 乡村经济繁荣 | 应对环境变化 |

- 基础设施建设
- 生活条件
- 公共服务
- 休憩
……

- 就业
- 农业结构
- 农业生产
- 旅游
……

- 生物多样性保护
- 环境保护
- 自然资源管理
- 替代能源
……

乡 村 全 面 发 展

图 1-6　土地整治在德国乡村发展中的体现[①]

烦琐无用的工作，极大地提高了工作效率。目前，电子速测仪、高精度 GPS 等设备已广泛应用，作为土地整治过程中信息采集的手段，实现了重要资料数字化。在软件建设方面，建立了土地整治信息系统（LE-GIS），对各种图形、属性数据实现了一体化管理，同时实现了行政管理办公自动化，并通过专线网络传输各种数据，实现了土地整治完成后各种数据的及时更新和不同部门之间的资源共享[②]。

　　德国土地整治持续关注生态环境保护，很大程度上因为德国高人口密度、高工业化水平以及高化石燃料依赖所带来的环境压力[③]。德国的生态环境保护之路属于典型的"先污染、后治理"模式。2002 年德国颁布《国家自然保护法》，规定任何对生态环境有影响的行为都要进行补偿。相关行业协会对开发商的行为进行评估，对生态环境造成负面影响的都要进行生态补偿，其补偿方式为向相关机构购买生态指标，或者通过其他方式进行生态积累，例如植树造林等。土地整治过程也不例外，涉及基础设施修建破坏生态环境的工程措施，也要求进行生态补偿。

① 国土资源部土地整治中心．德国土地整理研究 [M]．北京：地质出版社，2016.
② 田玉福．德国土地整理经验及其对我国土地整治发展的启示 [J]．国土资源科技管理，2014，31（1）：110-114.
③ OECD．环境绩效评估：德国 [M]．於方等，译．北京：中国环境科学出版社，2006.

（2）日本经验

日本的农村土地整治伴随着农业农村发展过程不断调整策略。1899 年，日本颁布了《耕地整理法》，开始开展小规模的耕地整治[①]。在第二次世界大战后，日本粮食供应紧张，而整个社会经济需要全面复苏，于是日本以增地、增粮为目的在农村地区兴建水田排灌设施和开垦农田。同时，日本在《耕地整理法》的基础上又制定了《土地改良法》《农地法》，规范农地土地整治。1960 年粮食产量已能满足全民需求，日本政府开始把农业、农村工作的重心放在扩大农户经营规模和调整农业生产结构上，努力实现机械化作业。1968 年制定了《农业振兴地域整备法》，在 20 世纪 70 年代，日本土地整理的重心转移到改善农村整体环境，缩小城乡差距上来[②]。到 20 世纪 90 年代后期，日本农村地区人们的生活环境和生活质量都得到极大提升。目前，随着对生态环境的进一步重视，日本积极地开展生态保护型水田整备事业、农村综合振兴整备事业、地域农业保护型综合整治事业等工作[③]。

日本的城市土地整治主要在快速城市化地区的农村地区开展，由"土地区划整理"和"权利变换"两种制度组成。城市土地整治首先被用于农地通过交换分合后转为建设用地，以提供城市扩张[④]。日本在近 100 年的时间里经济得到迅速发展，并完成了从农业国到工业国的转变。随着城市化进程加快，快速的城市化使得城市边缘地区的农村土地遭到侵占，新建市区因缺乏规划导致基础设施不完善、建房不规范。为抑制城市的无序扩张、提高居民的居住环境，土地整治被广泛应用，并逐渐发展成为日本城市土地开发的一种高效手段。城市土地整治的任务主要是公共基础设施、工程设施的建设和土地产权调整，其中土地产权调整是城市土地整治的核心，旨在通过土地整治实现对城市土地的合理和节约集约利用，促进城市健康持续发展。

日本土地整治非常注重有关法律法规建设，颁布的有关法律共有 130 部之多，包括《农地法》《农业振兴地域法》《农业经营基础强化促进法》《水

① Ohashi K.Arable Land Readjustment in Japan: Consolidation of Japanese Farmland in the Century since the Institution of the 1899 Arable Land Readjustment Act[J]. Journal of irrigation engineering and rural planning, 2000（38）:1-4.

② 焦必方.战后日本农业的发展与问题 [J]. 国际学术动态，1997（9）：5-8.

③ 王瑷玲，齐藤雪彦，高明秀.日本农业农村整备及其对我国新农村建设的借鉴 [J]. 山东农业大学学报（社会科学版），2009，11（4）：34-39，121-122.

④ Sorensen A. Land readjustment and metropolitan growth: an examination of suburban land development and urban sprawl in the Tokyo metropolitan[J]. Progress in Planning，2000（4）：217-330.

利资源开发促进法》《森林开发公团法》《土地改良法》等 ① 。完善的法律保障体系为日本土地整治工作的开展提供了有力的保障，也极大地推动了农业科技化水平和农业产业链的延伸。不仅如此，日本土地整治的法律并非一成不变，而是根据社会经济的发展进行适度调整，由此可见日本对土地整治工作的重视。

日本不但有土地整治长期规划，而且有详细的年度计划，所有土地整治项目都依据不同阶段的整治规划进行。土地整治规划分 3 级进行：一是国家级规划，主要是确定一个时期土地整治的方针、总体目标和主要任务；二是都、道、府、县级规划，主要是确定区域、规模、投资、权属登记管理；三是町、村级规划，主要是提出项目、实施项目和运营管护。日本土地整治制度规定 5 年组织一轮调查评估，涉及每个町、村，调查评估结果要汇总上报，从而为编制下一个 5 年土地整治计划提供技术支撑。日本法律规定，实施过土地整治项目的农业地域，7 年内不受理该地域的农地转用申请。

日本土地整治重视公众参与。土地整治工作涉及政府、农户、开发者等各方利益，尤其农户是利益的直接相关者。为保证农户广泛参与到土地整治工作中，日本政府制定了缜密的公众参与机制，在土地整治工作开展之初，让村民代表参与到土地整治规划方案的评审中，规划方案须经 2/3 以上的村民代表同意后，才能进入下一环节的审批程序 ② 。在土地整治的每一个重要环节都会征询公众的意见，并予以采纳。日本的土地整治工作具有广泛的群众基础，在推进过程中具有良好的社会效应。

同当前中国的情况类似，日本的农地面临以下几个突出问题：一是农用地的细碎化和分散化；二是由于比较效益低下，耕地总面积不断减少，但撂荒耕地的面积却逐渐增加；三是受人口老龄化、骨干农业劳动者少和农业接班人缺乏的影响，农地的使用效率日趋下降。因此日本特别注重农用地的流转和规模化经营，通过开展土地整治，利用土地权属调整和地块置换手段解决了农用地的细碎化和分散化问题，培养了专业农户，实现了农地的规模化和专业化经营，提高了农业生产的效率和农户的收入。

---

① 孙强，蔡运龙.日本耕地保护与土地管理的历史经验及其对中国的启示 [J].北京大学学报（自然科学版），2008（2）：249–256.
② 杨庆媛，涂建军，廖和平，周宝同，田永中.国外土地整理：性质、研究领域及借鉴 [J].绿色中国，2004（6）：49–52.

1.4.2 中国经验总结

（1）台湾地区经验

台湾地区土地整治分成农地重划、农村社区土地重划和市地重划三个部分，并依据规划开展基础设施建设。早期台湾地区农用地存在规模小、分布零散的问题，为了推动农业现代化发展，台湾地区开展了农用地重新划分的工作。农地重划最早开始于1958年，其中1961—1971的10年间，实施农地重划面积高达25.49万公顷。随着台湾地区农地非农化速度加快，每年约有4000～6000公顷的农地转为建设用地，农地重划速度放缓。此后的农地重划主要对早期重划区内的"农水路"进行更新和改善。21世纪以后，农地重划的重点从提升农业产量调整为促进当地乡村发展[①]。2006年起，农地重划充分考虑当地产业、生态、生活环境等因素的协调性，愈发重视重划工程的生态友好性，在相关的实践与研究上，均出现了大量有关生态景观、生态工程等相关内容。

台湾地区农村社区土地重划最早于1987年试办。2000年《农村社区土地重划条例》颁布后，农村社区土地重划开始独立于农地重划[②]。通过农村社区土地重划，将畸零不整的细碎土地重新规划成形状方整、大小适宜、可以直接建设使用的地块，政府也因此取得大量公共设施用地。市地重划是依据《平均地权条例》第五十六条规定及其实施细则暨台湾地区内政主管部门颁订的《市地重划实施办法》等相关规定办理。市地重划的目的是对都市土地的地籍进行规划整理，提高建设用地使用效率，为都市居民提供公共设施。台湾地区以市地重划的方式起到促进土地价值增长、促进都市健全发展、健全地籍管理、消除产权复杂的共有土地等的作用[③]。

台湾地区土地整治建立了多元化投入机制。土地整治资金投入主要由政府、土地所有人和社会资本共同承担，政府承担大部分公共基础设施的资金投入，土地所有人承担部分用于改善生活环境的资金投入，社会资本则承担农村部分可用于商业经营的资金投入。其中，土地所有人的资金投入方式比较灵活，土地重分配后，所有人可将部分多余土地进行贷款抵押，抵押所得

---

① 林柏璋.农地重划改善营农环境及农村生活环境 [J] 丰年，2007（10）：56–58.
② 张修川.台湾农村社区土地重划的经验 [J].中国土地，2012（8）：57–58.
③ 国土资源部土地整治中心.东亚地区典型国家和地区土地整治研究 [M].北京：地质出版社，2017.

资金用于土地整治投入。土地整治完成后，政府将抵押土地进行公开出售，以收回垫资。多元的土地资金投入能够确保项目资金的落实，保障项目能够顺利推进。

台湾地区也经历了对农业生产空间进行整理的单一要素土地整治，直到后续逐渐演变为全域全要素推进的模式，不仅注重乡村的经济发展，更注重乡村人居环境品质的提升。早期的土地整治遵循自上而下的行政管理，这个过程中乡村基层治理能力欠缺，村民自主参与意愿匮乏，土地整治仅按部就班地完成基础工作，无法与乡村的发展、村民的生活紧密地结合起来。后期，台湾地区尝试自下而上的发展策略，充分调动村民的主人翁意识，鼓励村民深度参与到土地整治工作中，尊重村民主体地位，从曾经的"要我发展"到"我要发展"的思想转变，极大地提升了乡村发展的主观能动性。

（2）浙江经验

浙江省土地整治实践始终走在中国的前列，是我国第一个提出全域土地综合整治的省份。全域土地综合整治的试点工作最早要追溯到2003年"千村示范、万村整治"工程。改革开放之后位于东部沿海的浙江省由资源小省一跃成为经济大省。作为全国"美丽乡村"建设的先行区，"千村示范、万村整治"是浙江推动现代化建设成果惠及全省人民的重要工程。事实上，建设美丽中国的重点是农村地区，而全省有3万余个村庄治理条件较差。时任浙江省委书记的习近平以农村生产、生活、生态的"三生"环境改善为重点，开启了以改善农村生态环境、提高农民生活质量为核心的村庄整治建设大行动。

浙江村庄整治的初期目标是打造"全面小康建设示范村"，这一阶段虽是起示范引领作用，却为千万工程建设美丽乡村开了个好头。以村级为实施单元，将农地整理、建设用地整理与乡村环境整治、乡风文明建设、城乡统筹发展、新型业态培育等相互融合，保护了自然生态资源，改变了农村环境，实现了绿水青山到金山银山的价值转化，使浙江省农村地区得到快速发展。2008年起，浙江省将示范村的成功经验推广至所有农村，以生活垃圾收集、生活污水治理等工作为重点，逐渐形成完善系统的整治格局。除了安吉、德清、富阳等浙北县区，诸暨、丽水、衢州的乡村面貌也焕然一新，形成了一批可看、可学、可推广的发展模式。

也正因为这些积淀，使得浙江省具备开展全域土地综合整治"由点到面"探

图 1-7　浙江省杭州市余杭区全域土地综合整治

索的先天条件，其探索深度、实践成效和示范价值均居全国先列^①。浙江省全域土地综合整治以整乡整村为实施单元，在村级土地利用规划和土地整治规划引导下，按照"全域规划、全域设计、全域整治"的理念，统筹山水林田湖路村系统治理，不仅深化了土地整治的内涵与外延，更重要的是推动了以土地整治为平台和纽带的全产业链发展，即"土地整治+"模式，将农村土地整治潜力最大化^②。

从传统土地整治到全域土地综合整治，既是整治范围日益拓展的过程，更是整治内容和概念内涵不断深化的过程，也是土地整治与土地政策相互结合和支撑的过程，其根本标志就是整治对象从农田单要素整理日益走向山水林田湖路村全要素整治，由增加有效耕地面积、提高耕地综合产能走向构建"山水林田湖"生命共同体，对农村区域山水林田湖草一体化保护修复，创新了土地整治模式，盘活了农村资产，自然资源价值和利用效率得到了较大的提升，农村土地制度改革和民主制度建设得到了较大的改进，一批全域土地综合整治的典型相继出现，为

---

① 严桥来，沈志勤，何佑勇．浙江：推进乡村全域土地综合整治与生态修复 [J].中国土地，2019（12）：57–58.

② 董祚继．探索一条符合中国实际的乡村振兴之路——浙江省农村全域土地综合整治的实践与前瞻 [J].浙江国土资源，2018（10）：7–12.

浙江省农村地区振兴发展提供永续动力。

1）浙江省海盐县金星村

武原街道金星村位于县城西南部，是典型的江南水乡自然村落，被列为全省美丽宜居示范村优秀村庄、县美丽乡村建设重点村。村域总面积662公顷，其中水域面积约83公顷，全村现有39个村民小组，共1227户4498人，现有耕地面积5748亩，其中水田4462亩。2018年海盐县委县政府按照浙江省、嘉兴市有关全域土地综合整治与生态修复的工作要求，印发了《关于开展全域土地综合整治工作的实施意见》，提出2018—2022年开展全域土地综合整治区域13万亩，建设7万亩高标准农田、2万亩永久基本农田整备区，新增耕地1万亩，复垦建设用地1万亩，优化乡村生态农业建设空间布局。

海盐县金星村采取"全域土地综合整治 + 美丽乡村"的整治模式，全域土地综合整治完成后，超过3/4的村民搬入新房，农村居民点统一安置在街道中心点集聚区以及历史文化自然村；通过土地流转完成招商引资，再建3000余亩水稻集中种植区，千亩良田为农业规模化经济创造了有利条件；同时，该村利用结余城乡建设用地指标与新市镇和新社区周边的商业、住宅等三产服务设施用地进行挂钩，收益全部用于农村土地综合整治项目；另外，以美丽乡村、生态田园作为依托，以"立足乡村休闲、体验田园风情"为特色延伸产业链，推动一二三产业的融合发展取得重大成效。

2）浙江省西湖区双浦镇

双浦镇位于浙江省杭州市西湖区西南部，三面环江，南濒富春江，西与富阳区交界，北倚之江国家旅游度假区。总面积81.81平方千米，总人口71144人，下辖30个行政村、2个社区。

双浦镇原为杭州市的农业重镇，后因追求经济发展养殖甲鱼，良田被切割为零星小块，非农化比例高达85%以上；村庄用地无序化，沿山沿路、房前屋后、院内院外违法建筑随处可见；农村产业发展"低小散"，加工、销售和住宿"三合一"现象普遍。

为此，西湖区统筹推进拆违控违、治水剿劣、田园清洁、矿山治理、土地流转、水田垦造、现代农业发展、美丽乡村建设、城中村改造提升、小城镇环境综合整治等十大行动。按照"总量锁定、流量弹性"的思路，通过建设用地复垦、腾挪集聚、增减挂钩，整合优化建设用地空间布局，并将建设用地复垦后的新增耕地与周边优质耕地进行连片化整理，实现与永久基本农田的共同保有机制。

双浦镇采取的是"土地整治 + 生态修复"模式。2017年以来，双浦彻底拆除各类违法建筑 0.2 万亩，拆除甲鱼塘 1 万亩，复垦土地 3.1 万亩，还清了多年的历史欠债，以系统治水的方式打通了 10 条断头河，11 条劣 V 类河道全部顺利"摘帽"，每天引入的 70 万立方米江水，像源源不断的甘泉一样滋养着双浦。除此之外，双浦镇还投入 8.3 亿专项资金用以生态复绿工程，平整出可用土地 1400 余亩，为发展旅游文化、养老度假提供了建设空间；双浦镇总投资 3.67 亿元进行高标准农田和旱改水建设，新增水田 1000 余亩。

总体而言，双浦镇借助全域土地综合整治的开展，使得环境、生态、保护、民生、经济全方位改善，交出了靓丽的"五本账"。17 个散落村居 1 万多户搬迁集聚，减少复垦建设用地 5700 亩，挖掘复垦流量空间 4900 亩，在"十三五"规划期间，双浦镇的村镇建设指标基本可以自给自足。此外，杭州市政府实行以奖代补，整治出的优质耕地被纳入永久农田整备区长期管护，永久基本农田每年 600 元 / 亩，一般耕地每年 200 元 / 亩，平均每村每年固定收益 27 万元，在全域土地综合整治的推动下得到了前所未有的发展。

（3）上海经验

2013 年，上海市政府工作报告提出启动"郊野公园"建设，次年公布的《关于本市郊野公园建设管理的意见》提出，上海以郊区基本农田、生态片林、水系湿地、自然村落、历史风貌等现有生态人文资源为基础建设郊野公园体系。自此，上海市初步规划了 21 座郊野公园，总用地面积约 400 平方公里。在郊野公园建设中，主要依托土地整治规划引导和平台作用，推动乡村空间布局优化，整合有关建设项目，并由土地整治形成的土地指标交易实现项目融资，由此成为上海全域土地综合整治最为出名的案例。

郊野公园旨在不改变原有利用方式的前提下，以生态型土地整治为主，通过优化空间格局，完善公共交通、用水、电力等基础设施，融合景观生态设计理念美化环境，结合市场化服务管理机制，建成的一批规模大、环境美、功能多、有特色、交通便利的公园。郊野公园的建设将切实推进城乡发展的战略转变，聚焦都市游憩需求和乡村持续发展，优化锚固城市总体空间结构，实现绿色发展和绿色生活[1]。

1）嘉北郊野公园

上海市嘉北郊野公园坐落在嘉定新城主城区西北部，毗邻城北大型居住社区

---

[1] 顾守柏，刘伟，夏菁. 打造"土地整治+"的新格局——上海的创新与实践[J]. 中国土地，2016（9）：42-44.

和上海国际赛车场。嘉定新城规划绕城森林重要节点，距离人民广场约30公里，总用地面积1398公顷，一期规划启动区为690公顷，其中农用地533.55公顷，建设用地31.26公顷，水域面积87公顷，其他用地19.19公顷，总建筑面积约15.6万平方米。其土地整治项目是以打造具有江南水乡田园风景的郊野公园为主要目标，未来启动区主要围绕主题景观游赏、特色休闲体验、基本旅游服务三个层次展开。公园规划了绿色田园风景游线、红色乡土生活游线和紫色郊野休闲游线，通过村、院、水、田、林、路和人文7个要素设计，将上海市农村、郊野与公园相结合，打造具有人文、生态和可持续发展理念的郊野公园，融合了"土地整治 + 文化""土地整治 + 教育"以及"土地整治 + 运动"的新型模式。

2）廊下郊野公园

廊下镇位于金山区西南部，总面积46.87平方公里，下辖12个行政村，2020年户籍人口3.06万人，常住总人口2.77万人。镇域现状土地利用以农用地为主，呈现"西林东田"的布局，耕、林地资源较为丰富，是上海远郊生态农业镇的典型代表，与金山现代农业园区实行镇区合一行政管理体制，是上海唯一的国家级现代农业产业园。2013年启动一期市级土地整治项目，建设内容包括"田、水、路、林、村"综合整治和农民集中居住，整治目标着力打造"万亩效应"，形成集中连片、布局规整的万亩生态林、良田、菜田、农宅的空间格局。2015年拓展二期土地整治项目，以"农"为特色，建设形成集"现代农业科技、科普教育、文化体验、旅游休闲"于一体的"多功能农场"型现代农业镇区，是上海市第一个开园的郊野公园。金山郊野公园在土地整治项目中，融入了景观营造提升、农林水一体化建设示范和建设用地减量等内容，有效促进了生产、生活、生态空间的融合，推动了现代农业发展。以建设特色民居家园为核心，重塑了乡村社区空间；对传统分散的宅基地分布进行重构，采取"跨村近镇"安置模式，共享镇区基础设施和公共服务设施，延续传统特色建筑风貌，提高农民生活居住品质，形成了新的乡村社区治理模式；以改善区域生态环境为重点，激活了城乡要素双向流动。廊下郊野公园建设依托于土地整治调配生态资源的空间布局，融合耕地、园林地、水域、建设用地等复合要素，发挥最大化的多重效益，提升生态环境的同时为都市居民提供了休闲游憩的郊野空间。通过城乡之间资源与人员的融通互动，实现了由传统乡村空间向多元主体共享的绿色生态空间的可持续转型。

1.4.3 国内外经验小结

（1）转变发展理念，通过土地整治撬动乡村发展

国外土地整治，完成了基础的农田集中连片、基础设施建设后，就开始着手改善乡村人居环境，提升产业发展动力，实现乡村的稳步发展。目前我国土地整治地域性差别大，中西部地区还处于土地整治的初级阶段，对于整治后的土地如何进行产业开发，如何最大化地发挥土地增值收益，如何带动乡村人民致富等问题并没有积极的应对措施；东部地区已经在探索土地整治后通过产业发展来提升乡村的造血机制，例如引入农业开发公司进行系统经营管理，分包给种粮大户进行农业现代化种植，但是这些措施仅仅处于初期的摸索阶段，没有形成成熟的理论经验，也没有大规模的推广。因此，对于我国大部分地区而言，应该转变发展思路，不能仅仅追求土地指标的一次性收益，而是用可持续发展的眼光对待土地。

（2）重视生态模式，以土地整治促进生态农业发展

土地整治是对土地资源及其利用方式的再组织和再优化过程，是一项复杂的系统工程，其整治过程改变了基础设施配置，一定程度上改变了农田生态系统，必然对生态环境造成影响。国外土地整治过程中，不仅注重对耕地数量的提升，也注重对土地荒漠化、盐碱化、边坡治理等问题的改善，更注重对整个农田生态系统的保护和修复，推动农业向景观化、生态化发展，为传统农业的转型提供环境基础。近年来，随着我国生态保护意识的逐渐提高，土地整治工作对生态环境的保护和修复也越来越重视，但是依然有些地区的土地整治工作存在为了土地指标侵害生态环境的急功近利现象，实践上还未达到"数量、质量、生态"三位一体的高度。全域土地综合整治要落实好山水林田湖草生命共同体的理念，强化整个过程中对生态环境的保护和修复。

（3）健全制度体系，实现土地整治的规范化管理

纵观国外土地整治工作，无一不进行完善的立法制度来保障土地整治工作的有效推进。许多国家除了土地管理法这一基本法之外，还制定了一系列相关法，包括土地整治法、土地规划法、土地资源管理法、土地建设管理法等。目前，我

国关于土地整治的法律制度体系尚未建立，特别是在现有土地政策下，如何通过土地整治引导农村土地制度改革，如何在实践中建立与土地整治项目实施相衔接的土地整治专项规划体系，更好地支撑国土空间规划和用途管制制度实施；如何在实践中协调好农民利益和农村发展中两大课题；如何通过土地整治推动乡村振兴、共同富裕等。土地整治实际工作中还存在很多不确定因素，例如，对土地收益的分配问题、生态环境的补偿问题、公众参与的程序正义问题都缺乏有效的法律文件加以规范，导致实施过程中弱势的一方利益得不到有效保障。因此，建立完善的法律体系，对我国当前及今后全域土地综合整治工作具有非常重要的现实意义。

（4）改进工作程序，提高公众参与管理和监督的程度

国外的土地整治工作都非常重视公众的参与，始终与各个利益相关者保持高度的沟通，虽然公众参与会耗费较长的时间，但是能在一定程度上保障决策的科学性，减少矛盾的产生。目前，我国土地整治工作还是以政府主导的一种自上而下的政府行为，农民无法参与到土地整治的实施和管理中，对土地的发展缺乏主动性，或者公众参与流于形式，并没有充分听取和采纳村民的意见，长此以往，将造成农民与土地关系的割裂，不利于乡村的长远发展，也无法实现乡村振兴。因此，全域土地综合整治从立项开始，到工程建设，再到后期运营管理，都应该让农民深度参与其中，广泛征求各利益相关方的意见，保障全域土地综合整治决策的科学合理。

第 **2** 章

全域土地综合整治的理论基础

2.1.1 土地整治

　　自 20 世纪 80 年代我国城镇化发展驶入快车道起，旨在缓
解全国耕地数量、质量锐减的诸多整治活动被赋予法律地位，
土地整治的概念在此过程中得以完善。1988 年国务院《中华人民共和国土地复垦
规定》中首次提出"土地复垦"的概念，标志着土地整治的相关工作被列入政府
工作内容。2011 年施行的《土地复垦条例》明确了土地复垦的含义，是指对在生
产建设活动和自然灾害损毁的土地，采取整治措施，使其达到可供利用状态的活
动。土地复垦的定义主要面向快速发展进程中早期遗留的低效率、高成本、粗放
利用的农村土地，而后繁衍形成土地整理、土地开发整理等相似性概念，并开始
在学术界得到广泛的讨论研究。土地整治在该阶段表现为土地整理、未利用地开
发以及废弃或被破坏土地复垦等"土地开发整理"综合性活动，但其交叉性的内
涵始终未得到科学的阐明与划分。

　　2008 年党的十七届三中全会要求"大规模实施土地整治"，首次在中央层面
提出"土地整治"的概念，并将早期的土地整理、土地复垦以及土地开发三方面

图 2-1　浙江省嘉兴市全域土地综合整治

内容全面统筹，由此明确了土地整治一词的内涵[①]。2014年《节约集约利用土地规定》在原有的基础上，对土地整治的对象进行了细分，以土地利用总体规划和土地整治规划为依据，土地整治包含对田、水、路、林、村等全要素综合整治，历史遗留工矿等废弃地复垦以及城乡低效利用土地再开发[②]。而在《土地整治术语》中，土地整治的内涵又以人类需求导向进一步深化，依据土地整治规划及相关规划，在一定区域内对未利用、低效和闲置利用、损毁和退化土地进行综合治理，以达到满足人类生产、生活和生态功能的需要[③]。可见土地整治的内涵从数量保障到质量管控，再延伸至生态管护，并在未来将逐渐偏向生态景观建设。

2.1.2 全域土地综合整治

中国全域土地综合整治的理念和指导思想最早来源于《全国土地整治规划（2011—2015年）》，其对全域土地综合整治的内涵界定停留在"具有全域性、综合性"的整治手段[④]。伴随着十八届三中全会提出山水林田湖生命共同体概念，国家政策文件中"经济社会生态效益""国土空间格局优化""生态良田的首要位置""土地集约节约利用"等词语相继提出，土地整治被赋予更深层次的内涵，目标和效益愈加多元化，更强调一体化统筹管理，包括统筹城乡融合发展、统筹区域协调发展及统筹人与自然和谐发展，通过综合整治提升人类福祉。

在此阶段，"土地综合整治"成为土地整治主流引领概念，体现为"全域土地的综合整治"，是分区域、跨系统、成体系的综合整治，不仅包括田水路林村综合治理、工矿废弃地复垦利用、城乡低效利用土地再开发等传统整治内容，还包括城乡用地综合整治、陆海统筹整治和流域协调整治等[⑤]。

全域土地综合整治是以科学规划为前提，以乡镇为基本实施单元，整体开展农用地、建设用地整理和乡村生态保护修复，对闲置、利用低效、生态退化及环境破坏的区域实施综合治理的活动。在国土空间规划的引导下，克服单一要素、单一手段的土地整治模式，旨在一定区域范围内统筹推进农用地和建设用地的整理及生态空间修复，它是贯彻习近平生态文明思想和实施乡村振兴战略的重要手

---

① 贾文涛.统一概念为土地整治保驾护航 [J].中国土地，2012（8）：46-47.
② 王军，钟莉娜.中国土地整治文献分析与研究进展 [J].中国土地科学，2016，30（4）：88-97
③ 贾文涛.从土地整治向国土综合整治的转型发展 [J].中国土地，2018（5）：16-18.
④ 夏方舟.全域土地综合整治：发展背景、系统内涵与趋势展望 [J].浙江国土资源，2018（10）：23-25.
⑤ 李侃桢.土地综合整治的理论创新与实践探索 [J].中国土地，2018（2）：4-7.

图 2-2　浙江省宁波市象山县全域土地综合整治

段 [①] 。全域土地综合整治概念的提出，标志着传统土地整治在生态文明、空间规划和效率变革三个方面上升至更高的层次。生态文明上，坚持系统论和生命共同体的思想，统筹推进山水林田湖草的整体保护、系统修复和综合治理，进而打造人与自然和谐共生新格局；空间规划领域则强化"多规"的有效融合，在国土空间规划约束下编制统一的土地整治（建设）规划，推进全区域全要素的国土空间布局调整，提升土地集约节约利用；效率变革层面，整合不同部门的项目和资金，通过基础设施建设改善区域发展条件，形成政府主导、部门协同、群众参与的工作机制，让农村居民全面参与并享受全域土地综合整治成果 [②] 。

　　总体上看，全域土地综合整治主要分为整治空间的全域性和整治内容的全面性。整治空间的全域性既指横向上开展农用地整治、农村建设用地整治、城镇工矿用地整治、损毁土地复垦和未利用地开发时，克服了原有孤立、分离的缺陷，

---

① 周远波 . 全域土地综合整治若干问题思考 [J]. 中国土地，2020（1）：4–7.
② 李红举，曲保德 . 全域土地综合整治的实践与思考 [J]. 中国土地，2020（6）：37–39.

转变为集中连片的土地开发整理，又指在纵向上引导不同层级土地整治进行不同空间尺度的整治活动。整治内容的全面性体现在区域范围内所有的农用地整治、农村建设用地整治、低效工矿用地整治、土地复垦和未利用地开发，以及对自然—经济—社会—生态要素、土地—资本—劳动要素、植物—动物—光热要素等全要素统筹治理。全域土地综合整治的目标视角从传统的耕地保护、节约集约用地转化为以优化国土开发格局、区域要素统筹、支持区域发展为核心，落实国土空间规划和用途管制制度的关键举措。

理解全域土地综合整治的概念内涵，需要分析其功能特点。全域土地综合整治具有以下特点：

（1）目标多样

土地整治的目标是随着时代发展需求不断变化的，从最初的单纯追求耕地数量到增加耕地数量、提高耕地质量再到生态文明背景下的生态系统保护以及高标准基本农田建设、城乡融合发展、新型城镇化建设等。由于整治范围大、手段多样、参与部门多，所以全域土地综合整治以多目标、多功能为追求，不再单纯针对土地整治本身的某种目标，而是将土地整治与多领域的多种诉求相结合，确立全域土地综合整治的多功能目标定位。我国于2016年提出的"土地整治+"理念，彰显"1+N"综合效益，例如"土地整治+现代农业""土地整治+精准扶贫""土地整治+生态治理""土地整治+新型城镇化""土地整治+美丽乡村建设""土地整治+互联网"，是新时代土地整治发展的一种趋势，也是土地整治多目标多功能的一种体现。对于全域土地综合整治，在生态文明理念引领下，更加需要把全域土地综合整治与乡村振兴、区域协调发展、脱贫攻坚、共同富裕等国家重大战略有机结合，实施全域土地综合整治重大工程，凸显"土地整治+"综合效应[①]。

（2）全域全要素整治

传统的土地整治是随着目标设定而开展的一项工作，如占补平衡、高标准农田建设、耕地质量提升、矿山土地复垦、增减挂钩等，各类项目在空间上没有连续性，更不能在地域上与自然地理单元、生态系统、行政区等进行有机结合，造

---

① 吴次芳等.国土空间生态修复[M].北京：地质出版社，2019.

成了整治过程中自然资源与生态要素的人为割裂。全域土地综合整治的范围更大、层次更高。土地只是存在于陆地表面的集地质、地貌、气候、水文、土壤、植被等多种自然要素在内的自然综合体，全域土地综合整治的对象已经跳出狭义上土地的圈层，而是涵盖了所有的空间要素，是在一定行政区域内开展的综合治理活动。这个行政区域是一定范围的行政村、乡镇或市域所包含的国土空间，既有地理要素和生态要素的完整性体现，也有行政单元与经济区的发展融合。全域土地综合整治重点针对农业空间、城镇空间和生态空间开展整治活动，它不再局限于传统土地整治农业生产条件和耕地数量导向的单一对象整治。

（3）空间优化

《中共中央 国务院关于加快推进生态文明建设的意见》提出，"强化主体功能定位，优化国土空间开发格局""编制实施全国国土规划纲要，加快推进国土综合整治"。规划和实施是两项联系紧密的工作，综合整治推动国土规划的实施，从而实现国土空间开发格局的优化。传统的土地整治常是某一地区中的某单个点或单个具体项目，而全域土地综合整治是将点扩大至面，甚至是空间这个立体概念，通过整合多部门多类型建设项目，实现区域空间的土地利用布局调整，真正实现空间布局优化调整。在大尺度上，针对我国资源分布和经济活动时空错配问题进行自然资源时空重组，优化国土空间开发格局；在小尺度上，结合地区的发展定位，对生活空间、生产空间和生态空间进行优化调整乃至根本性的变革，给自然留下更多修复空间 [①] 。在特定的发展时期内，区域发展具有动态不确定性，特别是在县级以下的乡村地区。在生态文明战略和乡村振兴战略引导下，急需要综合多部门政策和项目，在实践中一揽子解决区域发展的用地问题，为乡村地区发展提供支撑，全域土地综合整治具有不可替代的作用。在农用地方面，统筹推进土地平整工程、道路工程、灌排工程、农田防护工程等四大工程，合理安排新增与存量用地供给结构和方向、农田连片提质建设等；在建设用地方面，以基本公共服务均等化和节约集约利用土地为核心理念，优化农村建设用地结构和布局，构建规模适度、管理有序、公共服务设施配套的新型农村社区等；在生态用地方面，结合农村人居环境整治，优化调整林地、水域等生态用地的布局，保持乡村自然景观，使自然景观与乡村文化更好地融合。

---

① 曹帅，金晓斌，韩博，孙瑞，等 . 从土地整治到国土综合整治：目标、框架与模式 [J]. 土地经济研究，2018（2）：133–151.

（4）高位统筹

通过长期的土地整治实践，在与土地制度有关的土地调查、规划、评价、变更、登记等工作上，土地整治建立了与相关工作联系的工作流程，并在政策、规划、标准等方面做到了基本衔接。土地制度设计具有全局性、宏观性的目标导向，直接影响国家宏观政策的实施。全域土地综合整治是站在国家战略高度推行的一项重要措施，服务于生态文明建设、城乡一体化、乡村振兴、新型城镇化、共同富裕等一系列国家战略，是土地整治的高级形态。全域土地综合整治更加需要在实践中完善做法，不断探索路径方法，保持与土地制度的协调连续，统筹考虑各类基础条件，坚持规划引领、机制创新、分类推进、重点突破，把国家政策用好用足，进一步释放政策红利、增强发展动能。

（5）手段融合

全域土地综合整治融合了工程、技术、经济、行政、法律等多种手段，实现对区域要素全面、系统、科学的整治。在工程上，通过基础设施和公共服务设施建设，实现农田集中、居住集中、生态价值提升等，夯实各业用地的发展基础和"三区三线"的管控边界；在技术上，重视遥感新技术应用，将遥感技术广泛应用到自然资源调查、工程设计、实施监管、监测评价等方面，采用生物技术开展生态修复，实现土地价值和生态价值的提升，满足在空间上进行土地指标分配和交易的需要；将相关法律规定和土地管理制度作为工作行动的目标准则，强化国家战略引领。之外，全域土地综合整治以国土空间为对象，在整治目标、过程、方法和结果的选择上，更加强调全生命周期的管理。

（6）多方合作

全域土地综合整治不再是以单个项目或小块区域为载体，而是着眼于相对大片区域上，从整体上提升国土资源的合理利用，因此全域土地综合整治具备多方合作的特征：一是在部门结构上，全域土地综合整治涉及自然资源、农林、水利、电力、住建、发改等多个部门，要求各部门间职责明确，互相协作；二是在整治片区上，由于项目区范围可能较大，会涉及不同行政单位之间的协作，全域土地综合整治从工程实体形态到功能系统，通过人地关系转型，满足区域协调发展的多层次需求，进而形成以城乡系统为整体的全域土地空间整治功能系统[①]；三是公众参与机制上，全域土地综合整治不再是传统土地整治模式下政府部门的单独行动，而是由政府主导、社会协同、公众参与的多元主体活动，最终的目标导向是多元主体在全域土地整治背后的综合效益最大化；四是资金来源上，全域土地综合整治项目具有多元化投入的特点，全域土地综合整治投入高，建设运营周期长，充分吸纳社会资本获取资金。

[①] 龙花楼. 论土地整治与乡村空间重构 [J]. 地理学报，2013（8）：1019-1028.

2.2.1 人地关系理论

人地关系即地球表层人与自然的相互影响和反馈作用[①]。经典解释将其视为人类社会及其活动同自然环境的关系，非经典解释就地理环境的概念完成了生态类推，融入了人类活动子系统（包括人口再生活动、经济活动、社会文化活动以及生态文明活动），认为人地关系是指人类活动与地理环境的关系[②]。二者在严格意义上并无本质差别，甚至在某些领域具有交叉和重叠。

从地理学的角度，人地关系是由"人"与"地"构成的二元系统。其中人的概念具有双重性："人"既是在特定地域空间上开展社会活动的社会人，同时又是内涵丰富、对立统一且具备层次功能和组织功能的系统人；同样，"地"的概念也具有复合属性[③]。地是指由自然和人文要素按照一定规律相互交织，紧密结合而构成的地理环境整体。它不再是给定的、完整的、独立的体系，而是与人类活动双向生成并包容人类活动及其产物的系统。相比于传统的"自然性"，其更多地体现为一种"自然—社会的动态复合属性"，以无限的丰富性满足人类的多样需求，例如心理的、美学的、价值的等方面[④]。

人与地的客观关系是：第一，人对地具有依赖性，地提供人类生产生活的物质基础和空间场所，并影响着人类生活的深度、广度和速度。一定面积的地只能容纳一定数量的人以及一定程度的活动，同时地本身具备客观的发展规律，因此人类对地的认识和有效利用至关重要。第二，人占据主导地位，且具有能动机制。人类活动既是客观地改造"地"，同时又是把"地"作为主体的自我完善活动[⑤]。

从土地整理到土地整治，再逐渐演变为全域土地综合整治，源于人类对生态

---

① 黄雪飞，吴次芳. 城乡融合视野下全域土地整治的动力机制与规划框架构建研究 [J]. 国土资源情报，2018（6）：46–51.
② 陆大道，郭来喜. 地理学的研究核心：人地关系地域系统 [J]. 地理学报，1998（2）：97–105.
③ 杨青山，梅林. 人地关系、人地关系系统与人地关系地域系统 [J]. 经济地理，2001（5）：532–537.
④ 吴传钧. 论地理学的研究核心——人地关系地域系统 [J]. 经济地理，1991（3）：1–6.
⑤ 黄震方，黄睿. 基于人地关系的旅游地理学理论透视与学术创新 [J]. 地理研究，2015（1）：15–26.

保护的重视及对美好生活的需求，同时也标志着对人地关系的重新思考。伴随着以"两山"理论和"山水林田湖草生命共同体"思想的全域土地综合整治理论研究与实践推进，尤其是"地"在生活和生态方面的意义被不断扩大后，为新时代构建多层次和谐共生的人地关系系统创造了前所未有的条件。

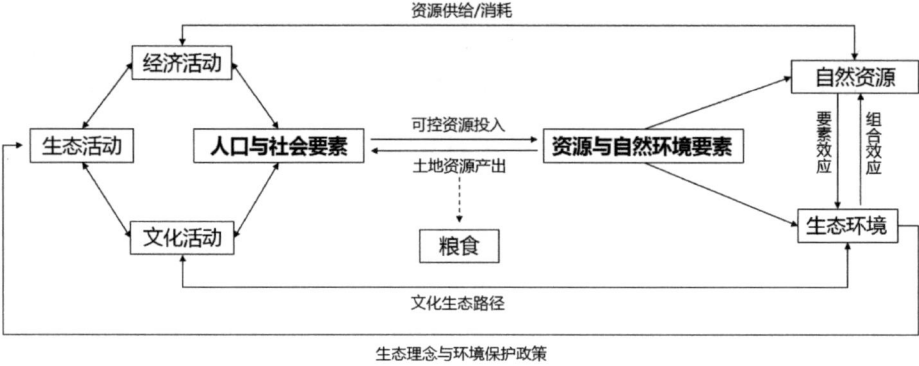

图 2-3 人地关系系统示意图

2.2.2 土地可持续利用理论

土地可持续利用理论来源于可持续发展理论。可持续发展是一个综合性概念，包括人口、资源、环境与发展四大要素。根据 1987 年布伦特兰报告，可持续发展的定义为：可持续发展是一种发展模式，要求确保满足当前的需求，又不损害子孙后代满足其自身需求的能力。它面临的最大挑战是理解和塑造经济、社会、环境三个维度之间的关系以及每个维度中不同组成部分之间的关系。

土地在人类可持续发展中处于重要地位。在反映社会可持续发展的指标体系中，土地的组成和特性处于第一位[①]。土地可持续利用是指人类在遵循土地生态规律的基础上，在对人类社会有意义的时间和空间尺度上，实现数量稳定、质量保障以及生态优化，维持土地生产力和承载力，进一步提高土地利用效率。

在生态学意义上，土地可持续利用体现在保障特定地区土地长期处于稳定可用的状态；从社会经济学角度来说，它是保持特定地块的特定用途（如粮食供给或文化输出）。放眼于时间尺度，土地可持续利用不仅着眼于当下，更着眼于将来，强调资源的永续利用；在空间尺度上，则表现为各国各地区在享有土地资源附加收益的公平性[②]。

---

① 刘彦随. 现代人地关系与人地系统科学 [J]. 地理科学，2020（8）：1221–1234.
② 周宝同. 土地资源可持续利用基本理论探讨 [J]. 西南师范大学学报（自然科学版），2004（2）：310–314.

全域土地综合整治理论的核心便是土地资源可持续利用理论。我国在改革开放 40 余年内，社会经济的快速增长是以不断损害生态环境为前提的，全域土地综合整治作为推广可持续发展理论最好的"工具"，只有以土地可持续发展为核心，才能彻底改变现有"人"远重于"地"的局面。在某种程度上而言，全域土地综合整治中所提出的"山水林田湖草"生命共同体思想，已经跳出了传统意义上狭义"土地"二字，并由土地逐渐向外衍生为对水体、林地、园地、草地等的利用与保护。从系统论的角度来看，土地可持续利用是在人口、资源、环境和经济协调发展战略下进行的，这就意味着全域土地综合整治不是一项单纯的保护行为，应当充分发挥全域土地综合整治在乡村振兴、土地集约节约利用、粮食安全、耕地保护等方面的作用。

2.2.3 区域经济（发展）理论

人类社会最基本的活动是经济活动，经济活动又总是在一定的地理区域内进行的，经济区域对人类社会的生存与发展是至关重要的。区域经济是指在一定区域内经济发展的内部因素与外部条件相互作用而产生的生产综合体，是以一定地域为范围，并与经济要素及其分布密切结合的区域发展实体。区域经济反映了不同地区内经济发展的客观规律以及内涵和外延的相互关系，主要研究资源在区域或者空间上的优化配置。区域自然资源的富集程度，决定了经济发展方向和土地价值。土地价值为全域土地综合整治的开展提供了资金保障。从国家层面，经济发展受制于行政单元划分，区域经济协调发展需要土地要素的保障；从地区层面，可以放在县域、镇域或村域单元，与全域土地综合整治单元相吻合，经济社会发展需要协调各类用地界定。当前我国区域经济发展不平衡不充分问题广泛存在，需要走一体化发展道路，重新配置土地资源，重构政策体系，实现区域内、区域之间人与自然的协调发展。

我国经济正在由高速增长阶段转向高质量发展阶段。在这一过程中，要积极贯彻新发展理念，把创新、协调、绿色、开放、共享的新发展理念进一步融入区域发展理论之中，不断推动区域经济学理论创新发展。要将绿色发展纳入区域发展理论当中，探索建立"空间布局—产业发展—生态环保"三位一体的区域发展框架，并加强绿色发展绩效评价，完善区域治理体系和生态补偿机制研究，做好案例研究和经验梳理，总结绿色发展的模式和路径。

自然资源具有自然属性和经济属性。长期的高强度土地开发，必然带来耕地碎片化、空间布局无序化、资源利用低效化、生态系统质量退化等问题，直接影响到经济活动的质量和效益。开展土地整治和生态修复，改变不适应经济发展（包括生产方式和生活方式）的自然资源利用和空间布局，成为我国新时期社会经济高质量发展的必然选择。特别是在经济高度发达地区，长期的小农经济发展造成了耕地割裂、土地超强度开发、土地退化等问题，已经不适应现代农业发展，需要开展土地综合整治与生态修复。

2.2.4 系统工程理论

系统工程的思想方法和实际应用可以追溯到远古时代。中华民族的祖先在了解和改造自然的长期实践中总结了许多朴素的系统概念和应用案例。如在军事上，《孙子兵法》提出的"知己知彼，百战不殆"的战争策略；孙膑策划了田忌赛马，使处于劣势的田忌战胜了齐威王。在水利建设上，秦国太守李冰父子修建的都江堰水利工程，将分水、调沙和排沙结合起来，实现了防洪、灌溉、行船等多种功能。

世界上第一次提出"系统工程"这一名词的是1940年美国贝尔电话公司的科学家，其将电话机和交换台设备技术的研究与通信网络建设结合起来，推动了通讯事业的快速发展。科学家泰勒研究了合理工序和工人活动的关系，提出了科学管理的"泰勒系统"，大大提高了工业生产效率。第二次世界大战时期，军事学家将战争决策和对策方法相结合，出现了运筹学。美国兰德公司运用运筹学理论方法研制出了多种应用系统，在美国国家发展战略、国防系统开发、宇宙空间技术以及经济建设领域的重大决策中，发挥了重要作用。随着计算机技术的发展，出现了分级分布控制系统和分散信号处理系统，进一步扩展了系统工程理论方法的应用范围。

我国著名学者钱学森指出，系统工程是组织管理系统的规划、研究、设计、制造、试验和使用的科学方法，是一种对所有系统都具有普遍意义的方法，并将系统定义为"由相互依赖的若干组成部分组合而成的具有特定功能的有机整体"。美国科学技术辞典的论述为，系统工程是研究复杂系统设计的科学，该系统由许多密切联系的元素所组成。设计该复杂系统时，应有明确的预定功能及目标，并协调各个元素之间及元素和整体之间的有机联系，以使该系统能从总体上达到最优目标。在设计系统时，要同时考虑参与该系统活动的人的因素及其作用。系统工程是以大型复杂系统为研究对象，按一定目的进行设计、开发、管理和控制，以期达到总体效果最优的理论与方法。

系统一般具备目的性、整体性、相关性、层次性、环境适应性等基本特征。在处理系统问题时，应从总体目标出发着眼长远、整体优化，分析系统的内在联系，考虑系统结构的层次性，并考虑外界条件变化，使系统适应环境。从过程研究观点来看，系统工程要综合研究两个并行的基本过程。一个是运用自然规律的工程技术过程，另一个是对工程技术过程的控制过程。工程技术过程指运用工程原理、工程技术、工程设备和工艺资料制定目的工程的总体方案。控制过程包括组织工程实施、控制工程进度、评定工程效果等，亦称之为广义的管理过程。

全域土地综合整治既是一项涉及工作部门多、工序复杂的项目组织管理活动，也是一项融合多领域、多要素、多专业的工程建设技术活动，从实施区域看，涉及农业空间、生态空间、城镇空间和海洋空间，各个空间由不同的自然资源和生态要素构成，需要通过科学规划合理安排不同空间内各要素；从实施对象看，涉及农田、林地、草地、矿山、河流、湖泊、湿地、村庄、城镇、海洋等用地对象，要坚持山水林田湖草是一个生命共同体的理念，从整体性和系统性出发，统筹项目安排、实施时序和工程措施；从组织实施上，涉及各部门，要通力配合，按照工作最优原则，整合现有的制度、规定、规划和标准等，实现各项工作之间的配合和最优化，达到最佳效果。

2.2.5 公共政策理论

公共政策是公共权力机关经由政治过程所选择和制定的为解决公共问题、达成公共目标、以实现公共利益的方案，其作用是规范和指导有关机构、团体或个人的行动，其表达形式包括法律法规、行政规定或命令、国家领导人口头或书面的指示、政府规划等。公共政策作为对社会利益的权威性分配，集中反映了社会利益，从而决定了公共政策必须反映大多数人的利益才能使其具有合法性。因而，许多学者都将公共政策的目标导向定位于公共利益的实现，认为公共利益是公共政策的价值取向和逻辑起点，是公共政策的本质与归属、出发点和最终目的。公共政策具有价值相关性、合法性、权威性等基本特征。公共政策管理的一个重要方面是对公共物品的管理。

关于公共物品的定义以保罗·萨缪尔森为代表。他认为：公共物品是每个人对这种产品的消费，都不会导致其他人对该产品消费的减少。萨缪尔森对于公共物品的定义具有三个特征：一是效用的不可分割性，公共物品为全体社会成员提供，具有共同受益或者联合消费的特点，其效用为整个社会成员所共享，而不能将其分割为若干部分，分别归属于某些个人或者组织所享用；二是消费的非竞争性，是指消费者的增加不引起生产成本的增加，即多一个消费者引起的社会边际成本为零，或者说，一定量的公共产品按零边际成本为消费者提供利益或服务；三是受益的非排他性，公共物品一旦提供，就不能排除任何人对它的消费。

要全面理解公共物品，还需要进一步理解公共物品的其他特征 ①：一是替代性，公共投资对私人投入有替代效应（挤出效应）。二是外部性，公共物品一般都具有较大的"正外部性"。三是规模经济性，规模经济性在一定程度上形成自然垄断和进入壁垒。四是成本集聚性和投入专用性（成本的沉淀性），一般的公共物品投资具有不可逆性和专用性，一旦投入，就无法迅速收回投资，其专有价值也很难移动或者转作他途，需要先期的科学决策。五是范围性，包括生产的范围性和消费的范围性，需要增强针对性。六是多样性和多层次性，表现在受益范围多层次性，以及公共需求多样性和层次性。层次性决定了公共物品投资主体和供给模式以及职能范围。七是阶段性，不同经济发展阶段，公共物品的内容和特性将发生相应的转变。

土地整治具备公共物品的基本特征。土地整治提供的产品主要是土地整治对国家粮食安全、生态安全的保障等，可以供全社会消费，某人对土地整治的消费不会影响别人对土地整治的消费，这体现了土地整治的"非竞争性"；土地整治物品的消费中不可能排除他人对土地整治的消费，即土地整治的"非排他性"。由于"非排他性"的存在，导致了私人不愿意提供"土地整治"这种物品，同时存在"非竞争性"，导致边际成本定价失灵，因此由私人提供存在无效性。作为一种公共物品，在中国农村土地集体所有的制度背景下，目前中国的土地整治最优配置应以政府为供给主体，以地方政府和私人企业为生产主体的供给模式。土地整治作为公共物品，如果通过市场供给，不可能实现非排他或者导致成本高昂，出现"搭便车"现象。因此政府提供土地整治这种公共产品比市场提供更有效率，但是政府提供并不意味着政府生产，土地整治"提供"和"生产"完全可以实行分离，由各种不同形式的主体来担任，包括企业法人、第三部门，甚至个人。这样，政府可以更加专注于制度环境的建设和市场的监管，提供公平的市场竞争环境，其作用要远远大于其作为生产者的角色。

---

① 刘向东. 基于利益相关者的土地整理项目共同治理模式研究 [D]. 北京：中国地质大学，2011.

2.2.6 生态经济学理论

生态经济学旨在研究自然生态和经济活动的相互作用，探索生态经济社会复合系统协调和可持续发展的规律性，并为资源保护、环境管理和经济可持续发展提供理论依据[①]。美国学者戴利在《超越增长——可持续发展的经济学》中明确了区分生态经济学与传统经济学发展观的基本标志：即复合系统中经济视为生态系统子系统的命题，并逐渐演变为可持续发展的核心思想[②]。生态经济学着重从微观到宏观尺度，研究人类经济活动、生态系统福祉以及社会系统需求三者之间的矛盾领域与相互作用机制，其基本思想包括以下四点[③]：

1）人类社会经济发展的最大限度受地球生态资源数量与质量所制约。

2）经济发展与地球生态系统建立空间、时间上的整体结构和功能协调。

3）生态经济最显著的特征是产业生态化、服务生态化和消费生态化。

4）生态文明时代对生态产品、生态理念具有物质性保障的需求。

全域土地综合整治作为建设生态文明的重要手段，强调土地的生态属性，发展绿色经济，在理论层面以生态经济学为基础。就整治对象而言，全域土地综合整治的整治对象——乡镇往往受到生态环境和经济发展的双重压迫，贸然走快速发展的道路，可能会导致生态环境被破坏、基础设施配套不足、对农村产品或服务的需求滞后等结果。因此，以生态经济学理论为指导来开展全域土地综合整治，能够使较多乡村地区充分发挥自身文化、产业等优势，实现生态与经济的协同发展。

2.2.7 有限理性理论

"有限理性"概念的主要提倡者是诺贝尔经济学奖得主西蒙。理性决策理论是假设所有的经济人具有完全绝对的理性，因而能在决策中寻求最优的决策方案，实现利益最大化[④]。但是在现实当中，这种绝对理性是不存在的，人的决策行为不仅会受到外部环境的限制，比如信息、时间、技术等，同时也会受到自身条件的限制，因此有限理性理论用"满意"来替代"最优"。理性决策理论是基于"经

① 李周.中国生态经济理论与实践的进展 [J].江西社会科学，2008（6）：7-12.
② 方时姣.西方生态经济学理论的新发展 [J].国外社会科学，2009（3）：12-1.
③ 刘薇.区域生态经济理论研究进展综述 [J].北京林业大学学报（社会科学版），2009, 8（3）：142-147.
④ 邓汉慧，张子刚.西蒙的有限理性研究综述 [J].中国地质大学学报（社会科学版），2004（6）：37-41.

济人"理论，而有限理性决策理论则基于"行政人"。与理性决策理论相比，有限理性决策理论更具有动态性和现实意义，更有利于指导实际工作。

具体来说，有限理性理论对全域土地综合整治的指导主要体现在以下四方面：

1）全域土地综合整治应具有针对性和独立性。全域土地综合整治应在国家宏观政策、方针下，以区域土地利用总体规划为依据，以区域自然、社会经济条件和土地利用现状为基础，针对待解决的整治问题性质，相应采取最合适的方法来解决，从而避免整治活动不切实际或难以实施。

2）全域土地综合整治应避免主观非理性行为的消极影响。全域土地综合整治是多个利益主体共同参与的过程，参与者不仅有经济利益需求，还有安全、自尊、情感和社会地位需求在内的多种需求。为最大限度地保证全域土地综合整治的客观公正，就应避免这些主观非理性行为的消极影响。

3）全域土地综合整治应强调规划思维的整体性，即将各种逻辑的与非逻辑的思想有机结合起来应用于全域土地综合整治之中。应将每个利益主体的各种理性与非理性的思维与行为有机结合起来，一方面为解决全域土地综合整治中的"常规性"问题提供科学方法，另一方面也为"特殊问题"提供因地制宜或针对性的方法或规划方案。

2.2.8 景观生态学理论

景观生态学作为强调空间格局与生态学过程相互作用关系的一门学科，其等级理论、尺度效应、生态系统稳定性原理以及有关格局—过程—服务理论均可为全域土地综合整治提供重要的理论支撑[①]。

等级理论强调生态学组织层次的变化会形成不同的生态学结构与功能特征；在尺度效应理论中，景观生态的尺度分为时间尺度和空间尺度。不同的尺度对某一现象研究会得到不同的结果，景观的空间格局、异质性、生态过程、稳定性都随尺度的变化而变化[②]；生态系统稳定性原理强调生态系统具有的结构和功能之间长期演替和发展的动态平衡特征；格局—过程—服务理论则强调生态系统空间格局与生态系统内物质、能量、信息的流动和迁移过程之间的相互作用关系，将会直接影响生态系统服务功能的发挥与人类福祉的裨益。

全域土地综合整治的实施必然会引起项目所在地景观斑块、基质、廊道的显

---

① 曹宇，王嘉怡，李国煜. 国土空间生态修复：概念思辨与理论认知 [J]. 中国土地科学，2019（7）：1–10.
② 邬建国. 景观生态学——格局、过程、尺度与等级 [M]. 北京：高等教育出版社，2007.

著变化，应该从整体的角度加强全域土地综合整治项目的景观生态规划，在景观格局提高土地利用效率的同时确保生态系统的稳定。全域土地综合整治需注意尺度效应，在大尺度上构建生态安全格局，提供高质量的生态系统服务，在小尺度上提高生态系统的稳定性，积极探索不同尺度上景观生态效益的耦合机制。在景观生态设计上，注重生态型的生物生境修复技术、生物多样性保护技术、生态沟渠技术、道路生态景观技术、农村生态植被建设技术、自然和人文景观特征保护以及乡村景观风貌提升技术等。此外，景观生态格局与过程是一个动态变化的过程，运用景观生态系统的原理和模型建立生态环境评价体系和动态监测体系。

2.2.9 农田水利学理论

农田水利是以农业增产为目的的水利工程措施，即通过兴建和运用各种水利工程措施，调节、改善农田水分状况和地区水利条件，提高抵御天灾的能力，促进生态环境的良性循环，使之有利于农作物的生产，是成熟的农耕文化体系形成的关键。农田水利学是一门研究农田水分状况和地区水情况变化规律、调节措施消除水旱灾害以及利用水资源为发展农业生产而服务的一门科学。随着时代的发展，农田水利学的内涵也逐渐扩展，不仅包括了狭义上提高农田的灌溉和排水能力从而提高农田生产力，还包括通过一系列工程措施来改善生态环境[1]。

全域土地综合整治既是一门有关生态化整治的课程，更是一项落到实际的工程。在农用地整治中，农田水利学能够从多方面对全域土地综合整治进行指导。传统土地整治注重工程指标，在工程设施的科学布局上有所欠缺，科学划定水利工程类型区是全域土地综合整治提高农田质量和实现生态效益的基础；另外还存在农业生产、土地利用和耕地方式三者在整治内容中的不一致的问题。相比之下，全域土地综合整治则充分结合水利工程特性、内容和类型来合理开展土地整治工作。一方面，在生态理念上，全域土地综合整治处在生态文明建设的背景之下，在整治过程中尤其关注"三生"空间的生态属性；另一方面，全域土地综合整治也讲求灌溉水源、灌溉渠系等具体工程布设的科学性、合理性和生态性，综合提升农田灌溉水平、降低非生态型工程使用率、实现生态工程标准化规模化。

---

① 明传鹏. 农田水利工程在土地整治中的发展应用 [J]. 价值工程，2018（16）：221–222.

2.3.1 关注系统性

　　全域土地综合整治概念的提出并非偶然。十八届三中全会
"山水林田湖生命共同体理念"的提出，使得合理化配置资源、
空间资源的开发利用、生态服务功能的最大化和永续发展及生命共同体等话题成
为研究热点。2018年浙江省"千村示范、万村整治"工程获联合国"地球卫士奖"，
证明其阶段性成果在全国尺度上推广具有现实意义，已经有不少城市向"浙江模
式"靠拢学习；同年6月，中共中央 国务院提出加快农村土地综合整治实施号召，
《全国国土规划纲要（2016—2030年）》《全国土地整治规划（2016—2020年）》
《乡村振兴战略规划（2018—2022年）》等重要文件也分别就农村土地综合整治
作出工作部署。由此可见，全域土地综合整治既是浙江省"千村示范、万村整治"
工作的深化，更是国家对土地整治升级的要求，并借此进入土地整治高级阶段的
良好机遇。

图 2-4　浙江省杭州市余杭区全域土地综合整治

土地整治已然成为解决国土空间问题、建设生态宜居美丽乡村的重要平台，然而在同一空间上，即便是起步较早的浙江省农村地区，乡村耕地破碎化、空间布局无序化、资源利用低效化、生态系统阻隔化等多维度问题仍然并存，单一要素、单一手段的土地整治模式难以见效。全域土地综合整治概念的提出与明确，实际上是在山水林田湖草共同体理念的指导下，从全区域、全要素、全周期和全部门的布局角度，对土地整治的内涵实现进一步拓展，更加强调一定区域内整治对象、内容、手段、措施的综合性以及整治目标的多元性、实施模式的多样化，凸显其土地综合整治的"综合"性特征，聚焦"田、水、路、林、村、城"以及"数量管控、质量管理、生态管护"的综合模式[①]。

全域土地综合整治首先在整治范围上从试点村庄向以乡镇甚至县域为基本实施单元转变，这也是全域土地综合整治首次在实施上由"点"走向"面"。浙江试点实践证明，全域土地综合整治可以有效治理农村土地碎片化、无序化等问题，为建设幸福美丽新家园注入活力，为实施乡村振兴战略提供物质基础。全域土地综合整治试点工作是推广的基础，尽管试点区能够反映当地主要问题，小范围内的开展也具有高效性，但随着整治尺度的扩大，要素、权属、空间布局、流量指标、生态问题等均产生变化，以乡镇为整治单元开展全域土地综合整治具有必要性和重要性。

其次，全域土地综合整治的整治对象从特定土地要素向山水林田湖草全要素转变，实施路径也由综合治理向山水林田湖草生命共同体系统治理转变。系统论思想是全域土地综合整治的核心。"山水林田湖是一个生命共同体，人的命脉在田，田的命脉在水，水的命脉在山，山的命脉在土，土的命脉在树"，深刻揭示了自然系统各要素间相互联系、相互制约的关系。传统土地整治行为忽略了对全局系统的统筹考虑，容易出现"拆东墙、补西墙"的结果。相比之下，全域土地综合整治按照"山水林田湖是一个生命共同体"的系统论思想，强调土地生态功能与文化内涵的提升，统筹推进山水林田湖草整体保护、系统修复和综合治理，旨在构建人与自然和谐共生发展的新格局。

2.3.2 注重工作演化

全域土地综合整治最早来源于 2003 年浙江省"千村示范、万村整治"工程的

---

① 贾文涛. 生态修复是国土整治应有之义 [N]. 中国自然资源报，2019-08-15.

实施。历时 15 年的实践，浙江千万工程成绩斐然，深刻改变了浙江省乡村原有的生产布局、生活方式和生态环境。其中具有代表性的是浙江省杭州市国土资源局在建德市大洋镇的农村土地整治整镇推进项目，从空间结构和项目层级中对土地开发、整理、复垦的三项工作全面整合，多元化、多样化、综合化的土地整治项目已经成型，全域土地综合整治的 1.0 版本正式诞生。

2016 年，为解决农村普遍问题——耕地破碎化、城乡二元结构以及跨区资源配置低效等问题，西湖区双浦镇、三墩镇率先开展试点工作，提出"山水林田湖路村"全要素、全区域的综合整治与生态修复，第一次提出了"全域土地综合整治"的概念 ①，并将全域土地综合整治与乡村生态修复相结合，符合新时代生态文明建设的要求。2018 年，经自然资源部批复同意，浙江在全国率先开展了乡村全域土地综合整治与生态修复工程，全域土地综合整治的 2.0 版本由此诞生。

2019 年 12 月，自然资源部下发通知，在全国范围内开展全域土地综合整治推广工作，进一步实现农村生态环境优化、农村产业现代化以及空间布局合理化。2020 年中央一号文件强调"开展全域土地综合整治与生态修复试点，优化农村生产、生活、生态空间布局"，指出开展乡村全域土地综合整治试点、合理配置农村土地资源要素、加强农村建设用地盘活利用。全域土地综合整治正式进入土地整治发展的 3.0 版本，强调内涵综合、目标综合、手段综合、效益综合等综合性特征，其根本目的在于优化乡村布局、盘活存量用地以及提高建设用地利用率。

早期的土地整治主要以试点推动的方式开展，以实现特定目标。1987 年 7 月，原国家土地管理局在辽宁本溪召开全国土地开发经验交流会，号召加强土地开发，保持耕地面积稳定。1997 年 5 月，中共中央 国务院印发《关于进一步加强土地管理切实保护耕地的通知》，提出实行占用耕地与开发、复垦挂钩政策。2005 年 2 月，原国土资源部印发《关于加强和改进土地开发整理工作的通知》，提出大力开展基本农田整理，建立基本农田整备区制度；同时印发《关于规范城镇建设用地增加与农村建设用地减少相挂钩试点工作的意见》，先期在天津、浙江等 8 省市部署实施了第一批试点项目。2009 年，增减挂钩试点进入全面规范推进阶段，国家分两批次下达挂钩周转指标 40.275 万亩。2011 年 2 月，国务院第 145 次常务会议通过《土地复垦条例》，明确规定土地复垦责任人和义务，将历史遗留工矿废弃地与新增建设用地相挂钩。2012 年 4 月，国土资源部 财政部印发《关于加快编制和实施土地整治规划大力推进高标准基本农田建设的通

---

① 谢建华. 助推乡村振兴战略 促进生态文明建设——杭州市积极探索和实践全域土地综合整治新路径 [J]. 浙江国土资源，2018（10）：13-15.

知》，提出加快建设 4 亿亩旱涝保收高标准基本农田，提出"十二五"期间全国 500 个示范县基本农田保护区内建成不少于 2 亿亩高标准基本农田。2013 年 10 月，《全国高标准农田建设总体规划》印发，提出到 2020 年建成旱涝保收的高标准农田 8 亿亩。

自 2008 年以来，全国出现了多类型、多模式、多功能综合的土地整治项目，初步实现了全域、全要素整治，推动了区域快速发展。如以高标准农田建设、产业集聚发展、生态景观建设为重点的农田整治模式，以迁村并点、整村搬迁、旧村改造为重点的农村建设用地整治模式，以旧城镇、旧工矿和城中村改造为重点的城镇工矿建设用地整治模式。在特定的国土空间内，以土地整治为平台，实施城乡统筹土地整治模式，推动农业空间的"三集中"。比较有代表性的模式有浙江嘉兴的两分两换、重庆的地票、河南郑州的复垦券、天津华明镇的宅基地换房、浙江省的千村示范万村整治与全域土地综合整治等。2010 年 10 月，财政部、原国土资源部与河北、江苏、山东、湖北等 10 个省区签署土地整治示范省建设协议，探索土地整治制度创新和技术创新，实施规模 2634 万亩，新增耕地 174.50 万亩，总投资 520.64 亿元。

2018 年自然资源部成立后，组织实施了一批山水林田湖草沙一体化保护修复项目，实施国土综合整治，扭转了各部门"种树的只管种树、治水的只管治水、护田的单纯护田"的局面，为全域土地综合整治与生态修复的融合创造了机会，让"山水林田湖草"的整体保护、系统修复、综合治理成为可能。由此全域土地综合整治的重心开始转移至生态优先下的全要素统筹。全域土地综合整治在浙江省内包括湖州市"土地综合整治+现代农业"、丽水市"土地综合整治+特色村庄"、衢州市"土地综合整治+乡村重生"、嘉善县"土地综合整治+全域景观"等多种模式，各地根据自身条件与需求，因地制宜地开展整治活动。上海市以城乡统筹发展、生态文明建设为契机，在青浦区、松江区、闵行区、崇明岛和嘉定区开展的上海郊野公园整治也是我国全域土地综合整治的典型案例，项目实施探索了土地整治规划与村庄规划的结合，历经了全域土地综合整治 3.0 版本。上海市金山区廊下镇全域土地综合整治、江苏省苏州市相城区黄桥街道全域土地综合整治、山东省临沂市兰山区李官镇整镇推进整治、广西区柳州市柳南区太阳村镇全域土地综合整治、四川省成都市崇州市道明镇全域土地综合整治、湖南省安仁稻田公园、重庆市铜梁奇彩梦园等项目实践，都体现了全域土地综合整治的基本内涵要求，是对传统土地整治的升级改造，创新了新时期国土综合整治的模式。

2.3.3 创新效应叠加

全域土地综合整治具有多方面的效应。开展全域土地综合整治试点工作的地区，均实现了"政府得土地、农民得实惠、城乡得发展"的多赢效应。湖州市吴兴区八里店镇南部片区的全域土地综合整治旨在解决农业经营分散、农民居住分散等问题，通过综合整治对农村土地的布局进行了重新的优化，除此之外还打造了功能稻谷产业园、瓜果蔬菜产业园和特种水产养殖园的三大现代农业产业园区，形成了"全域土地整治 + 农业园区"的模式；而在西湖区双浦镇的案例中，全域土地综合整治旨在解决双浦镇原先养殖甲鱼导致的良田分割化，由此提出了"全域土地整治 + 生态修复"的模式，既拆除了违法违规用地和历史遗留的甲鱼塘，还改善了当地的水域质量，十一条劣质五类水河道全部脱帽，除此之外还通过矿山治理平整出 1400 余亩土地，为发展旅游文化和养老度假提供了建设空间；海盐县金星村则推行了"全域土地整治 + 美丽乡村"的模式，完成农村居民点的统一安置、水稻集中种植区建设、城乡建设用地指标挂钩以及基于美丽乡村形成的特色延伸产业链，推进一二三产业的融合。

总的来说，全域土地综合整治具有以下四种效应：

（1）乘数效应

按照"宜耕则耕、宜建则建、宜留则留、宜整则整、宜景则景"的原则，深化细化土地利用功能分区和村域范围内各类用地的规模数量和空间布局，将全域土地综合整治的任务、指标和布局要求落实到具体地块，并明确组织管理、投资估算和资金来源；将小规模的村庄撤并到发展潜力增大的集聚区，"由点到面"打开村庄的边界；也不忘将乡村民俗文化融入全域土地综合整治项目中，努力形成"一村一品、一村一景、一村一韵、一村一业"的新格局。

（2）杠杆效应

高位统筹全域土地综合整治，充分利用自然资源的"一张图"、卫星遥感图等各类数字智慧信息，对全域土地综合整治工程实施情况进行全程监管，建立

"1+1+N"综合整治体系，将工作纳入攻坚行动，搭建智慧平台 [①]。同时注入"土地整治 + 金融"动力，积极探索以全域土地综合整治的结余指标为抵押物，吸引金融机构融资的发展模式。

（3）综合效应

深入推进全域土地综合整治与生态修复的融合，全面开展乡村空间优化、村庄集聚、农田连片、环境美化、生态宜居等专项整治行动，村集体通过整治活动将造田造地的"输血功能"转化到新产业、新业态发展的"造血"功能上，推动农户保底收益 + 二次分红，促进农户、集体、经营者三方收益。同时通过对实施项目的精细雕琢，赋予美丽乡村新风貌。

（4）链条效应

全域土地综合整治在开展过程中，做到临摹"农田图"、清理"低效图"和绘制"生态图"。全域土地综合整治仍要以农田整治为重点，以提升高产、稳产永久基本农田比重为目标，大力开展土地平整、田间道路建设、农田防护建设和农田水利建设，建成集中连片、设施配套、生态良好、与现代农产经营方式相适应的高标准农田，农村宅基地和闲置建设用地的整治应不断优化建设用地布局，盘活存量用地。同时因村制宜，结合当地文化、山水结构、田园旅游等差别化的元素，积极培育乡村休闲旅游、红色教育、体验农家乐等创新产业，形成有效的文化输出链。

2.3.4 注重现实需求

随着农业农村发展提速，一二三产业融合发展有力推进，农村生态问题逐渐显现。为实现生态经济的可持续发展，以国土空间规划引领、"内涵综合、目标综合、手段综合、效益综合"的综合性整治显得尤为重要。

与建成区建设用地指标极度稀缺相似，我国农村土地的需求也在不断上升。田园综合体、农业示范园、乡村特色小镇等一批土地复合利用形式正在涌现，国

家和地方政府期望通过这种形式来升级农村。另外，农业已不再是最初单纯的生产行为，生活、生态属性被逐渐放大。传统土地整治在乡村地区尤其是耕地上取得了高标准农田建设、人居环境综合整治等一定成效，但我们也应该看到城市蔓延、农村人口迁入、城乡综合环境治理差等问题层出不穷，土地整治行为应该关注全域，从农业空间上升到生产、生活和生态的"三生"空间上。

从现实来看，伴随着工业化、城镇化和农业现代化，农村发展不充分不平衡的问题依然存在，农田破碎化、村庄布局无序化的现实尚未改善，农村生态系统保护的压力仍然很大，需要在国土空间规划引领下，通过全域土地综合整治统筹推进农用地整理、建设用地整理和乡村生态修复三项具体工作任务，促进耕地保护和土地集约节约利用，助推乡村振兴 ①。以实施全域土地综合整治为平台，保障农业农村发展用地需求并优化农村土地利用结构，是新时期农业农村发展对土地整治工作的现实需要。

全域土地综合整治是乡村振兴的重要抓手。自十九大提出乡村振兴战略开始，"三农"问题始终是我国亟待解决的关键问题，而土地整治恰恰是破解农村发展难题的金钥匙。针对农村生产能力较差、建设用地空间布局散乱、农田生态污染等问题，《乡村振兴战略规划（2018—2022 年）》提出要实施农村综合整治重大行动，到 2020 年基本形成农村土地综合整治制度体系，示范村镇建设扩大到 1000 个，形成完善的制度体系。为实现这一规划目标，必须以全域土地综合整治为重要抓手，因地制宜地开展农村地区建设用地整理和土地复垦，优化土地利用格局。

全域土地综合整治同时是推进生态文明建设的关键之举。"两山"理论和"山水林田湖"生命共同体思想均与全域土地综合整治密切相关。建设生态文明是中华文明新时代的重任，在发展与保护中必须贯彻绿水青山就是金山银山的理念，在开发与整治中必须落实山水林田湖草系统治理。一方面，浙江、湖北、江西、河南、上海及西部地区近年来开展的全域土地综合整治工作，足以证明全域土地综合整治是生态文明建设不可缺失的一环；另一方面，在国家战略上，乡村振兴、新型城镇化、粮食安全、共同富裕等国家战略需要全域土地综合整治的平台。但全域土地综合整治在空间上的覆盖面还远远不够，在路径上的转变还不够彻底，最主要的是如何理解"山水林田湖"生命共同体思想并结合实际进行深化。这也是在生态文明建设的时代大背景下，我国对全域土地综合整治的新期望。

---

① 贺涌源. 对实施全域土地综合整治的思考 [J]. 浙江国土资源，2018（4）：37–38.

除此之外，全域土地综合整治也是国土空间规划的实施抓手。从本质上说，全域土地综合整治的全要素统筹能够解决部门工作重叠的问题，同时它又和空间规划以人民为中心推进生态文明建设的大方向相一致。国土空间规划中提出的"五级四类三体系"恰巧搭建了与全域土地综合整治连接的桥梁，按照不同层级进行划分，每一层级诉求不同、内容不同。国家层面关注粮食安全（底线支撑）、脱贫攻坚（结构安全支撑）、生态文明（可持续支撑）；省级层面关注城市化、城镇化、乡村化（统筹协调支撑）；市县乡镇层面关注农村建设用地整治等。因此适时开展全域土地综合整治工作，是《全国国土规划纲要（2016—2030年）》的重点，也是落实生态文明建设、促进"山水林田湖草"生命共同体建设、优化国土空间开发格局、城乡一体化发展、建设绿色中国的重要举措和必要路径[①]。

---

① 严桥来，沈志勤，何佑勇.浙江：推进乡村全域土地综合整治与生态修复[J].中国土地，2019（12）：57-58.

第3章

全域土地综合整治的工作路径

全域土地综合整治是以乡镇或部分行政村为实施单元，统筹推进国土空间优化、美丽乡村建设、耕地保护、生态修复、产业发展和乡村治理等活动，解决乡村空间布局无序化、资源利用低效化、耕地分布破碎化、生态系统退化等问题，改善乡村人居环境、促进农业产业结构优化，实现全域全要素综合整治的综合性平台。实施乡村全域土地综合整治，是贯彻落实习近平生态文明思想、推进乡村振兴战略和高质量发展的重要举措，也是履行自然资源部统一国土空间用途管制和生态保护修复职责、实施国土空间规划的平台抓手。构建全域土地综合整治的工作路径，明晰各阶段任务及目标，以此作为全域综合整治的工作指引。

全域土地整治规划试点工作正在全国如火如荼地开展，目前已实施的项目在传统土地整治基础上进行了一系列有效探索和尝试，但也普遍存在以下问题：①缺乏科学的规划指引，现有村庄规划的统筹性不足，无法全面地对全域土地综合整治进行有效的指引；②对全域土地综合整治的内涵和目标任务理解不透彻，系统性、综合性、整体性不足，优化空间格局能力有限；③未能贯彻生态文明建设要求，未能落实生态保护优先；④缺乏试点资金来源，区域涉农项目资金统筹有限，引入社会资本机制不健全。项目实践问题的出现，归根结底在于对上层政策的解读不透彻，未能准确地研判当前国家将全域土地综合整治作为乡村振兴主要抓手的意义，因此，探究全域土地综合整治领域相关政策，对于构建和完善系统完备、科学规划、运行有效的现代空间治理体系和治理能力现代化具有重要的意义。

3.1.1 国家层面

传统土地整治以土地类型和数量为主要管理目标、以工程实施为主要考评标准的管理模式，无法适应生态修复的系统性、复杂性和长期性特征。因此近年来，国家在全域土地综合整治层面出台了一系列适应当前和今后发展要求的政策文件：2019年12月出台《自然资源部关于开展全域土地综合整治试点工作的通知》

（自然资发〔2019〕194 号），2020 年 6 月出台《全域土地综合整治试点实施要点（试行）》（自然资生态修复函〔2020〕37 号），2020 年 9 月出台《自然资源部办公厅关于进一步做好全域土地综合整治试点有关准备工作的通知》，2021 年 4 月出台《全域土地综合整治试点实施方案编制大纲（试行）》，相关政策明确了如下工作：

1) 以科学合理规划为前提，以乡镇为基本实施单元（整治区域可以是乡镇全部或部分村庄），整体推进农用地整理、建设用地整理和乡村生态保护修复，优化生产、生活、生态空间格局，促进耕地保护和土地集约节约利用，改善农村人居环境，助推乡村全面振兴。

2) 明确全域土地综合整治试点工作的支持政策。整治区域内涉及永久基本农田调整的，应编制调整方案并按已有规定办理，确保新增永久基本农田面积原则上不少于调整面积的 5%，调整方案应纳入村庄规划。整治区域完成整治任务并通过验收后，更新完善永久基本农田数据库。整治后腾退的建设用地，在保障试点乡镇农民安置、农村基础设施建设、公益事业等用地的前提下，重点用于农村一二三产业融合发展。节余的建设用地指标按照城乡建设用地增减挂钩政策，可在省域范围内流转。自然资源部将对试点工作予以一定的计划指标支持。

3) 省级自然资源主管部门要发挥牵头作用，制定具体实施办法。要在政府领导下，争取财政等部门支持，统筹各类项目和资金，整合相关审批事项，建立相关制度和多元化投入机制，发挥农村集体组织作用；要运用现代技术手段，加强实施监管；禁止违背农民意愿搞大拆大建，禁止破坏生态环境砍树挖山填湖、占用耕地搞人造景观、破坏乡村风貌和历史文脉等，发现问题要及时纠正。

国家层面从全域土地综合整治的工作推进机制、政策奖励机制、工程实施机制、考核宣传机制等方面，从过程管理转向目标管理、从土地数量指标考核转向功能效益考核、从注重实施转向注重监管，提出了原则性政策导向，为全域土地综合整治的建设和实施指明了方向。

3.1.2 地方层面

各地在开展全域土地综合整治工作中，根据地方实际情况出台了相关政策条例，以浙江省为例，自 2018 年开展全域整治工作以来，已相继出台了十余项政策文件，涉及规划编制、计划要求、实施监督、绩效评估、验收评价以及林地调整、永久基本农田调整、水域调整等相关办法。相关政策文件明确如下：

1）以"多规合一"为引领，优化国土空间布局。要因地制宜编制村土地利用规划。结合乡村建设规划、新农村建设规划、村庄布点规划、小微企业园规划等，编制村土地利用规划，作为开展乡村全域土地综合整治与生态修复工程的规划依据，做到"不翻烧饼"。要开展土地利用现状和潜力调查，准确把握乡村特色、地域特征、农村实际、发展现状和功能定位，合理划定功能分区，因地制宜探索土地整治模式和路径，切忌"千村一面"。

2）以资源整合为导向，全面推进农村山水林田湖草全要素综合整治。坚持"宜农则农、宜林则林、宜耕则耕、宜水则水、宜建则建"，把农村作为一个自然生态系统，整体保护、系统修复、综合治理。一是开展农用地整治，统筹推进高标准农田建设、旱地改水田、耕地质量提升、宜耕后备资源开发和农田基础设施建设，大力实施千万亩高标准农田建设工程、耕地质量提升工程、垦造和补充耕地工程等"三大工程"，形成耕地集中连片。二是开展农村建设用地整治，优化布局村庄建设、产业发展、公共服务、基础设施等各项用地，推进建设用地复垦、城乡建设用地增减挂钩，实施"千村精品、万村景区"工程，努力建设现代化新社区。三要开展生态环境整治修复，统筹推进各类违法建筑违法用地整治、人居环境整治与美丽乡村、美丽田园、美丽河湖建设，全面开展建设生态型土地整治项目和废弃矿山综合治理，深入实施"一村万树"三年行动、土壤污染综合防治和农村人居环境提升。

3）以制度供给为支撑，深化完善农村土地管理制度。一是完善农村土地承包经营制度。研究探索土地经营权连片、长期流转办法，探索开展"二轮土地承包到期后再延长30年"政策贯彻实施办法，在二轮承包到期较早的县（市、区）开展再延长30年探索工作，推动农村土地承包关系保持稳定并长久不变。二是健全节约集约用地制度。认真贯彻落实省委、省政府今年出台实施的加强耕地保护和改进"占补平衡"的政策意见，全面落实最严格的耕地保护制度和节约用地制度。三是实行永久基本农田整备区制度。要将乡村全域土地综合整治与生态修复工程项目区永久基本农田周边的农用地、零散耕地和零星建设用地复垦后，纳入永久基本农田整备区，逐步形成与永久基本农田连通连片、设施完善、质量相当的优质耕地。四是实行新增建设用地计划指标奖励和城乡建设用地增减挂钩政策。工程验收后，按建设用地复垦面积的一定比例奖励新增建设用地计划指标，由县级政府统筹，优先保障新农村建设和产业融合发展用地。

4）以农民受益为根本目的，共建共享农村土地综合整治成果。一要尊重农民主体地位。充分发挥农村集体经济组织和农民群众的主体作用，坚持问需于民、问计于民，决不允许搞强迫，搞"被整治"。二要健全民主决策机制。建设用地规划选址、整治工程实施、土地权属调整、土地指标调剂和收益分配等直接涉及农民合法权益的事项，要广泛听取农民意见建议，接受社会监督，确保农民知情权、决策权、参与权、监督权。三要让农民共享整治成果，涉及土地征收和房屋拆迁的，要依法依规给予征地补偿和房屋拆迁补偿安置，要公平合理分配使用整治后新增土地指标收益，鼓励农村集体经济组织和农户通过就业带动、保底分红、股份合作等方式共享发展收益，让这项工程真正成为民生工程、民心工程。

因各地发展阶段不同，资源禀赋各异，全域土地综合整治的政策制度也不尽相同，但均对全域土地综合整治的申报流程、验收流程、绩效评价等工作流程，实施方案编制、工程设计等成果要求进行了详实的规定，为全域土地综合整治的具体工作的实施建立了标准指南。

全域国土空间及其生态系统由土地、河流、湖泊、森林、草原、生物和空气等多要素组成，按照特定的空间结构组成的一个大系统，各个要素既独立存在，又相互联系、相互协同，发挥不可或缺的生态功能。山水林田湖草是一个生命共同体，既要全面认识各个自然要素，又要系统看待非自然要素，必须以系统观和生命观为指导，将全域土地综合整治对象扩展到国土空间全要素，按照"整体保护、系统修复、区域统筹、全域综合"的总体要求，全面认识生态系统的属性，遵循其规律，注重全要素协同协作，才能避免顾此失彼、厚此薄彼的不利影响，实现人与自然和谐共生。

全域土地综合整治的范围，要着眼国土空间全地域、全流域的统一治理和整体修复，实现"山上山下同治、地上地下同治、流域上下游同治"，形成纵向统一、横向联动、条块结合的格局。在尽量保持山体、水域和林地等生态系统完整性的同时，又要打破行政界线的束缚，坚持区域协调、上下联动，处理好行政区内部、相邻区域之间的衔接与协调，统筹推进国土空间治理体系和治理能力现代化。

全域土地综合整治全资源要素的治理，遵循空间资源的整体性、系统性、动态性及其内在自然规律，用基于自然的解决方案，综合运用科学、法律、政策、经济和公众参与等手段，统筹整合各类项目和资金，对山水林田湖草路村等要素进行保护和修复，实现全域国土空间格局的优化，提高乡村社会—经济—自然复合生态系统的弹性，促进区域生态系统良性循环，实现乡村地区的可持续发展。在新的业务体系设计上，要按照"山水林田湖草是一个生命共同体"的理念构建国土空间各要素关系，重视规划和政策措施的运用，以人地关系、土地可持续发展、区域经济发展、系统工程、公共政策、景观生态学等理论指导分区整治工作。

3.2.1 生态空间资源

生态空间资源是具有自然属性、以提供生态服务或生态产品为主要功能的空间资源，包括森林、湿地、河流、滩涂、湖泊等。

依据生态修复目标，统筹并差别化布局各功能分区各生态修复工程，如污染耕地修复、河道整治、矿山治理、重要生态廊道建设等，形成"点、线、面、网"相结合的工程要素布局，系统推进项目区山水林田湖草全要素整体保护、系统修复和综合治理。对位于地质灾害高易发区的子项目，根据自身实际增加地质灾害防治工作相关内容。

生态修复遵循差别化整治修复原则，对不同类型生态保护修复单元，识别其生态退化状况，提出各功能分区主要修复对象、修复策略、修复目标、修复方式（生物修复、物理与化学修复、工程技术修复）、配套设施建设、修复后风貌管控引导等内容。

3.2.2 农业空间资源

以农业生产为主体功能，承担农产品生产的空间资源，主要包括永久基本农田、一般农田、园地、草地等农业生产资源。对农业空间资源的治理，在确保耕地保护目标、农产品质量安全和产量的前提下，依据农田整治目标，开展垦造耕地等保障耕地补充工程，开展耕地质量提升、"旱改水"等保障耕地质量提升工程，提高耕地及永久基本农田质量；开展生态退耕、清洁田园建设等工程，提升生态质量水平；全面推进高标准农田建设，优化耕地和永久基本农田空间布局，完善农业生产设施配套。

依据功能区农业产业发展对农田品质的需求，对田、水、路、林、村空间形态控制，对田块的大小和方向等提出设定，按工程项目区和功能分区层次分别提出田间骨干工程的平面布置引导及建设标准要求，指导建设用地复垦、耕地质量提升及高标准农田建设具体项目设计，形成工程项目区或功能区统一的田间骨干工程系统。在做好工程项目规划的同时，要做好农田生态系统管理，保护农田重要物种和栖息地的安全，采用缓冲带、生态化工程技术，保护生态廊道的畅通。

3.2.3 建设空间资源

全域土地综合整治中所指的建设空间主要是以乡村居民生活生产为主体功能的空间，包括乡村宅基地、新产业新业态发展用地、乡村生产生活服务设施用地等，建设空间资源主要包括乡村民居、文化类建筑、公共活动广场等。

依据村庄整治目标，开展"三改一拆"、危房整治、外立面改造等工程，改善村庄居住环境；开展建设用地复垦、村庄搬迁集聚、一户多宅治理等提高村庄及其公共服务设施配套及节约集约用地集约利用水平；优先通过盘活村庄存量土地、低效经营性建设用地再利用等完善保障村庄公共服务设施和村庄产业发展用地等。

村庄整治根据村庄现状及发展特征，按集聚提升、文化保护、保留整治等类型进行分类整治与管控，以"宜居宜业宜游宜文"为总体目标，从环境整治、风貌提升、设施完善、农房管控等方面明确具体整治项目与建设规模，并提出各项目的风貌、材质、色彩、高度、植物配置等设计引导，打造独具特色和当地韵味的美丽乡村。

3.3.1 总体目标

全域土地综合整治以建设"富强民主文明和谐美丽中国"为目标,以生态文明建设和乡村振兴战略实施为指引,充分践行绿水青山就是金山银山理念,围绕做优空间、做美景观、做精农田、做特产业、做好农村的思路,依据项目区位经济发展要求及资源禀赋,以"多规合一"的实用性村庄规划为引领,结合美丽乡村建设规划、生态环境保护等相关规划,明确项目区发展的总体目标定位和空间用途管制要求,提出全域土地综合整治区域和项目安排,促进耕地保护和土地集约节约,改善农村生态环境,同时为农业农村提供发展空间,实现产业联动,助推乡村振兴和共同富裕。

3.3.2 具体目标

将乡村全域土地综合整治与生态修复结合起来,有效推动乡村有机更新;着眼点是破解耕地保护碎片化、乡村用地无序化、自然资源利用低效化、土地生态退化、农村发展"低散弱"等问题;重中之重是全要素综合整治乡村山水林田湖草,全域优化农村生态、生产、生活空间布局;落脚点是实现空间形态、产业发展、生态环境、人居环境、基础设施、乡风文明、乡村治理的系统性重塑和综合集成创新。

(1)土地利用集约化

按照国土空间规划,合理划定乡村生产、生活、生态用地空间,实现乡村建设用地总量控制和减量化发展,推动土地整治向规划管控和空间治理转变,促进城乡土地资源要素有序流动、土地节约集约有效利用,形成农田集中连片、建设用地集中集聚、空间形态高效集约的美丽国土新格局。

图 3-1 土地集约利用效果图

（2）空间要素生态化

按照山水林田湖草系统治理和绿色发展的理念，优化国土空间布局，整合全要素资源，进行全图规划、全域设计、全域整治，以建设形成集约高效、宜居适度、山清水秀的乡村空间格局为目标导向，通过修复和改善乡村生态环境，提升生态空间功能和服务价值；通过对永久基本农田周边的其他农用地、零散耕地和零星建设用地的空间置换、布局优化和归并整治，形成连通连片、设施完善、质量相当的优质农业生产空间，形成"整体保护、系统修复、区域统筹、综合治理"的生态修复格局。

（3）未来乡村数字化

按照产业兴旺、生态宜居、乡风文明、治理有效、生活富裕的总要求，发挥信息技术创新的扩散效应、信息和知识的溢出效应、数字技术释放的普惠效应，推进乡村现代化建设；发挥信息化在推进乡村治理体系和治理能力现代化中的基

图 3-2　空间生态化建设效果图

础支撑作用，繁荣发展乡村网络文化，构建乡村数字治理新体系；弥合城乡"数字鸿沟"，培育信息时代新农民，走中国特色社会主义乡村振兴道路，让农业成为有奔头的产业，让农民成为有吸引力的职业，让农村成为安居乐业的美丽家园。以数字化改革引领未来乡村流程再造、制度重塑，推动数字化与乡村产业发展、公共服务、社会治理等深度融合，建设多跨场景应用，缩小城乡"数字鸿沟"，推动数字化改革进村入户。

（4）人居环境人本化

以建设宜居宜业美丽村庄、提升农村居住品质、促进节约集约用地为目标，遵循乡村传统肌理、风貌和格局，推进村庄生态化有机更新和梳理式改造提升。聚焦人本化、生态化、数字化、融合化、共享化，探索打造未来乡村邻里、文化、生产、交通、治理等场景，建设"交通便捷、配套齐全、田沃宜耕、产业发展、环境优美、乡风文明"的未来乡村。实施乡村人居环境整治提升、河湖水系生态整治修复、废弃矿山生态治理修复、"一村万树"行动等，加大水土流失治理，

图 3-3　人居环境整治效果图

加强海岸线生态修复，打造水清、天蓝、气净的生态宜居环境，优化乡村生态国土空间格局，保护和恢复乡村生态功能，保持乡村自然景观、农村风貌和乡土文化。深入推进历史文化名村和重要农业文化遗产保护利用，保护乡村历史文脉。

（5）资源开发产业化

把握城乡发展格局发生重要变化的机遇，根据城乡差别化发展要求，依托农村资源培育农业农村新产业新业态，打造农村产业融合发展新载体新模式，推动要素跨界配置和产业有机融合，让农村一二三产业在融合发展中同步升级、同步增值、同步受益。顺应城乡居民消费拓展升级趋势，结合各地资源禀赋，深入发掘乡村的生态涵养、休闲观光、文化体验、健康养老等多种功能和多重价值。遵循市场规律，推动乡村资源全域化整合、多元化增值，增强地方特色产品时代感和竞争力，形成新的消费热点，增加乡村生态产品和服务供给，赋能乡村产业高质量发展。

全域土地综合整治工作涉及面广，是贯彻新时期生态文明思想、实施乡村振兴战略和"共同富裕"的重要手段，也是国土空间规划的平台抓手，需要进行高起点的全面规划、高标准的整体设计、高效率的综合治理，不断探索城乡区域均衡发展、优化乡村空间布局、促进资源高效利用、实现乡村全面振兴、迈进全民共同富裕。继承和创新新的土地整治业务模式，构建新的全域土地综合整治治理体系，需要从横向和纵向两个维度开展设计。横向涉及山水林田湖草等全空间要素，需统筹协调各类土地利用方式和空间分布关系，整合相关规划和政策，形成一致行动；纵向涉及规划、设计、施工、运营等全流程体系，需对土地资源及其利用方式进行再组织和再优化，是一项长期性工程。

3.4.1 治理流程体系

全生命周期治理即按照有关法律、法规、技术规范的要求，调动各方资源，对一个项目从概念设想到正式运营的全过程（决策阶段、实施阶段和使用阶段）进行项目质量、进度、投资等方面全面管理。

项目决策阶段从项目建设意图的酝酿开始，到调查研究、编写和报批项目建议书、编制和报批项目可行性研究等前期策划、组织、管理、经济和技术方面的论证都属于项目决策阶段的工作，项目立项（立项批复）是项目决策的标志；项目实施阶段包括实施方案编制、设计、工程施工等工作，实施方案编制阶段涉及村庄规划调整的，要重新编制村庄规划并报批，设计阶段包括方案设计、初步设计及施工图设计，施工阶段包括项目施工及竣工验收；项目使用阶段主要是全域土地综合整治施工完成后投入使用，由业主委托种粮大户或专业运营公司进行项目运营管理。按照土地整治项目管理流程，在工程施工完成后应进行竣工验收，并将整治后的各类用地进行"上图入库"。

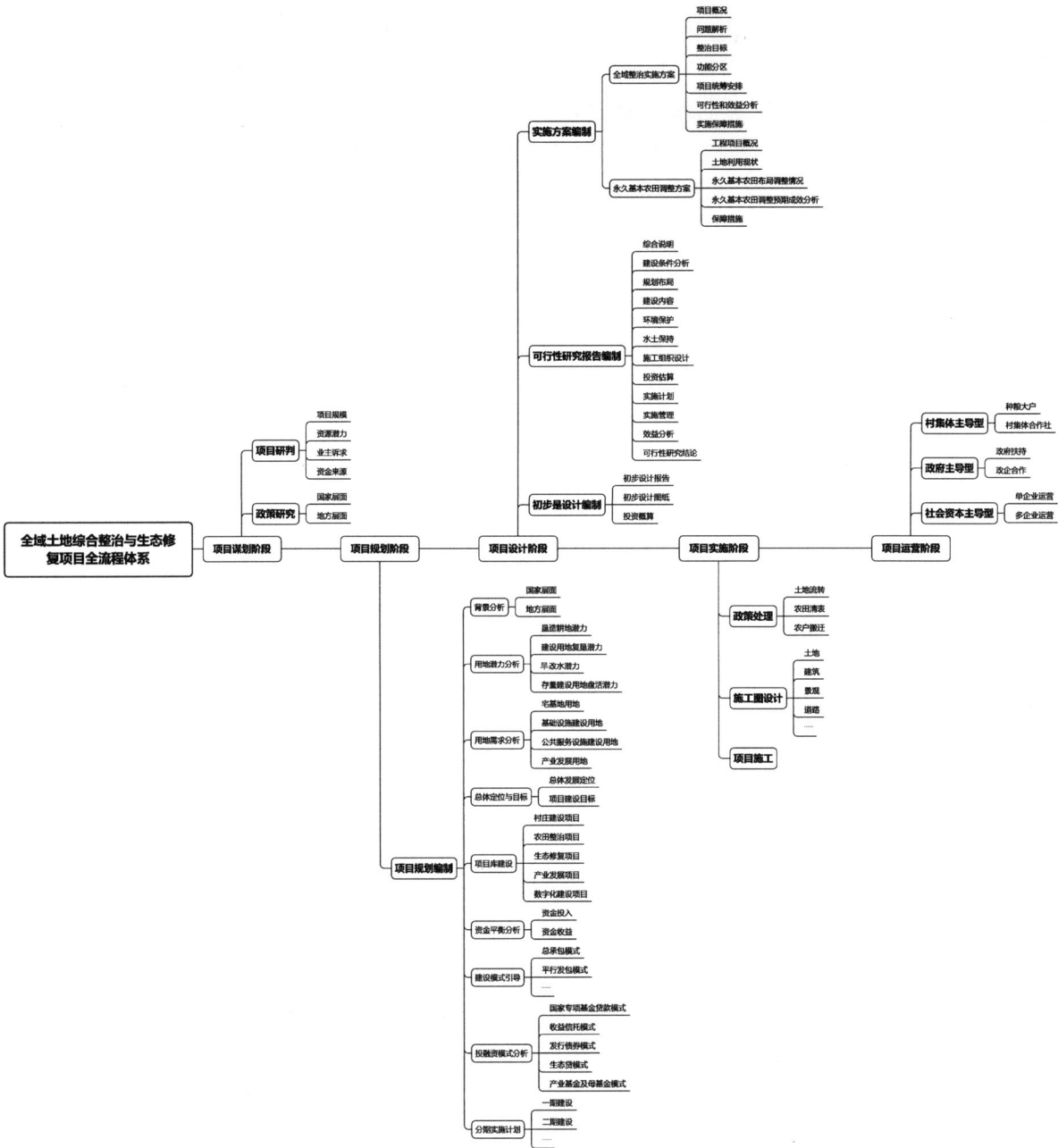

图 3-4　全域土地综合整治全流程体系示意图

全域土地综合整治与生态修复项目全流程体系

项目谋划阶段
- 项目研判
  - 项目规模
  - 资源潜力
  - 业主诉求
  - 资金来源
- 政策研究
  - 国家层面
  - 地方层面

项目规划阶段
- 项目规划编制
  - 背景分析
    - 国家层面
    - 地方层面
  - 用地潜力分析
    - 垦造耕地潜力
    - 建设用地复垦潜力
    - 旱改水潜力
    - 存量建设用地盘活潜力
  - 用地需求分析
    - 宅基地用地
    - 基础设施建设用地
    - 公共服务设施建设用地
    - 产业发展用地
  - 总体定位与目标
    - 总体发展定位
    - 项目建设目标
  - 项目库建设
    - 村庄建设项目
    - 农田整治项目
    - 生态修复项目
    - 产业发展项目
    - 数字化建设项目
  - 资金平衡分析
    - 资金投入
    - 资金收益
  - 建设模式引导
    - 总承包模式
    - 平行发包模式
  - 投融资模式分析
    - 国家专项基金贷款模式
    - 收益信托模式
    - 发行债券模式
    - 生态贷模式
    - 产业基金及母基金模式
  - 分期实施计划
    - 一期建设
    - 二期建设
    - ……

项目设计阶段
- 实施方案编制
  - 全域整治实施方案
    - 项目概况
    - 问题解析
    - 整治目标
    - 功能分区
    - 项目统筹安排
    - 可行性和效益分析
    - 实施保障措施
  - 永久基本农田调整方案
    - 工程项目概况
    - 土地利用现状
    - 永久基本农田布局调整情况
    - 永久基本农田调整预期成效分析
    - 保障措施
- 可行性研究报告编制
  - 综合说明
  - 建设条件分析
  - 规划布局
  - 建设内容
  - 环境保护
  - 水土保持
  - 施工组织设计
  - 投资估算
  - 实施计划
  - 实施管理
  - 效益分析
  - 可行性研究结论
- 初步是设计编制
  - 初步设计报告
  - 初步设计图纸
  - 投资概算

项目实施阶段
- 政策处理
  - 土地流转
  - 农田清表
  - 农户搬迁
- 施工图设计
  - 土地
  - 建筑
  - 景观
  - 道路
  - ……
- 项目施工

项目运营阶段
- 村集体主导型
  - 种粮大户
  - 村集体合作社
- 政府主导型
  - 政府扶持
  - 政企合作
- 社会资本主导型
  - 单企业运营
  - 多企业运营

3.4.2 治理目标任务

"全流程管理"是一种基于系统论观点,强调对管理对象进行全过程、全方位、全要素整合,以实现管理科学化、高效化的意识和观念,是管理意识现代化的重要成果。全域土地综合整治中的全生命周期管理包括规划阶段、设计阶段、施工阶段和运营阶段。全域土地综合整治涉及部门多,应按照"事权对应、分层管理、刚弹结合"的原则,形成全生命周期管理体系,主动向上承接省市要求,深化战略布局,同时协调、分解落实刚性管控要素,注重上下传导落实管控要求。

全流程治理的核心任务是为工程的建设和使用增值,包括费用控制、进度控制和质量控制。费用控制指的是对项目的资金进行合理控制;进度控制是对项目交付使用的时间进行控制;质量控制不仅包括施工质量,还包括设计质量、材料质量、设备质量和影响项目运营或管理的环境质量等,以及满足相应的技术规范、标准规定和业主对项目相应的质量要求。项目的投资控制、进度控制和质量控制之间既有矛盾的一面,也有统一的一面,它们之间是对立统一的关系。要加快进度往往需要增加投资,欲提高质量往往也要增加投资,过度地缩短进度会影响质量的要求,这表现了它们之间矛盾的一面;但通过有效的管理,在不增加投资的前提下,也可缩短工期和提高工程质量,这反映了它们之间关系统一的一面。

第 **4** 章

全域土地综合整治的现状调查与评估

4.1 概述

4.1.1 调查目的

开展全域土地综合整治现状调查与分析的基本目的，是为了摸清自然资源和生态"家底"、了解群众基本意愿、熟悉气候环境条件、认识区域地域优势、挖掘文化产业特色，为全域整治的"全域、全要素"整治奠定基础，为整合各方资源、合理安排用地规划、优化产业布局提供科学依据，真正做到尊重自然、尊重差异、尊重实际，做到引导差异化、精准化协调发展，最终以实现各具魅力、协调发展、产业融合、绿色高效、共同缔造、品质提升的乡村振兴的目标。

4.1.2 调查任务

开展全域整治的现状调查评估是全域土地整治的前期基础工作。收集全域内全要素基础资料，调查各类资源数量、质量及其空间分布等情况，并进行综合评价、分等分级；分析评估项目区内土地利用、村庄规模、基础设施建设、产业发展、农业生产、生态环境等方面存在的问题，挖掘整治潜力、摸清各类资源家底，充分了解群众意愿及村庄发展基础，以便后期采取不同侧重点的整治模式，科学合理配置各类资源，是全域土地综合整治调查评估的主要任务，具体包括：

（1）调查研究土地资源现状并进行综合评价

为了合理开发和有效利用土地资源，必须了解其基本状况，包括各类土地资源的数量、质量、空间布局等特征，分析区域开发利用现状及土地权属情况，梳理归纳存在的问题。根据目标定位和发展需要，对后备资源的开发条件进行综合评价，合理编制利用规划，可持续地开发和利用土地资源。

（2）研究区域资源开发与经济发展的关系

不同区域各类资源的数量和质量存在差异因而要研究分析区域资源的组成、

种类和区域发展的关系，将资源优势转变为经济发展优势，分析归纳项目区产业发展、人口与就业、收入水平与来源、土地流转等基本情况及特征，寻求资源优势互补，解决区域性资源短缺等问题。

（3）挖掘"一二三产"融合特色发展模式

挖掘区域特色整治目标，以农业现代化为导向，一二三产业融合发展，建设现代田园综合体，完善公共服务，提升均等化水平。

（4）建立全域土地资源可持续开发模式

资源开发利用的目的是推动地方经济社会发展，但在生态文明背景下的当代社会，这不是唯一的目标。在追求经济效益的同时，也要加强对生态环境的保护，避免资源浪费。要深入研究资源开发与保护之间的关系，根据国家可持续发展的战略思想，正确处理资源开发利用与保护的相互关系，建立在保护中科学合理开发，在开发中提高保护水平的发展模式。

4.1.3 调查内容

全域整治的现状调查是一项综合性的工作，针对生产、生活、生态三大空间，以"山水林田湖草海村人"等全要素为对象，运用资源管理学相关知识，借助数字化手段，调查各类本底资源数量、质量、空间分布情况，同时对地理环境、基础设施、地籍管理和社会经济、产业发展、历史文化等各类信息进行调查。

（1）自然本底资源调查

自然本底资源调查的主要内容应包括对区域内资源的各类组成要素的调查，主要包括土地资源、水资源、林业资源、矿产资源以及生物多样性、生态斑块和廊道等生态本底状况调查。

1）土地资源调查

土地资源调查主要为土地利用现状的调查，需查明项目区土地利用结构、各类用地现状面积与分布，分析已利用土地（农用地、建设用地）和未利用土地的数量及其所占项目区建设规模的比重。同时还应调查人类活动对其存在的影响，整理近年来土地利用结构的变化趋势，总结土地利用状况存在问题。

2）林地资源调查

调查林地面积、空间范围，明确林地种类，如生态公益林、商品林等类型，对于发展林业产业的特色村，根据村庄林业产业发展潜力和需求，落实林业保护和利用。

3）矿产资源调查

调查矿山开发情况现状，摸清矿山开采位置、开采权人、开采方式，查明矿山开采状态（在采或废弃）和矿山的分布与占地情况；调查矿山生态环境现状，掌握矿山地形地貌景观生态现状，同时对矿山环境治理后效果进行调查评估。

4）湿地陆域水域资源调查

调查区域内湿地斑块面积、类型、分布、植被类型、主要优势植物和保护管理状况等；调查主要河道的宽度、长度、等级、航道等级等信息；调查湖、库、水塘等水面水体边界、保护范围界线；调查区域防洪排涝标准、圩区划分、主要水工构（建）筑物分布；调查各水体水质现状及要求等。

5）生物多样性调查

生物多样性的调查主要包括对区域内生物的种类、数量和分布情况的调查以及生物的食物来源、胁迫因子等调查。应依据国家、地方重点动植物保护名录，明确项目区域内需要保护保育的目标物种及其栖息地。应根据调查结果划分出的重要栖息地以及生态廊道、缓冲带等生态功能关键区域。

同时应调查区域内能反映该区域特色的自然植物群落，了解区域主要农作物品种、数量、生长状况及管理状况，调查主要农作物、经济作物所需条件与当地存在条件之间的关系，选择某些作物的优生区，为发展特产优势提供资料。

6）生态斑块和廊道的调查

调查区域内生态斑块、廊道的分布、大小及数量和项目区斑块和廊道的连接情况等。

（2）地理环境信息调查

地理环境信息的调查，主要包括区域内气候、地质地貌、土壤、水文等。

1）气候信息调查

收集、分析当地已有的光、热、水、气、灾害性气象资料，通过对有关气候图件(等值线图、分区图）及文字资料的统计、归类、整理，分析气候特征与土地资源的关系。例如气候与土地利用、生产潜力的关系，气候与作物生长的关系等。

2）地质、地貌调查

收集区域内地质、地貌相关图件、文字资料，对工程布局的必要路线进行地质构造、地质条件等的补充调查，用仪器测量项目区地形、地物、高程等信息，绘制断图件资料。对收集到的资料进行整理、综合分析，调查区域内地形与土地类型分布的关系。例如，从等高线变化分出山地、丘陵、平原，估算不同地形的面积比例，山脉走向、成因及影像特征。

3）土壤资源调查

收集不同时期、不同比例尺的土壤图件资料及理化性状分析数据等，并对这些资料进行分析研究，初步了解调查区的土壤资料，必要时做一些补充调查，特别是由于农田配套工程建设、土壤改良的实施造成土壤性状发生变化时，必须做一些外业补充调查。通过土壤采样、检测，分析土壤理化性状、肥力状况、土壤分布、特性对土地资源分布、特性与利用的影响。

4）水文资源信息调查

水文资源调查包括对地表水、地下水相关信息的收集调查，以及对可利用水资源总量、分布的调查等。同时调查水利设施，如水库数量、容量，引水、提水、排水工程的完善程度；采集分析水样，进行水质分析，确定水质等级及污染情况；分析不同引水、排水与作物生长的关系及土地资源利用的关系；分析水资源的总量、人均占有量、利用率、潜在开采量、水资源质量，及其对土地生产潜力的影响。

（3）基础设施现状调查

基础设施现状调查包括农村居民点、公共服务与基础设施、交通运输系统、生产设施调查等。

1）农村居民点调查

分析归纳区域内村庄布局、集聚特点，调查搜集建筑物结构、面积、用途、各部分利用状况等，了解建筑物成新、风貌等特征，调查区域各居民点内闲置土地情况，分析闲置土地复垦或再利用潜力，调查区域历史文化及人居环境等基本情况特征，以保护传统村落，保留历史空间肌理，传承非遗技艺，营造乡愁空间。

2）公共服务与设施调查

调查基础设施和公共服务设施分布、等级及保障水平，了解土地开发程度及公共设施的结构、保证率、齐备程度和距离等信息。

3）交通运输系统调查

调查区域的交通设施条件、类型，对外联系方式及方便程度；交通道路结构、状况、通达度等。

4）生产设施调查

调查农田灌溉保证率、排水条件、田间道路条件、田块平整度和田间供电等信息，以及附属农村宅基地以外的晾晒场等农业设施。

（4）地籍信息调查

地籍信息调查的任务是调查项目区土地利用结构，包括各类土地面积、分布、土地权属及利用现状。城镇和村庄的地籍信息调查，以权属为主，同时查清用途。

1）土地利用现状调查

查清项目区各地类种类、数量、分布以及分等定级情况，调查现状土地权属情况，尤其针对农村插花地等特殊情况，核查权属情况。必要时，对项目区进行勘测定界调查，将地类界、行政村、镇界和权属界以及有变化的地物界绘制到地形或影像图上，编制土地利用现状结构表，统计各类土地面积。调查土地利用状况，便于分析、总结土地利用的经验和存在问题，提出合理利用开发土地的建议。

2）土地权属调查

土地权属调查主要为调查区域内所有土地权属范围、界线和性质，查清各部分土地的归属情况，以及土地承包流转情况。

地籍信息调查是一个系统的工程，任务既烦琐又重要，不仅是土地管理各项业务的基础、产权管理的主要措施，也是土地使用制度改革的基础和巩固改革成果的法律手段。在进行地籍信息调查时应投入较多的人力、物力，充分认识地籍调查工作在当前和长远的土地使用制度改革及其他各项管理业务中的重要作用，为土地使用制度改革和土地利用奠定坚实的基础。

（5）社会经济信息调查

土地社会经济信息调查是针对人们从事社会活动和经济活动时产生和需要的土地信息进行系统搜集的活动和过程，这种活动和过程有助于进行或改进人们的决策行为，纠正人们主观认知上存在的偏差，从而有利于人们科学合理地开发利用土地资源。通过科学的调查方法，掌握准确社会经济信息，对区域挖掘特色产业，制定发展目标至关重要。

　　社会经济信息调查的内容包括调查居民点数量、性质及分布，人均居住用地，城镇人均占地等资料；调查村庄建设各项任务与要求、村规民约、各类管理和政策等规章制度，以及与村庄发展相关的各项规划；收集内外交通运输现状及问题等；了解工程设施方面的相关资料和市政工程公用事业现状资料、管网系统情况等；收集区域土地利用性质用地结构、用地限制条件、区域交通管制等信息。

全域土地综合整治是一个涉及面广、地域和时空跨度大的系统工程。适宜、科学地选择调查方法和技术会大大提高全域全要素调查结果的可信度和可靠性。传统的资源调查方法包括实地考察、访问、收集资料等，通过室内分析和野外考察相结合，获取资源信息。随着科学技术的发展，资源调查方法在理论、技术、设备、工艺、规范及标准等方面都有了较大的发展，并在实践中得到不断的推广应用。针对全域土地综合整治的上述特点，加强全域土地综合整治现状调查系统和信息技术运用，从多角度、多维度掌握和管理全域全要素信息，高效组织海量多元异构数据，快速跨越宏观微观、地理区域以及时间阶段，不仅可以有效提高全域土地综合整治行业管理水平和工作效率，也是全域土地综合整治工作和信息化发展的必然趋势。

4.2.1 现场调研方法

现场调研对于全域土地综合整治来说具有重要意义，通过详细的现场调研，设计人员能初步判断项目存在的问题、需要注意的事项以及后期开展的时序等。一般性现场调研方法主要包括：实地观察法、问卷调查法、深入访谈法等。实际工作中往往采用三种方法结合的方式。

（1）实地观察法

实地观察法即工作人员前往项目现场进行实地观察感受，全域土地综合整治空间上涉及村庄住宅、山体林地、河流水系、农业田园等要素，社会人文上涉及人口、经济、文化等各个方面，在实地调研过程中，应该充分利用现代科学技术进行调研记录，例如采用无人机进行场地航拍，对于场地范围较大、现场地形条件复杂不利于实地踏勘的地方，采用无人机航拍能更高效、更直观；使用户外轨迹记录技术，利用行动轨迹记录 App，记录调研过程中的行动路径、拍照与轨迹定位，便于内业整理时对场地有全面的分析记录。

（2）问卷调查法

因全域土地综合整治项目地均位于乡村地区，涉及的人口多为老人、儿童，无法像一般问卷调查采用网上填报的形式，因此多采用纸质问卷当面发放的形式。问卷调查包括确定主题、明确调查的内容，例如调查项目地内老百姓对居住安置形式的意愿，是异地安置还是原地不动，对异地安置的形式有什么要求等；制定题目内容，问卷调查以选择题和判断题居多，问题的安排应由浅入深，由易到难，循序渐进。问卷收集后应及时对问卷内容进行整理，将结果形成表格加文字的形式，便于对项目作出决策和判断。

（3）深入访谈法

全域土地综合整治涉及村民、政府、运营商等多方利益主体，在调研过程中应充分听取各方意见，协调各利益主体的关系。例如，与村民访谈，了解关于居住环境的需求，如对就业保障的需求、对入股分红的需求等；与政府人员访谈，了解关于招商引资、产业发展的方向以及村民社会保障等各方面的计划；与运营商访谈，了解关于后期产业运营发展的构想，对产业发展所需的生产条件及时沟通。

访谈前应对访谈内容进行充分准备，例如列访问提纲，对访问的要点进行罗列，保证访问进程按照计划进行；访谈中应做好记录，对受访者提出的有效信息及时记载，也可采用录音方式，访谈过程中应注意态度，忌心不在焉、高高在上、敷衍马虎等情况；访谈后应及时将信息汇总整理，梳理出有效信息，形成访谈纪要，并及时将访谈纪要传达给项目组成员。

4.2.2 资料收集方法

收集资料为间接调查法，是通过收集调查对象的各种现有及历史信息和数据资料，从中提取与项目有关的内容，进行分析研究。资料收集的方法多种多样，针对全域土地综合整治项目的特点，资料收集采用的方法主要为以下几种：

① 阅读法：阅读有关的文件、报刊、图书等资料，从中获取所需的信息。
② 询问法：向有关信息源询问获取有关信息。
③ 预测法：用预测方法和技术，分析、预测有关信息。

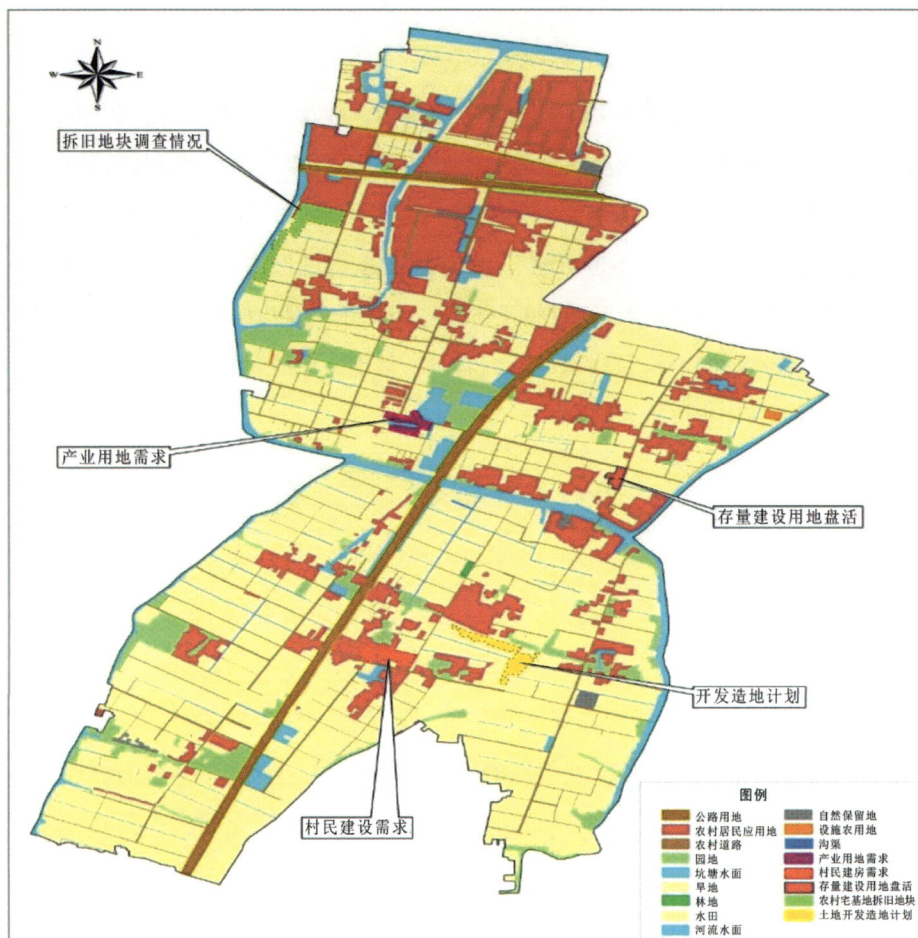

图 4-1 用地需求调查图

④ 采集法：针对项目特性，派专人到有关地区、部门收集有关信息。

⑤ 调查法：调查法包括面谈调查法、书面调查法、留置问卷调查法等。工作人员需要当面听取被调查者的意见、要求、反应、建议等，同时准备相应的调查表等资料，事先提交被调查方，等待反馈。

4.2.3 数字化调查方法

全域土地综合整治现状调查系统采用"一库一图两端"系统架构，"一库"指全域全要素数据库，实现数据标准化输入和输出；"一图"指全域高清影像，实现全域全要素在图上精准可视可查可阅；"两端"指无线端现场调查和电脑端汇总分析统计。

通过全域土地综合整治现状调查系统的建设，推动数据特征归纳分析工作，确立录入基础数据信息指标，明确现有数据的类型和种类，规范项目数据的录入方式。融合无线触屏、人机对话、扫描识别等先进的计算机操作形式，建立人性化的数据应用系统。实现不同数据信息查询、调用、运算、输出和云平台分享等功能，建立大数据信息深挖掘模块，研究大数据信息挖掘处理的方向和更深远的用途。

全域土地综合整治现状调查系统总体框架见图4-2。

全域土地综合整治现状调查系统有以下特点：

（1）地图导航及现场可视化操作

地图导航与可视化操作是全域土地综合整治的一个重要特点，通过将GIS、GPS有机集成，可实现对各种空间信息和环境信息的快速、机动、准确、可靠的收集，通过导航定位建立卫星、采集对象、地理信息数据与业务数据的连接

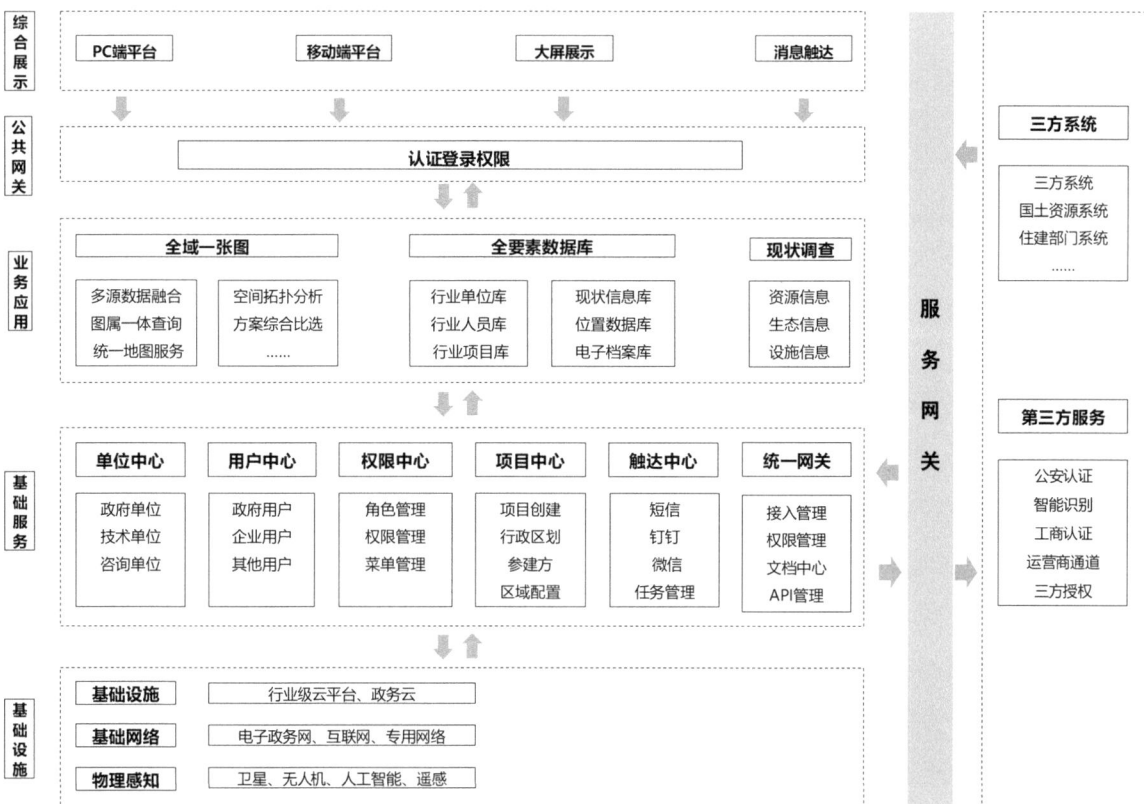

图4-2 全域土地综合整治现状调查系统总体框架图

与交互。该功能可实现现场人员位置定位，周边环境互动显示，房屋、土地及各类重要因素的位置标识等，可提升现场调查工作效率，体现调查进度，做到不重不漏。同时实现三维实景电子档案，采集物与三维实景对应，能够从三维实景中即时获取数据，获取全域土地综合整治现状全景资料，实现一图精准览全局。

（2）基于互联网的数据采集方案

数据采集是信息形成的第一步工作，是全域土地综合整治基础性工作和信息系统数据的基础来源。在以往的数据采集过程中，由于受限于网络、系统架构以及工作相关各方的割裂，容易造成数据采集、更新不同步及各方信息不同步等问题。全域土地综合整治系统将建立和实现基于全球互联网的实时数据采集与同步更新功能。通过建立基于全球互联网的实时数据采集与同步更新，在数据采集时期各终端（移动端、电脑端、大屏端）与中心服务器网络畅通的情况下，可直接进行数据采集与更新，把数据返回至中心服务器。同时，在断网情况下，可在本地终端存储加密后的数据信息，在网络恢复的情况下自动更新，完成数据上传。同时系统可以根据采集数据要求进行灵活配置，快速响应现场采集需要。

（3）层次清晰的业务协同体系

现状调查系统面向实施单位、自规部门、林业部门、农业部门、水利部门、各级地方政府等用户。现状调查系统针对不同用户，提出了层次清晰的业务协同方案。例如，对于实施单位系统提供工作组管理、地图影像配置、采集内容配置管理、现场采集权限等功能；对于国土、林业等行业主管单位，主要提供标准接口，同步其已有行政权属、确权属性、地类和面积数据；针对政府部门，系统则提供在高清地图上查询所管辖范围内的已采集数据，采集进度和方案比选决策功能。

现状调查系统赋能全域土地综合整治，整体提升行业规划、设计、施工及其管理水平，促进各方公共资源合理高效配置，为行业数据应用建设奠定基础，提高各单位自身和各单位之间的工作效率和服务质量。

（4）规范统一的数据输入输出接口

全域土地综合整治现状调查系统，拥有一个核心的数据接口标准，以此对各行业的输入和输出数据进行规范，从而方便不同类型用户之间的信息共享，保证数据的一致性，避免形成独立"烟囱"。

信息平台允许各成员单位用户自行开发应用软件通过数据接口接入数据平台，并为各单位提供对自身数据的维护入口。以往分散的、孤立的建设模式已经不能满足目前统一化信息化建设的要求。在本信息平台中，数据共享，标准一致，数据使用遵循合理权限，数据内容进行深度整合；建立标准统一的数据接口，确保了全域土地综合整治行业数据的一致性与准确性。

4.2.4 数字化采集技术

数字化辅助调查技术已成为全域整治现状调查中不可或缺的手段。信息技术的应用在全域土地综合整治现状调查过程中占有重要地位。通过全球定位系统（GPS）、遥感（RS）、地理信息系统（GIS）3S技术综合应用，相互取长补短，三者之间的相互作用形成了"一头两端"的框架，即RS系统和GPS系统作为输入端，向GIS提供信息数据以及空间定位，GIS对采集到的信息进行相应的数据、空间分析，根据从RS系统和GPS系统中提取的有用信息，进行综合集成，使之成为判断决策的科学依据。3S集成技术的发展，形成了综合、完整的对地观测系统，提高了现状资源调查的效率与准确度，提高了人们认识、了解、掌握、利用各种资源的能力，建立了一个全方位、客观反映全域的地理空间和生态环境，贯穿全域土地综合整治全过程，面向全方位管理，服务全行业的形象直观的全域土地综合整治管理数字化平台，并最终形成全域土地综合整治完整的信息化体系。

（1）GPS全球定位系统技术

GPS技术在全域土地综合整治调查中有广泛用途。其使用方式是利用手持式GPS接收机在现场获得经纬度坐标数据，进而进行点位测量导航和定位。GPS技术在大地测量、资源勘查、地籍测量以及产量监测、土样采集等中得到广泛运用。

（2）RS 遥感技术

RS 遥感具有获取数据快、信息量大、受环境约束影响小等特点。遥感调查方法中信息提取技术一般流程包括辐射校正、几何纠正、镶嵌、图像增强、投影变换、特征提取、分类及各种专题处理的一系列步骤，以实现预定目的的技术。通过遥感技术进行全域土地综合整治现状调查，可以收集多种比例尺、多种类型的遥感影像和与之相匹配的地形图、地理图等，通过解译图像中的资源信息，不仅能对资源的类型定性，而且能成为资源的定量标志；不仅可以弥补路线调查和定点观测的不足之处，还可以获得地面实地调查无法取得的资料和信息。通过对卫星图像、航空照片等遥感图像的整体性研究，可以全面了解、掌握区域内资源现状，分析各地类地物的空间布局和组合关系，为资源开发利用提供可靠依据。

（3）GIS 地理信息系统技术

GIS 地理信息系统，是一种将空间数据与非空间数据的信息联系在一起的特殊信息系统。国内 GIS 系统比较常用的软件有 Supermap GIS 系列、MapGIS 系列和 MyGIS 系列。现以 MapGIS 为代表，介绍主要功能。MapGIS 是中国地质大学开发的地理信息系统软件，其主要功能包括以下几点。

数据采集：主要用于数据获取，保证 GIS 数据库中的数据在内容和空间上的完整性。

数据转换：主要是保证数据在入库时在内容上的完整性、逻辑上的一致性。主要方法有：数据编辑与处理、错误检查修正、数据格式转化等。

数据输出：可以将编辑好的图形转换到相应的模式，输出到指定设备上。

数据库管理：实现了对空间和属性数据库的管理和维护。

空间分析：提供了包括数据分析、空间叠加分析、网络分析等空间分析功能。

图像处理：图片影像的配准镶嵌和处理分析功能。

电子沙盘系统：实时生成地形三维曲面。

数字高程模型：可以根据离散高程点或者等高线插值生成网格化的 DEM，并进行相应的分析，如剖面分析、遮蔽角计算等。

在全域土地整治现状调查中，GIS 系统的使用，可以进行区域内资源数量统计和数据快速再现，为资源的合理配置、开发、利用提供科学、准确的依据。且在不同层次、不同领域的资源调查管理中，具有很好的兼容性。

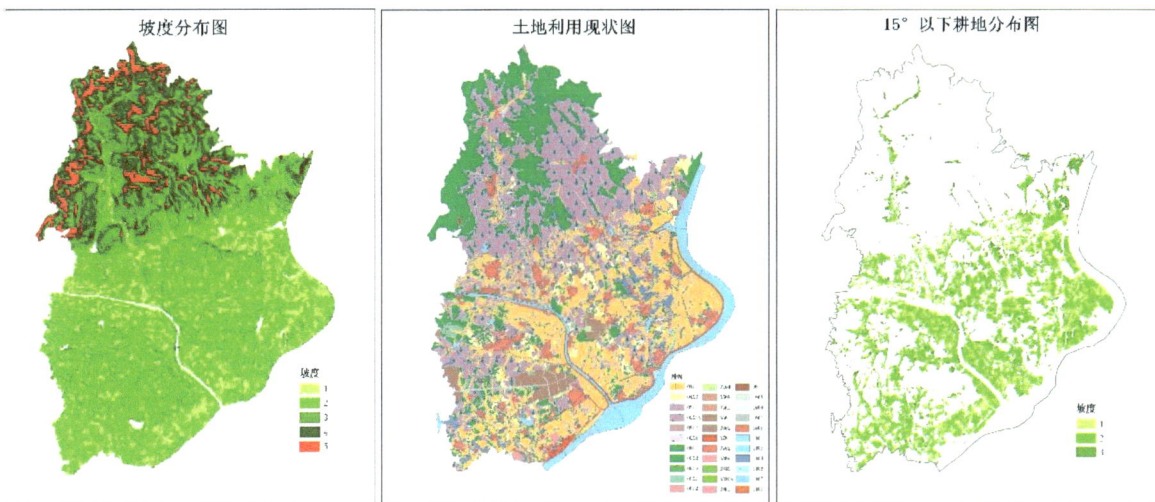

图 4-3　数据叠加处理示意图

全域土地综合整治调查是一项涉及多专业、多学科的技术性工作，涉及地理信息、水利、农业、林业、国土资源管理、测绘等多行业多门学科，要求技术人员具有多学科及数字化的基础知识和科学素质。因此，无论采取哪种方法，进行哪方面调查，都必须有严格的工作程序，这样才能保证工作效率和调查质量。一般而言，调查工作可分为准备阶段、现场调查阶段、内业整理阶段 3 个阶段。

4.3.1 准备阶段

（1）组织准备

全域土地综合整治调查是一项综合性很强的技术工作，它涉及多门学科，所以要求调查人员具有多学科知识的涉猎和储备，同时还要熟悉遥感、GIS、计算机操作等技术。因此，为了提高调查工作效率、保证调查工作质量，首先要组建一支专业团队，从组织源头上予以保障。同时要做好技术培训和专业协调，让队员掌握资源调查的一般工作程序和方法以及相关学科的知识，并制定统一的规范，以确保工作的顺利进行，并由项目负责人在全域土地综合整治现状采集系统进行调查前的初始化配置，包括：项目创建、参建方及人员创建、行政区划配置、地图配置、调查内容配置等。

另外，建议由项目所在乡镇的人民政府组织主要领导及相关部门负责人分别成立全域土地综合整治与生态修复工程方案编制领导小组，下设方案编制办公室，负责方案编制的日常工作，制定工作计划、落实项目经费、协调各方工作等。

（2）资料准备

资料准备工作的任务是收集、整合、分析调查区域的各种专业图件、数据和文字资料。阅读分析以上资料，了解掌握区域基础信息，梳理重点调查问题和方向，制定调查问卷等。对收集到的数据进行初步处理，例如统一坐标、完成坐标转换等。收集区域内现有地形、地籍测量图以及影像图、土地利用现状图作为工作底图，以备调查时的填图之用。

（3）制定工作计划

根据项目特点和需求，拟定调查任务、目的，制定调查的技术规程。首先编写总体调查方案，明确调查的目的要求、调查内容、调查计划、特性指标、工作期限、调查资料的收集、整理、分析的方式和方法、质量要求以及调查成果提交的形式和清单。然后要制定更为详细的工作计划，按专业类别划分工作小组，针对每个小组的工作内容，确定具体工作方法、进度、质量、要求、费用预算等。通过工作计划的层层落实，以保证调查工作的圆满完成。

（4）工具、材料准备

调查前要准备好调查工作开展过程中所必要的仪器、工具和设备，包括必要的平板电脑、无人机、蓝牙测距仪、转绘仪器、面积量算仪器、绘图工具、材料等；各种外业调查手簿、权属界线协议书、表格；准备必要的生活、交通和劳动用品等。

4.3.2 现场调查阶段

准备阶段工作就绪之后，就进入了现场调查阶段。首先，制定调查路线，对调查行进路线进行初步勘察，对调查区进行全面普查，了解调查区概貌。为防止遗漏，应充分利用相关部门提供的资料，并同熟悉当地情况的人员进行咨询了解。然后，借助平板电脑、无人机、航卫片和高清影像以及先进的仪器设备对工作区进行系统、全面的调查以及位置标记。

4.3.3 内业整理阶段

这个阶段主要将所调查的资料进行整理、分析研究，最后完成调查报告和相关图件，业内分析技术路线见下图4-4。

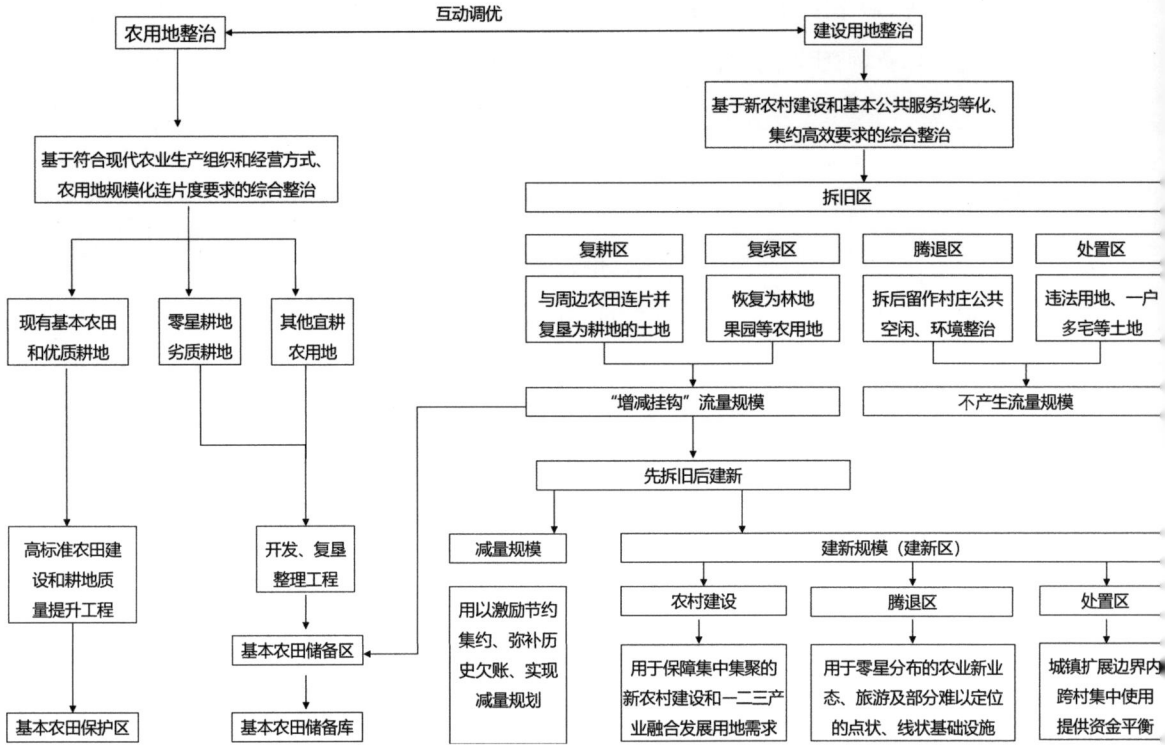

图 4-4 内业分析技术路线

（1）资料整理

在现场调查的基础上，对资料加以识别、计算核实与修正，审查资料的完整性与准确性，删除有误资料，并补充、修正资料，使其达到完整、全面、准确、客观。

（2）数据处理

应用计算机技术，对资料进行编码与分类、分析处理、编绘图件，最终对数据进行汇总统计分析。

（3）编写调查报告

调查报告一般包括以下几项内容：调查区自然地理特征及社会经济概况；调查目的、对象、内容、方式与方法等；阐明全部有关数据分析过程，包括数据来源、问题提出、论证过程、结论引出、分析研究方法等；各类资源的数据、质量与分布（附图）；论证的总结和资源开发利用建议。

现场踏勘及资料收集后，应召开项目组会议，对项目调研和资料收集情况进行汇报，各项目组成员对前期工作进行总结和判断，确定工作大纲，明确阶段性工作方式和工作内容，研判主要方向，确定初步构想。

4.4.1 明确各方诉求

根据现场调研情况，对政府、村民、开发商等各利益主体的诉求进行分析总结，初步找到诉求的平衡点，对无法调和的诉求与各方代表开展座谈会，商讨对策。在整个过程中，应基于正义的角度对各个利益主体的诉求进行平衡，切忌偏袒任何一方，例如在此过程中，村民实际处于弱势方，不能因其势单力薄而侵害其利益，相反应尽可能确保村民的利益最大化，才能使项目更顺利地推进；不能按照部分政府追求的土地指标最大化来获取更多的土地收益，应综合考虑人居环境、生态保护、生产需求、经济收益等各方面的需求；不能过分看重运营商所需的建设用地空间，应进行综合评估，合理地确定所需的建设用地空间。总之，在各方博弈的过程中，应充分做好斡旋，确保项目能达到经济、社会、生态效益的最大化。

4.4.2 明确工作方向

基于对现场踏勘情况、各方代表座谈情况和资料收集情况，对整个项目的方向进行初步研判，例如土地复垦潜力有多少，土地复垦指标收益是否能平衡工程前期投入；产业发展方向如何，是否具备一二三产融合发展的潜力；生态、生产、生活空间如何整合，如何确保各类空间更好地融合；如何保证生态、生产和生活效益的最大化等。前期项目探讨过程中，应该集思广益，充分听取各专业的意见，力求各专业能达成共识。

4.4.3 确定工作大纲

工作大纲是整个项目开展的计划书，前期拟定计划书能使整个项目按照既定的方向便捷、高效、顺利地推进。工作大纲内容包括但不限于工作阶段，例如规划阶段、可行性研究阶段、方案设计阶段、施工图设计阶段、运营管理阶段等，明确各阶段主要工作内容；时间安排，各个重要时间节点的工作计划，时间计划尽可能列详细，以便按照既定的时间安排顺利推进；人员安排，确定项目组成员，并明确各专业负责人，以便项目能高效开展。

第**5**章

全域土地综合整治规划编制

简单来讲，规划就是行动之前对工作的预先安排，是未来一段时间内的行动计划。规划的职能主要是，确定未来做什么，怎么做，并提出最后结果，以及获得这些结果的适当手段和全部管理活动。规划体现了一个行业的发展是否具有科学性，也是上级主管部门考核的一项重要内容。全域土地综合整治规划是对未来一段时期内土地整治目标任务和项目的预先安排，是执行国土空间规划的重要保障，是土地整治项目实施的主要依据。2002年4月，《土地开发整理规划管理若干意见》提出加强和规范土地开发整理规划管理，科学指导土地开发整理工作。2008年8月，《关于进一步加强土地整理复垦开发工作的通知》提出抓紧组织修编土地整理复垦开发规划，实施土地整治重大工程。2010年10月，《国土资源部关于开展土地整治规划编制工作的通知》进一步明确土地整治规划的重大意义。2003年3月，《全国土地开发整理规划（2001—2010年）》印发实施；2012年3月，《全国土地整治规划（2011—2015）》经国务院批准发布实施；2016年12月，《全国土地整治规划（2016—2020）》经国务院批准发布实施。同一时期，原国土资源部发布实施了行业标准《市（地）级土地整治规划编制规程》TD/T 1034—2013、《县级土地整治规划编制规程》TD/T 1035—2013，明确了市、县两级土地整治规划编制的任务、内容、程序、方法和成果要求等。

围绕土地整治项目实施，《土地整治项目规划设计规范》TD/T 1012—2016专门设置了规划设计标准和项目规划的专章，明确提出在开展土地整治项目规划设计时，同步开展土地整治项目规划，其内容包括：规划原则与目标、土地利用布局、工程布局和方案比选。其规划原则包括：统筹规划，开展田、水、路、林、村综合整治，优化土地利用结构与布局，节约集约利用土地，增加有效耕地面积，提高耕地质量，完善农田基础设施，增强防灾减灾能力，构建生态景观，保护生物多样性。土地利用布局包括：根据项目区自然条件、社会经济状况和土地适宜性评价结果，确定田块的布局；根据水资源条件及相关行业的要求，确定灌溉与排水工程建设内容、工程类型及布局等；根据项目区交通设施状况和道路现状，确定田间道路等级、布局等；根据当地的气候条件确定农田林网的布局、结构等；根据水土流失类型及生态保护的要求，确定农田防护与生态环境保持工程的类型、布局等。工程布局主要包括土地平整工程、灌溉与排水工程、田间道路工程、农田输配电工程、农田防护与生态环境保持工程及其他工程。现有土地整治项目实施包含了土地利用布局和工程建设规划，这是详细规划的核心。

《自然资源部关于开展全域土地综合整治试点工作的通知》（自然资发〔2019〕194号）提出："以科学合理规划为前提，以乡镇为基本实施单元（整治区域可以是乡镇全部或部分村庄），整体推进农用地整理、建设用地整理和乡村生态保护修复，优化生产、生活、生态空间格局。乡镇政府负责组织统筹编制村庄规划，将整治任务、指标和布局要求落实到具体地块，确保整治区域内耕地质量有提升、新增耕地面积不少于原有耕地面积的5%，并做到建设用地总量不增加、生态保护红线不突破。"《全域土地综合整治实施要点（试行）》提出："纳入试点的村庄必须科学编制村庄规划，要按照宜农则农、宜建则建、宜留则留、宜整则整的原则，将整治任务、指标和布局要求落实到具体地块，明确组织管理、实施时序、项目安排、资金估算和投资来源等。该要点同时提出，未编和已编的镇村规划不能满足需要的，按要求进行编制和调整。"

从各地全域土地综合整治试点情况来看，多数试点项目依据村庄规划编制了全域土地综合整治规划，作为项目实施的依据，并将全域土地综合整治的目标任务、实施区域、整治分区、工程布局等内容纳入村庄规划，体现了一种详细规划与专项规划相融合的编制方法，弥补了现有规划体系的缺乏，更加体现了整治规划的可实施性。

新时代的全域土地综合整治是对"山水林田湖草"实现全面综合的整治，已经从单一的土地整治走向农用地整理、建设用地整理和乡村生态保护修复的综合整治，即实现乡村的"资源—环境—生态"三位一体的综合整治。在农用地整理方面，集中连片管理耕地，完善配套农用设施，改良耕地土壤，做到增地优地节地活地；在建设用地整理方面，治理人居环境，配齐水电路网，配套相应的文体卫养老设施，做到生产、生活水平全面提升；在乡村生态保护修复方面，稳定生态系统，强化生态功能，改善生态环境，做到乡村宜居生活；真正实现"要素—结构—功能"的全面转型。因此，全域土地综合整治规划应顺应以上理念发展转变，助推新时代全域土地综合整治目标的实现。全域土地综合整治规划是以目标定位、整治格局、产业发展等战略引导为重点，在国土空间规划引领下，盘活乡村土地资源、优化国土空间格局、改善农业生产条件、提升村庄人居环境、维护生态空间完整，以实现乡村空间高效利用，助推乡村振兴、实现共同富裕、建设美丽中国。

本章节在前期开展全域全要素资源调查，全面获得并深入了解规划区域自然资源和非自然资源本底条件，掌握现存主要问题的基础上，结合全域土地综合整治的整治内容和综合目标，得出全域土地综合整治规划基本步骤，以"生态、农业、建设"三类空间为规划逻辑，明确不同空间的优化配置内容，实现乡村用地结构的优化，为乡村产业发展提供更优空间载体，引导乡村产业结构调整，推动乡村一二三产融合发展，丰富乡村经济业态，拓展农民增收空间。最后，明确全域土地综合整治规划作为国土空间规划体系中专项规划的重要类型之一，应重点明晰与项目相关村庄"多规合一"的实用性村庄规划的逻辑内涵关系，提出4个在实践中需要重点处理的协同关系。

5.1 基本步骤

新时期全域土地整合整治规划是在总结吸纳传统土地整治的基础上进行一系列的有效探索和尝试。在国土空间规划的引领下，进行全域规划、整体设计、综合整治，空间上更加突出全域全要素整治，内容上更加强调结构分区引领，目标上更加重视产业融合发展。整体上规划遵循"认知、探索、构建、实

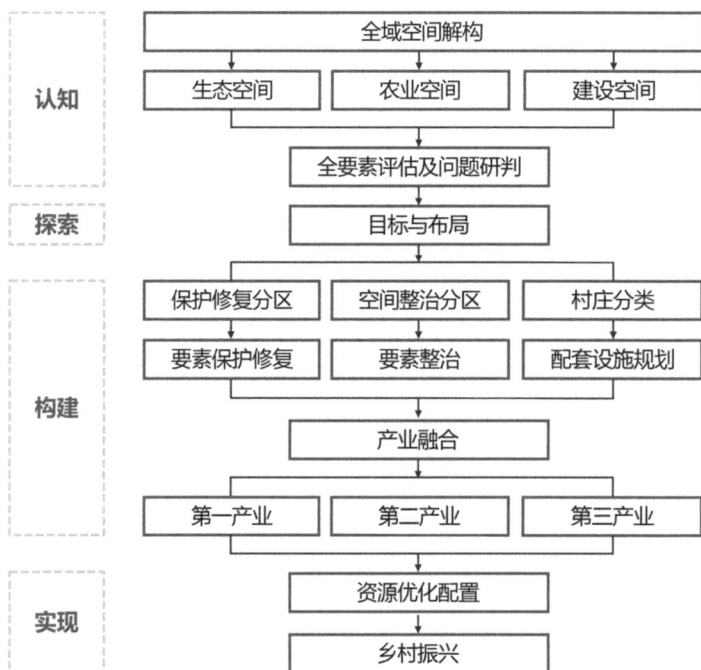

图 5-1　全域土地综合整治规划主要步骤

现"四大逻辑步骤。具体来讲，"认知"包括两方面内容，首先，对全域进行"生态空间、农业空间、建设空间"解构，三类空间作为规划开展的逻辑主线；其次，识别、诊断、评估全要素资源，得出评估报告。"探索"即提出整治规划目标、定位，并做出整体布局方案。"构建"包括分区分类、要素规划、产业融合三个步骤，根据三类空间的属性特征，可进行针对性设计。"实现"即通过整治规划，实现资源要素优化配置、空间功能高效利用，最终达到乡村振兴目的。

通过对生态空间、农业空间和建设空间的问题研判和梳理，划分有针对性的、差别化的整治分区，提出相应整治策略，落实全要素整治措施，实现生态、农业、建设空间三大空间的高效利用，促进乡村地区产业融合及产业优化配置，激发乡村振兴内生动力。

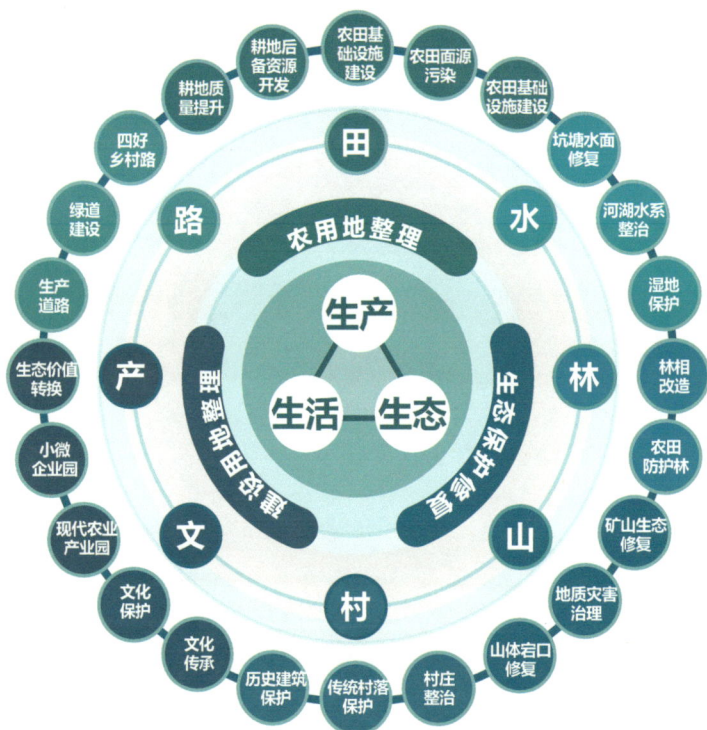

图 5-2　"生态、农业、建设三大空间"整治规划示意图

5.2.1 生态空间优化配置

选取水土保持区、水源保护区、林地、蓄滞洪区、山体、湿地、生物多样性保护、林地及生物栖息地、保护价值等十多个因子并结合国土空间双评价结果作为全域土地综合整治项目范围区的生态空间划定的依据。

基于这些因子并结合国土空间双评价，首先分析评价区域的生态安全基础，如雨洪、生物保护安全、地质灾害安全等情况，形成区域的生态安全格局，同时明确区域空间的问题与优化方向。

（1）现状生态空间问题研判

以遵循山水林田湖草是生命共同体的理念为参照，对比项目区生态环境本底，从生态用地规模、结构，生态环境质量及污染状况，生物多样性保护，景观风貌保护，水资源保护及污染状况，"除险安居"避让搬迁核销隐患点的灾体生态风险等方面，分析揭示项目区生态环境存在的主要问题。

目前除国家已经制定的标准、行业和规范与设计标准外，对现状生态空间的生态环境评价指标尚处于探索阶段。当前执行的《生态环境状况评价技术规范》HJ 192—2015 主要是基于全国生态环境质量进行评价，区域差别化不强。针对区域差别化，还需另外制定更加符合当地实际情况的评价指标，才能识别本地区生态空间的现状问题。

建议针对不同区域的特点，组织当地专家咨询会和部门座谈会，有针对性地提出符合当地实际的生态环境评价指标体系，采用定量和定性相结合的方法确定各项指标的权重值，保证指标的可获得性和科学性。

（2）科学划定生态修复分区

通过梳理各类生态要素资源分布，优化生态格局，明确相关地类的功能、分布、规模和特征，对山、水、林、田、路、村等空间形态进行控制，尽可能多地保留乡村原有地形地貌和自然形态，保护好乡村自然风光和田园景观，促进绿色发展。

根据不同的生态资源类型和问题识别，划定不同的生态修复分区，进而采取不同的工程措施进行生态修复或者重建。

（3）明确生态修复工程

基于生态空间问题识别和生态修复分区，明确生态修复工程，针对性提出工矿废弃地整治和生态修复、水土流失治理、土壤和水体污染治理、森林治理等项目和实施时序。

5.2.2 农业空间优化配置

（1）现状农业空间问题研判

对农业空间内的土地，按照方便生产生活的原则，以促进农业现代化为目标，大力推进农用地整理。通过实地调研和数据分析对耕地规模、农业规模经营情况、种植情况、耕地质量、破碎度等情况进行研判分析，识别农业空间存在的突出问题。

（2）科学划定农用地整治分区

科学合理的分区是农用地综合整治项目配置和工程模式选择的基础，传统农业耕作方式和资源环境条件制约了现代农业的可持续发展，现代农业对发挥多功能新时期的农用地整治提出了新的要求。在落实乡（镇）国土空间规划的耕地保有量、永久基本农田保护任务的基础上，基于农业空间问题识别，判断整治类型，划定农用地整治分区，差别化实施农业整治分区。

（3）明确农业空间重要布局

1）耕地和永久基本农田保护

将上级规划确定的耕地和永久基本农田划定成果中明确的耕地保有量、永久基本农田保护面积任务落实至地类图斑。按照"编码、图斑、规模、边界、责任人"相统一的要求落实保护要求。确保耕地数量不减少、质量不降低和生态环境有优化。

根据耕地利用现状与质量状况，结合现有工程条件，统筹安排耕地质量提升、高标准农田和粮食生产功能区、重要农产品生产保护区等建设，明确其范围和目标要求等内容。

根据耕地地力等级、坡度、地块连片程度等因素，明确土地开发新增耕地的数量和位置，提出宜耕后备资源开发、农用地整理和其他土地整治的方案，提升耕地质量等级和集中连片程度。

2）现代农业设施建设用地布局

发展现代农业，推进农业结构调整，促进农业产业融合发展。统筹布局农、林、牧、副、渔等农业发展空间，优化农业空间格局。合理配置种植设施、畜禽养殖、水产养殖等农业设施建设用地，严格控制用地范围，明确规模、布局、建设标准等，农业设施建设用地应尽量利用荒山荒坡、滩涂等未利用地和低效闲置土地，不占或少占耕地，严禁占用永久基本农田。有条件的地区可规划农用地权属调整利用和承包经营流转方案。

3）保护特色种业和农地资源

耕地资源相对丰富的平原地区，要实施土地平整归并，切实提高田块连片程度和田面平整程度，完善农田水利、田间道路、设施农业等农田工程配套，改善农田生态环境，为农业经营集约化、组织化、规模化、社会化、产业化提供必备条件。耕地资源相对短缺的丘陵山地地区，要注重土地整治与生态保护关系，积极实施旱改水、坡改梯工程，完善排灌沟渠网络，完善农田防护林体系，通过改善农业生产条件和生态环境提高耕地质量，稳步提高农田抗灾减灾能力。

通过调研分析发现的适宜特殊种业培育空间和特殊土壤资源以及特色农业空间等需实施保护措施，划定保护空间，制定保护和利用管理要求。

5.2.3 建设空间优化配置

（1）现状建设空间问题研判

通过问卷发放、入户访谈、集体座谈、资料收集整理等方式组织调查，深入了解乡村地区发展现状，充分听取村民意愿，对乡村建设用地进行问题识别，梳理产业用地和乡村生活配套用地布局中存在的问题，统筹村庄布局、历史文化保护、产业发展、公共服务和基础设施、安全和防灾减灾，实现村庄的功能完善。

（2）基于现状明确村庄类型

2019年，国家五部委联合发布《关于统筹推进村庄规划工作的意见》，把全国的村庄进行分类规划，根据每个村庄的人口变化和产业、农业发展情况进行分类，采取针对性措施和优化布局。

第一类："城郊融合类"。把邻近城市郊区的村庄纳入"城郊融合类"，能够和城市融合发展，共享资源，使农民能增加更多的收入，生活品质也会得到更大提升。

第二类："聚集提升类"。常住的人口增多，村庄的各项基础设施也非常完善，纳入"聚集提升类"，未来更多的资源和政策向这些村庄倾斜，进行全面升级，让村民的生活更便捷。

第三类："特色保护类"。历史文化村、传统古村、少数民族村寨以及具有特色旅游资源的村庄，纳入"特色保护类"，把村庄的古建筑保护起来，让民俗延续。

第四类："撤并搬迁类"。近十年，城乡一体化发展进程不断加快，农村的人口大量向城市转移，从而导致农村地区出现了不少"空心村"和"空心房"，还有些村庄地处偏远山区，村民很难实现致富，村庄的发展也受到限制，把人口流失特别严重、生存条件恶劣、自然灾害多发的村庄纳入"撤并搬迁类"，在征求村民意愿的基础上集中搬迁，村民们也会被集中在一起，然后发展产业和农业，实现增收致富。

（3）建设空间整治优化布局

1）村庄规模核定

细化明确村庄建设用地"人均"标准和宅基地"户均"标准，"以人定地"，确定村庄建设用地规模。村庄建设用地规模大于标准的，原则上不再配置建设用地增量规模，并通过结构调整和布局优化逐步缩减建设用地规模。现状建设用地规模过小、确实无法满足农村基本建设需要的村，可以在充分利用和盘活存量的前提下，适当扩大村庄建设用地规模。

现状建设用地不符合标准的，应通过规划逐步调整建设用地规模。其中，新增建设必须严格按照用地规模控制标准规划和实施。

2）村庄建设用地布局

对居民点用地进行用地适宜性评价，综合考虑各类影响因素确定建设用地范围，充分结合村民生产生活方式，明确各类建设用地的界线、功能和属性，并提出居民点集中建设方案与措施，重点对居民点改造、更新、重建、整治的建设类型和建设要求进行深化。

3）公共服务设施配套

合理确定行政管理、教育、医疗、文体、商业等公共服务设施的规模与布局。

4）基础设施配套

合理安排道路交通、给水排水、电力电信、环境卫生等基础设施，明确近期实施部分的具体方案，包括选址、线路走向、管径、容量、管线综合等。

①道路交通

明确村庄道路等级、断面形式和宽度，提出现有道路设施的整治改造措施；确定道路及地块的竖向标高；提出停车方案及整治措施；确定公交站点的位置。

②给水排水

合理确定给水方式、供水规模，提出水源保护要求，划定水源保护范围；确定输配水管道敷设方式、走向、管径等。村庄给水方式分为集中式和分散式两类，无条件建设集中式给水工程的村庄，可选择手动泵、引泉池或雨水收集等单户或联户分散式给水方式。

确定雨污排放和污水治理方式，提出雨水导排系统清理、疏通、完善的措施；提出污水收集和处理设施的整治、建设方案，提出污水处理设施的建设位置、规模及建议；确定各类排水管线、沟渠的走向、横断面尺寸等工程建设要求。合理确定村庄的排水体制，位于城镇污水处理厂服务范围内的村庄，应建设和完善污水收集系统，将污水纳入到城镇污水处理厂集中处理；位于城镇污水处理厂服务范围外的村庄，应联村或单村建设污水处理设施。污水处理设施应选在村庄下游，靠近受纳水体或农田灌溉区。村庄雨水排放可根据地方实际，充分结合地形，以雨水及时排放与利用为目标，采用明沟或暗渠方式，或就近排入池塘、河流或湖泊等水体，或集中存储净化利用。

③电力电信

确定用电指标，预测生产、生活用电负荷，确定电源及变、配电设施的位置、规模等。确定供电管线走向、电压等级及高压线保护范围；提出新增电力电信杆线的走向及线路布设方式；提出现状电力电信杆线整治方案。

④能源利用及节能改造

结合各地实际情况确定村庄炊事、生活热水等方面的清洁能源种类及解决方案；提出可再生能源利用措施；提出房屋节能措施和改造方案；缺水地区村庄应明确节水措施。

⑤环境卫生

确定生活垃圾收集处理方式，合理配置垃圾收集点、垃圾箱及垃圾清运工具；鼓励农村生活垃圾分类收集、资源利用，实现就地减量。按照粪便无害化处理要求提出户厕及公共厕所整治方案和配建标准；确定卫生厕所的类型、建造和卫生管理要求。对露天粪坑、杂物乱堆等存在环境卫生问题的区域提出整治方案和利用措施，确定秸秆等杂物、农机具堆放区域；提出畜禽养殖的废渣、污水治理方案。

5）村庄安全与防灾减灾

村庄应根据所处的地理环境，综合考虑各类灾害的影响，明确建立综合防灾体系的原则和建设方针，划定村域消防、洪涝、地质灾害等灾害易发区的范围，制定相应的防灾减灾措施。

①消防：划定消防通道，明确消防水源位置、容量。村庄内生产、储存易燃易爆化学物品的工厂、仓库必须设在村庄边缘或者相对独立的安全地带，并与居住、医疗、教育、集会、市场、娱乐等设施之间保证一定的防火间距。

②防洪排涝：确定防洪标准，明确洪水淹没范围及防洪措施；确定适宜的排涝标准，并提出相应的防内涝措施。

③地质灾害综合防治：根据所在地区灾害环境和可能发生灾害的类型进行重点防御。山区村庄重点防御滑坡、崩塌和泥石流等灾害，矿区和岩溶发育地区的村庄重点防御地面塌陷和沉降等灾害，提出工程治理或搬迁避让措施。

④避灾疏散：综合考虑各种灾害的防御要求，统筹进行避灾疏散场所与避灾疏散道路的安排与整治。

6）村庄历史文化保护规划

明确村庄历史文化和特色风貌保护区的范围和保护措施，加强村庄传统风貌格局、历史环境要素的保护利用，建立历史遗存保护名录，加强对非物质文化遗产的保护和传承。

7）景观风貌规划与村庄设计指引

结合村庄传统风貌特色，按照"安全、经济、实用、美观"的原则，确定村庄整体景观风貌特征，并进一步明确村庄设计引导要求。

①总体结构设计引导：充分结合地形地貌、山体水系等自然环境条件，引导村庄形成与自然环境相融合的空间形态，传承村庄文化特色，并与空间形态、地域特色有机融合。

②空间肌理延续引导：尊重村庄原有空间肌理，通过空间格局、山水环境、街巷系统、建筑群落、公共空间等的保护与延续，形成整体有序、层次清晰的空间形态。

③公共空间布局引导：结合生产生活需求，合理布置公共服务设施和住宅，形成公共空间体系化布局；从居民的实际需求出发，充分考虑现代化农业生产和农民生活习惯，形成具有地域文化气息的公共空间场所；积极引导住宅院落空间建设，合理利用道路转折点、交叉口等组织院落空间。

④风貌特色保护引导：保护原有的村落聚集形态，处理好建筑与自然环境之

间的关系；保护村庄街巷尺度、传统民居、古寺庙以及道路与建筑的空间关系等；继承和发扬传统文化，适当建设标志性的公共建筑，突出不同地域的特色风貌。

⑤绿化景观设计引导：充分考虑村庄与自然的有机融合，合理确定各类绿地的规模、范围和布局，提出村庄环境绿化美化的措施，确定本土绿化植物种类。提出村庄闲置房屋和闲置用地的整治和改造利用措施；确定沟渠水塘、壕沟寨墙、堤坝桥涵、石阶铺地、码头驳岸等的整治措施；提出村口、公共活动空间、主要街巷等重要节点的景观整治措施。村口建筑应精心设计、构思新颖，体现地方特色与标志性，村口风貌应自然、亲切、宜人；村口、公共活动场地等景观节点可通过小品配置、植物造景与建筑空间营造等手段突出景观效果；村中心地段建设应体现地方特色与标志性。

⑥建筑设计引导：村庄建筑设计应因地制宜，重视对传统民俗文化的传承和利用，体现地方乡土特色；并充分考虑农业生产和农民生活习惯的要求，做到"经济实用、就地取材、错落有致、美观大方"，挖掘、梳理、展示民居特色；提出现状农房、庭院整治措施，并对村民自建房屋的风格、色彩、高度等进行规划引导。

⑦环境小品设计引导：环境设施小品主要包括场地铺装、围栏、花坛、园灯、座椅、雕塑、宣传栏、废物箱等。各类小品主要布置于道路两侧或集中绿地等公共空间，尺度适宜，结合环境场所采用不同的手法与风格，营造丰富的村庄环境。场地铺装，形式应简洁，用材应乡土，利于排水。围栏设计美观大方，采用通透式，装饰材料宜选用当地天然植物。花坛、园灯、废物箱等风格应统一协调。

⑧竖向设计引导：根据地形地貌，结合道路规划、排水规划，确定建设用地竖向设计标高。标明道路交叉点、变坡点坐标与控制标高、室外地坪规划标高等内容。

乡村振兴，产业兴旺是重点，是解决农村一切问题的前提，发展乡村产业是乡村全面振兴的重要根基。乡村产业规划重点在于实现资源要素的合理配置，发掘更多功能价值，丰富更多业态类型，优化产业体系结构，纵向延长产业链条，横向拓展产业形态。把产业增值收益更多地留给农民，让更多的农民就地就近就业，助力农业强、农村美、农民富，形成城乡要素顺畅流动、产业优势互补、市场有效对接的格局，乡村振兴的基础才牢固。

全域土地综合整治的重要目的是优化乡村用地结构，提升空间利用效率，为乡村产业发展提供更优空间载体，合理支撑乡村产业发展，引导乡村产业结构调整，促进乡村一二三产业融合发展，促进产业振兴，增强乡村自我造血功能，助推乡村振兴，实现共同富裕。

5.3.1 优化提升产业结构

（1）确保粮食生产空间稳定，促进种植结构优化

农业空间是乡村产业振兴发展的"主战场"，全域土地综合整治以农用地整治为基础，耕地与农业种植作为国家粮食安全的根本保证，其结构优化仍然是乡村产业振兴长期坚持的方向。

首先，通过农用地集中连片整治，实现农用地规模、质量双提升，严格落实好永久基本农田划定保护工作，动态化对受灾的耕地、耕地地力下降的区域开展土地复垦、整治及修复治理。防止耕地的"非农化"和"非粮化"，确保稳定粮食种植面积，守住粮食绝对安全的底线，确保粮食产能保持稳定。

其次，结合当地产业基础、市场条件和资源禀赋等要素，发挥其资源优势，大力发展具有区域特点、比较优势明显的高效特色作物。适度调整粮食作物种植业的比重，栽种"一片一特"模式的地方特色作物，努力将地域农业比较优势转变为产业优势、产品优势和竞争优势。

最后，顺应消费升级需求，适当调整适应市场需求的品种结构。人民生活水

平的不断提高，居民的消费结构开始产生变化，对农产品的种类、品质提出了更高的要求，农产品多样化消费不断增多。在保护耕地基础上，择优选择种植农产品种类，更加注重农产品质量的提升，打造具有区域特色的农产品知名品牌的市场影响力 [1] 。

（2）强化产业特色基础，打造优势主导产业

乡村产业结构优化的核心是做强、做优主导产业，制定合理主导产业发展策略，培育系统化产业工程项目。

首先，因地制宜发展优势特色产品，做强农业优势产业。根据农业发展现实情况，以及消费结构升级的新变化，宜农则农、宜牧则牧、宜林则林，构建农业生产与资源环境相协调的农业发展格局。立足本地特色优势产业，围绕农业发展定位，发展适合本地的有市场空间的产业。比如，水利资源条件较好的地区发展高效农业，丘陵低山地区发展林果经济，山地沟壑地区发展林下经济等，努力在特色农业、规模发展方向上做好文章。

其次，集聚农业发展资源，形成产业化集约化发展格局。结合农村土地所有权、承包权、经营权三权分置改革，完善承包土地流转机制，增强产业融合主体的规模集聚效应。发展农业产业化，建立集群化农业生产基地，按照产业集群模式打造各类农业产业园，制定产业集群发展规划，推动资源向优势产区集聚，实现农业产业化经营。

最后，做优产品品牌，实现品牌效益。通过资源整合、政策倾斜和技术改造，围绕地区优势特色产业，加快培育名牌产品。重视名优产品商标注册，强化地域特色农产品认证，加快优良产品向优势品牌转变。同时，通过各种方式推介地区名优产品，加大宣传力度，拓宽农产品销售渠道，形成"产加销"一体化新格局。在品牌的引导和凝聚下，形成品牌主导产业与产业提升品牌的良性循环，实现从资源优势、产品优势向产业优势的跨越。

（3）推进农产品深加工，拓展产品加工品种

结合县和乡镇级国土空间规划、村庄规划，考虑农村土地利用和产业发展需

---

① 焦思颖.《自然资源部关于开展全域土地综合整治试点工作的通知》解读 [J]. 中国自然资源报，2019.

求，落实农产品深加工等乡村产业发展目标，优化调整村庄用途分区，高效利用工业用地、留白用地、农业设施建设用地，创新"点状供地"等用地供应方式，推动农产品加工业高质量发展。

首先，推进农产品加工向产地及优势区域聚集。引导农业加工重心下沉在粮食生产功能区、重要农产品保护区、特色农产品优势区和水产品主产区。布局加工产能，推进农产品加工向园区集中，建设一批产加销贯通、贸工农一体、一二三产业融合发展的农产品加工园区，促进农产品加工企业聚集发展。同时依托专业村、工贸村、"一村一品"示范村发展小众类的农产品初加工，促进产村融合。

其次，加快农产品加工向精深加工转变。通过有效的产业支持政策及技术开发政策，推动农产品加工业的科技进步和转型升级。着力研制特色型、功能型的新食品，生产无公害产品、绿色及多种功能食品，提升产品附加值和市场竞争力，建设区域特色鲜明、资源配置合理、辐射带动能力强的农产品加工业产业集群。

（4）加快创新技术渗透，大力发展科技农业

科技农业、智慧农业可以从生产、营销、销售等环节彻底升级传统的农业产业链，提高效率，改变产业结构。加快科技农业试点示范，及时促进农业科研成果有效转化。

首先，加快科研技术成果转化，提升农业管理水平。全面施展科技企业孵化、农业科技推广、农技信息服务、现代农业示范、农业科技协同创新、职业农民综合培训、农产品检验检测等功能。建设物联网平台、远程设施控制系统、智能养殖系统、电子身份证、实时监测体系。建立农作物自然灾害分析预警、农作物产量预测体系、农业产品质量安全公共服务体系；通过融入"物联网+"，链接农业种植、养殖、生产、销售的全过程与各方面，提高农业生产水平。

其次，建设电子商务平台，改变传统销售模式。依托现代信息技术和物流手段，以互联网为主要载体，实现生产者和消费者的直接对接，大幅度减少产品流通的中间环节，降低交易成本。建立农业生产资料、优质产品、休闲农业及服务网上销售平台，发展线上农业经营服务，全力提升地区农特产品互联网渠道的"品牌、品质、品位"及区域特色营销服务。另外，以政府为主导，农业部门和科研院所参与其中，利用资金支持和补贴的形式扶持农业会展发展，逐步培育以新技术、新产品推广为主的农业科技博览会，重点扶持和打造会展品牌，推动农业会展经济发展。

5.3.2 引导乡村业态发展

（1）发挥农村功能优势，促进农业休闲产业融合

随着人民生活水平的提高，城乡居民的消费需求呈现个性化、多样化、高品质化特点，农村农业的多重功能开始逐渐显现，休闲农业、乡村旅游等新业态应势而生，农业增值空间得到拓宽，乡村价值全面彰显，形成了将自然风光、农业生产、休闲娱乐融合为一体的发展格局。

首先，配置农业和现代元素，促进农业功能拓展。充分利用当地农业特色资源优势，打造自然风光、农耕文化、休闲农业、生态农业、创意农业、采摘农业等多种农业新业态，在原有农业生产功能外拓展农业生态、景观、科普等功能，提升农业价值，拓展增值空间。可形成一批农业田园旅游休闲项目，包括建设综合性休闲农业园区、农业主题公园、观光采摘园、垂钓园、科普园和休闲农庄等。

其次，以乡村景观文化为魂，突出乡村旅游特色化。以"农旅"融合为纽带，以"文化＋体验、民居＋休闲"模式为基础，结合当地传统民居、乡村风貌、乡村风情、休闲农庄、民俗展演等，着力推进"一村一韵，一院一景"建设，培育文化深厚、特色突出、主题鲜明的乡村文化旅游。发展民俗体验、节庆活动、观光旅游、文化创意、民宿美食、书院、咖啡馆等业态。

再次，引导开发生态休闲产品，强化乡村价值持久力。以山水资源、生态景观等为核心资源，鼓励发展生态康养、户外运动、休闲体验等旅游开发项目，培育特色化、个性化、品牌化或高端化的休闲农业和旅游度假品牌，满足城镇游客对生态休闲、康体养生、绿色产品的需求，包括森林人家、户外运动、健康氧吧、生态体验、疗养度假等业态。

最后，挖掘乡村全要素资源，发展乡村全域旅游格局。根据乡村不同资源禀赋特色，从全行业、全要素、全过程、全时空、全方位、全部门、全社会、全游客等角度，发掘农业多种功能和乡村多重价值，同时瞄准市场差异，依据各类消费群体的不同消费需求，细分目标市场，打造不同特色的旅游产品和全新的旅游业态，串联乡村旅游项目，开拓精品旅游线路，打出乡村旅游发展"组合拳"，最终形成全域旅游发展格局。

（2）扩大新型服务业领域，拓展农村服务业类型

乡村新型服务业是适应农村生产生活方式变化应运而生的产业，业态类型丰富，经营方式灵活，发展空间广阔。

首先，提升生产性服务业，扩大服务领域。适应农业生产规模化、标准化、机械化的趋势，支持供销、邮政、农民合作社及乡村企业等，开展农技推广、土地托管、代耕代种、烘干收储等农业生产性服务，以及市场信息、农资供应、农业废弃物资源化利用、农机作业及维修、农产品营销等服务。引导各类服务主体把服务网点延伸到乡村，鼓励新型农业经营主体在城镇设立鲜活农产品直销网点，推广农超、农社（区）、农企等产销对接模式。鼓励大型农产品加工流通企业开展托管服务、专项服务、连锁服务、个性化服务等综合配套服务。

其次，拓展生活性服务业，丰富服务内容。改造提升餐饮住宿、商超零售、洗浴美容、电器维修、再生资源回收等乡村生活服务业，积极发展养老护幼、卫生保洁、文化演出、体育健身、法律咨询、信息中介、典礼司仪等乡村服务业。积极发展定制服务、体验服务、智慧服务、共享服务、绿色服务等新形态，鼓励各类服务主体建设运营覆盖娱乐、健康、教育、家政、体育等领域的在线服务平台，推动传统服务业升级改造，为乡村居民提供高效便捷服务。

（3）优化升级乡村产业形态，培育新业态新模式

新理念和新技术向农业农村的融合渗透，推动了各种要素的重新配置和交叉融合，同时受到农业农村政策的影响，农村新产业新业态新模式正成为"政策高地"，农村传统产业的形态不断发生"裂变"，催生出了大量的新业态新模式。

乡村振兴战略提出后，各地探索出各种乡村地域经济综合发展模式，其中以田园综合体、现代农业产业园、农业公园、电商公社等最具代表，结合市场化运行，已经出现一批成功案例。然而，因为各地存在发展条件、资源禀赋、区位特征等各方面的差异，某种模式并不能完全照搬，在既有成功案例总结分析的基础上，结合未来乡村发展策略，改革优化适应当地的产业发展模式，实现地方特色鲜明的集农业、旅游、创意、文化、商贸、娱乐、社区等"多位一体"的新型农村产业经济综合体。

5.4.1 全域土地综合整治规划协同

全域土地综合整治规划首先作为一种空间型规划，重点针对空间格局失序、土地生产力退化、生态功能受损、环境质量污染、自然资源利用低效等空间问题，进行国土空间要素的综合治理和生态系统的恢复重建，与村庄规划在编制单元、编制内容等方面存在诸多交叠，且均侧重规划的实施性与落地性。因此，全域土地综合整治规划应重点明晰与村庄规划的逻辑内涵关系，加强两者之间在边界、时序、数据、效益等方面的系统关联。

在规划边界层面：全域土地综合整治规划与村庄规划都以行政边界为基础单元，空间边界协同一致。然而，在当前的实践中，部分全域土地综合整治往往会为了过度追求指标效益，仅以有整治潜力、有整治需求、有群众基础的村庄为对象。因此，统筹和协调好整治单元与村庄规划边界关系，是实现乡村地区全域全要素空间治理的基本前提。

在规划时序层面：原则上全域土地综合整治规划应在村庄规划明确相关目标、任务、指标、方案等基础上编制，确保全域土地综合整治与村庄规划用地布局、基础设施配套、居民点建设等协调一致。然而实践中已经出现了全域土地综合整治抢先一步规划、设计和施工，先行编制的全域土地综合整治规划可提前对村庄发展定位、国土空间布局及用途管制、安全防灾减灾等基础性底线管控的内容进行率先布局，有效指导全域土地综合整治项目，实现与各项村庄整治与修复工程之间良性互动、优势互补局面。

在空间数据层面：现实中，部分全域土地综合整治仍存在与村庄规划空间数据兼容性不足、数据库标准与数字化平台不一致等问题，导致二者的数字化应用和实践操作难以统一，在技术层面构成了较大的困扰。从全域土地综合整治入手，结合村庄规划的推进，建立村庄单元网格底板，综合统筹村庄分类、村庄布点、管控底线等规划数据信息，构建乡村地区"规划编制—规划实施—规划监督"全流程、规范化的数字化治理体系，为全域土地综合整治和村庄规划的数字化改革打造数据协同样板。

在综合效益层面：全域土地综合整治形成了以"内涵综合、目标综合、手段综合、效益综合"为特点的全域土地整治模式，兼顾了包括土地、资金、民生、生态和产业在内的综合效益最大化，尤其是将农用地整治、生态修复、资源整合、空间重构等手段与各项指标收益挂钩。村庄规划在统筹农村地区生产、生活和生态"三生空间"的基础上，着重关注村庄定位、发展规模、产业规划、基础设施布局等社会经济的综合发展，在一定程度上弥补了部分全域土地综合整治过分追求指标效益的缺陷。因此，通过明晰和协调二者之间的效益目标，实现全域土地综合整治和村庄规划综合化效益，并以此构建实现多重效益的保障机制。

综上，全域土地综合整治和村庄规划之间，是衔接与融合、引领与传导的关系，既要在村庄规划中明确全域土地综合整治的整体布局，也需通过全域土地综合整治的全域、全要素规划、设计、实施与运营实现村庄规划的重要发展方向和整体目标，增强"多规合一"的实用性村庄规划的系统性、整体性、实用性和可操作性。

5.4.2 全域土地综合整治规划统筹

全域土地综合整治实施按照工作内容分类，可划分为环境保护、水利建设、土地整治、水土保持、矿山生态修复和地质环境治理、居民点拆旧建新、高标准农田建设、河流水系治理等多种工程单元。因此，全域土地综合整治工作涉及自然空间的农业、水利、建设等多个领域和多个职能部门，要实现乡村振兴及产业融合发展，必须针对专业局限的问题，以全域土地综合整治规划为平台，组建多领域技术团队，研究全域土地综合整治规划的重大问题、创新技术方法，在全域土地综合整治规划层面，统筹全域相关专项工程规划，落实"多规合一"。进而按照部门职责进行分解下达，探索"统一规划、同步实施、联合验收"全域综合整治模式。

全域土地综合整治规划大纲

1. 规划背景

1.1 项目背景

1.1.1 国家层面

1.1.2 省级层面

1.1.3 地方层面

1.2 规划解读

1.2.1 上位规划衔接

1.2.2 相关规划协调

1.3 区位分析

1.3.1 地理区位

1.3.2 交通区位

1.4 规划依据

1.5 规划原则

1.6 规划范围

2. 现状分析

2.1 地理空间格局

2.1.1 地形地貌分析

2.1.2 生态格局分析

2.2 基地分析

2.2.1 土地利用现状

2.2.2 道路交通分析

2.2.3 水利条件分析

2.2.4 村庄建设情况

2.2.5 社会经济与文化

2.3 整治潜力分析

2.3.1 宜耕后备土地开发潜力

2.3.2 旱改水潜力

2.3.3 建设用地复垦潜力

2.4 现状小结

3. 目标与定位

3.1 总体定位

3.2 发展目标

3.3 整治策略

4. 总体规划布局

4.1 总平面图

4.2 鸟瞰效果图

4.3 节点效果图

4.4 功能结构

4.5 土地利用规划

4.6 综合交通规划

4.7 产业发展规划

4.7.1 产业发展策略

4.7.2 产品体系规划

4.7.3 旅游项目规划

4.7.4 游览线路规划

5. 工程规划

5.1 农用地整治

5.1.1 新增耕地

5.1.2 旱改水

5.1.3 耕地质量提升

5.2 建设用地整治

5.2.1 宅基地整治

5.2.2 闲置建设用地整治

5.3 生态修复工程

5.3.1 农田生态修复

5.3.2 滨水生态修复

5.3.3 山体生态修复

5.4 村庄整治规划

5.4.1 风貌管控措施

5.4.2 村庄建筑整治

5.4.3 公共空间整治

5.4.4 村庄道路整治

5.5 景观提升工程

5.5.1 景观结构规划

5.5.2 农田景观提升

5.5.3 滨水景观提升

5.5.4 山林景观提升

5.5.5 特色景观节点

6. 投资与效益

6.1 建设时序

6.2 投资估算

6.3 效益分析

6.4 实施保障

图 5-3 全域土地综合整治规划编制大纲

第**6**章

全域土地综合整治工程设计

6.1 工程分区

　　全域综合整治工程包含针对全空间、全要素的多方面工程整治内容，因此要破除单一工程思维，结合新理念、新目标，针对不同区域、不同对象、不同类型问题，构建具有系统性、整体性、综合性的技术体系，以确保全域综合整治及生态修复工程项目的顺利实施。

　　因此国土空间全域整治及生态修复应从自然资源、社会经济和开发格局等方面对地域基本情况进行梳理总结，对国土空间生态修复工程基础条件进行分析，具体包括地形地貌、土壤、植被、矿山、水文、海岸带和海岛（内陆省份不含）条件以及低效用地等基础条件。划分国土空间生态修复分区，根据地域分异和功能导向分别划分一级区和二级区。其中一级区突出区域整体特征，二级区突出功能，将每个一级区按主导空间分为城镇空间主导区、农业空间主导区以及生态空间主导区。根据工程基础条件和分区结果对农用地整治工程、建设用地整治工程、矿山生态修复工程、水生态修复工程、海岸带及海岛生态修复工程（内陆省份不含）在各个二级区的具体模式进行引导，将技术体系进行融合，根据全域土地综合整治及生态修复包含的工程内容，因地制宜制定科学实际的技术体系。

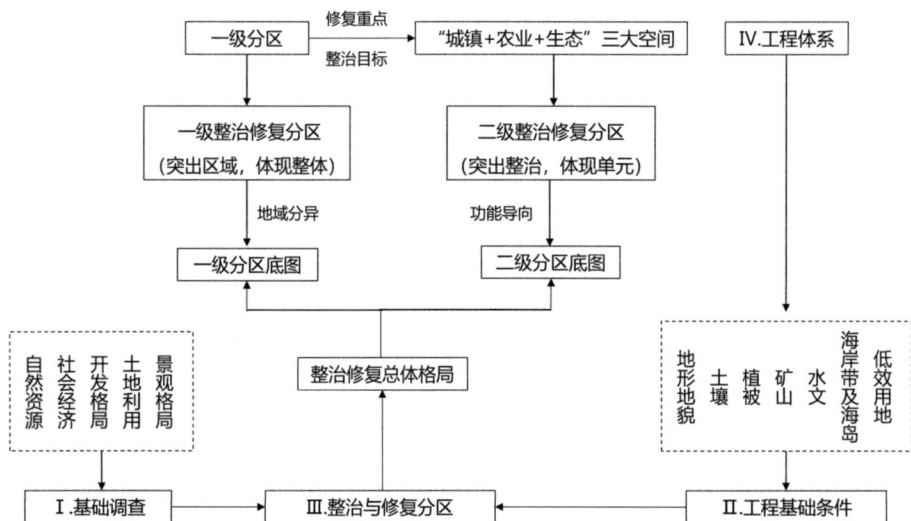

图 6-1　空间整治分区路线图

工程分区以"三生空间"为导向，同时根据地域经济、自然条件、地形地貌等识别整治修复方式。

6.2.1 城镇空间主导区

城镇空间主导区：推进以"三旧"改造和城市有机更新为主的建设用地整治；实现城镇低效建设用地再开发，加强公共服务和基础设施配套。

沿海城镇密集带建设城市绿化隔离带和沿海防护林，开展海湾生态修复与建设工程，加强对陆源污染物排放的控制，保护近岸海域水环境质量；沿海生态防护海域的保护，重点开展滨海受损生态系统、自然岸线的整体修复，打造海洋生态保护带。

山区丘陵区开展森林质量提升工程，加快林分改造和水源涵养林建设。

平原河网区构建水系蓝色生态廊道体系和道路绿色生态廊道体系，开展流域水生态质量提升工程，实施城市河道清淤、垃圾打捞及黑臭水体整治工程，调整取水排水格局，调整和优化各河段水功能加强对受污染河道的综合整治和生态修复。

6.2.2 农业空间主导区

农业空间主导区：开展生态型土地整治，推广生态农业模式，减少农业面源污染、防治畜禽养殖污染，实现农业生产提质增效、截污减排；坚持节约集约原则，盘活存量农村建设用地，优化完善农村基础设施网络、公共服务设施建设，改善农村人居生态环境。

山地丘陵地区实施流域统筹的水土保持工程，严格限制低丘缓坡耕地开发，以小流域为单元，实行保土耕作、缓坡地修建梯田、配套水利设施等措施，控制水土流失，重点推进岩溶区石漠化治理，推进生态化土地整治，逐步改善农业面源污染、畜禽养殖污染。

平原河网区重点开展流域水生态质量提升工程，实施河道清淤、垃圾打捞及黑臭水体整治工程；以城乡融合发展为目标全面推进农村旧住宅、废弃宅基地、空心村的拆旧复垦，促进美丽乡村建设。

6.2.3 生态空间主导区

生态空间主导区：重点开展森林质量提升工程，加快修复被破坏的森林植被，加强水土流失治理以及崩塌滑坡、地面塌陷等地质灾害的治理，提升水源涵养功能，保障区域的水源保护功能。

沿海防护林体系工程建设，重点加强海岸生态恢复，实施鸟类栖息地、河口产卵场生境修复工程，构筑近海生态防护屏障；推进土壤重金属污染综合防治和修复。

山地丘陵区重点开展森林质量提升工程，持续推进天然林抚育，加强水源涵养林、水土保持林保护和建设，促进陡坡退耕和封山育林保护，强化低山、丘陵区现有植被保护，进行适当林分改造；开展受污染环境的综合整治与修复工程，加大对历史遗留矿山地质环境的治理力度，加快推进绿色矿山建设，逐步提高植被覆盖度，增加生物多样性。

以山水林田湖草生命共同体为指导理念，从农用地整治及修复（含林地）、建设用地整治、水生态修复、矿山生态修复、海洋及海岛生态修复几个方向入手，形成点、线、面、网相结合的全域整治工程布局，通过实践总结、探索全域土地综合整治及生态修复工程模式、整治修复手法，助力全域土地综合及生态修复发展。

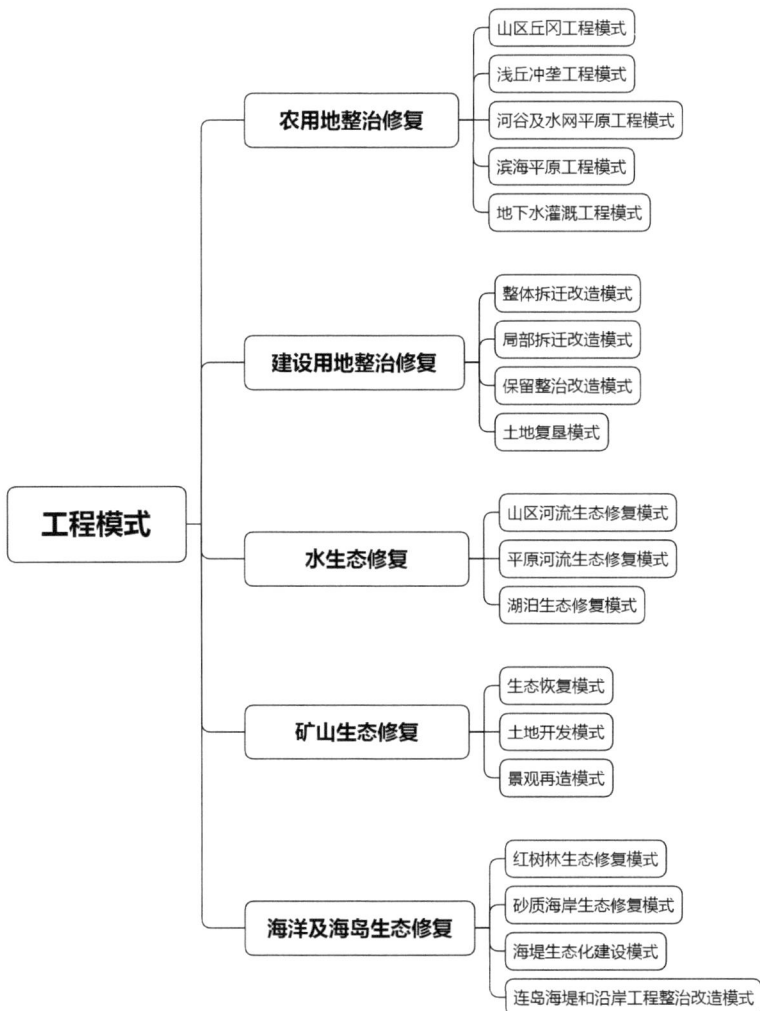

图 6-2　分类工程模式图

6.3.1 农用地整治及修复手法

（1）工程模式

农用地整治工程以"田、水、路、林、村"、未利用地垦造、低效用地开发综合整治、高标准农田建设为重点。

垦造耕地地形坡度应在 25 度以下，田面坡度应在 10 度以下。垦造耕地应在国土空间规划确定的城市开发边界外，生态保护红线范围外，高山远山顶部山脊线以外区域，水土流失重点预防等生态保护敏感区、重点区域以外；土壤质地为壤土或黏土，有效土层达到 50 厘米以上；临近有稳定可利用的水库、山塘、河道等水源；新增单个田块规模一般应不小于 0.5 亩，同时与周边田块集中连片，规模不宜小于 30 亩。

高标准农田整治工程模式主要包括山区丘冈工程模式、浅丘垄工程模式、河谷平原工程模式、滨海盐碱化低地工程模式、海滨脱盐平原低地工程模式、地表水灌溉工程模式、地下水灌溉工程模式。各工程模式概况如下：

1）山区丘冈工程模式主要适用于地形起伏较大、水土流失现象较为严重的山区，整治修复主要内容为加强农田生态系统生态护坡、护坎、生态田坎（埂）、乔灌草缓冲带、灌排生态系统廊道和生物多样性保护建设，防止水土流失，基本农田区工程恢复区和即可恢复区复耕，生态平整、破碎化田块归并和地力培肥，推进山区长距离输配水和自动化节水灌溉建设，山塘的生态整治、丘冈集雨区的生态山塘、生态拦蓄工程建设。

2）浅丘冲垄工程模式主要适用于丘冈和平原地形交织相间的地区，整治修复主要内容为农田生态系统生态护坡、护坎、生态田坎（埂）、乔灌草缓冲带、灌排生态系统廊道和生物多样性保护建设，防止水土流失，基本农田区工程恢复区和即可恢复区复耕，生态平整、破碎化田块归并和地力培肥，退化人工农田防护林改造和营种；宜推进长距离输配水和自动化节水灌溉建设，坑塘的生态整治和集雨区的生态山塘建设。

3）河谷及水网平原工程模式，主要内容为基本农田区工程恢复区和即可恢复区复耕、破碎化田块归并和地力培肥；农田生态系统乔灌草缓冲带、灌排生态系统廊道和生物多样性保护建设，人工湿地、生态塘、生态砾石床等水质净化工程斑块建设，防控面源污染和水土流失；退化人工农田防护林改造和营种。

图 6-3　山区丘冈农田工程模式

图 6-4　水网平原农田

4）滨海平原工程模式，主要整治修复内容为推进农田地生态化建设，水网布局疏浚连通，基本农田区工程恢复区和即可恢复区复耕、次生盐碱化土壤改良、地力提升、污染土壤修复，农田生态系统乔灌草缓冲带、灌排生态系统廊道和生物多样性保护建设，人工湿地、生态塘、生态砾石床等水质净化工程斑块建设，防控面源污染和水土流失；宜推进退化人工农田防护林改造和营种。

5）地下水灌溉工程模式，主要内容为加强土壤改良、土壤地力提升，山塘、生态拦蓄水建设，提升水源涵养；推进基本农田区工程恢复区和即可恢复区复耕；农田生态系统乔灌草缓冲带、灌排生态系统廊道和生物多样性保护建设，防控面源污染，推进机井自动化低压管道节水灌溉和退化人工农田防护林改造和营种。

（2）生态调查评价分析

1）调查范围

农用地生态环境现状调查范围为整治区域全部活动的直接影响范围和间接影响范围。整治区及周边水体质量调查范围包括整治区所包含区域水系及上下游所涉及的流域水系。动物调查范围包括整治区及可能影响动物栖息的范围。以整治区所在的区域作为调查对象，植物调查范围为整治区及周边区域植物种类、分布，重点对植物生境、斑块调查。

2）基础条件调查

① 基础条件调查。对项目区域和项目区自然条件、社会经济条件、土地利用和质量等级状况、水源条件、基础设施现状和生态功能限制因素等的调查。具体主要包括交通设施、水利设施、电力设施和其他设施调查。交通设施调查包括交通设施类别、等级、路面状况和利用状况等的调查。水利设施调查包括水利设施类别、等级、结构和尺寸、完好程度和利用状况等的调查。电力设施调查包括电压等级、变电站规模及现有容量、可供容量等的调查。其他设施调查包括对项目区建设和生产有重要作用的其他基础设施状况的调查。

② 土壤条件调查。采用资料收集法，了解项目区土壤类型、成土母质、面积、高中低产农田和农用地斑块分布；采用现场实地考察与室内分析化验法，调查土壤组成、土壤厚度、土壤质地、土壤污染、侵蚀情况等。

③ 文史调查。通过收集民间史料文书、有声资料、图像资料等进行调查，内容包括项目区开发历史、族群社会、信仰习俗、文化传承等。

④ 民意调查。以实地访谈、问卷等方法，调查项目区公众需求、远期愿景及反馈意见。

3）低效园地调查

调查内容应包括水、基础设施、所有权、树种、品种、树龄、单位面积产量和收入、株行距、郁闭度、缺株数量、土壤有机质含量、病虫害发生情况、果品优质率等，分析低产、低效原因，为确定低效园地改造方法提供根据。

4）退化林地调查

调查内容包括收集森林资源、立地条件、森林病虫害、种质资源、保护物种、作业条件、经营目标等相关因子，并对退化林地的成因、类型、规模、潜力等进行分析评价。

5）生态本底调查

生物多样性调查。应在项目区进行野外调查和遥感监测，调查内容包括动植物种类、生态系统类型。应依据国家重点保护物种名录和省重点保护陆生野生动物名录，明确项目区域内需要保育的目标物种及其栖息生境区域。

生物多样性详查。应根据调查结果划分出的重要栖息地以及生态功能关键区域（生态廊道、缓冲带），开展生物多样性详细调查。主要调查对象包括陆生植被、湿生与水生植被、鸟类、两栖类、小型兽类、水生动物（主要为鱼类）。调查内容为保护物种的种类、分布、数量、食物来源、生境及质量、胁迫因子强度。

生态斑块和廊道的调查，调查区域内生态斑块、廊道的分布、大小及数量和项目区斑块和廊道的连接情况等。

6）调查方法

① 生态本底详细调查。可结合无人机观测、GPS定位追踪等手段，调查物种的数量、年龄结构，斑块、廊道的布局、种类和面积。

② 植物多样性详查。固定样区调查法：选择能够代表该区域植物各层次均匀分布的样区，进行标本采集，生态分布记录、照片拍摄与干燥标本制作，记录所出现植物种类及相关位置，如无法即时判断则带回实验室或制成标本后，再请植物分类专家予以鉴定。无边样区调查法：在固定或随机选取穿越线上，记录所出现植物种类及相关位置，如无法即时判断则带回实验室或制成标本后，再请植物分类专家予以鉴定。

③ 动物多样性详查。定点观察法：选择动物可能经过或出现地点及栖息地进行调查，固定明确范围，进行统计。固定穿越线目视法：选定适当环境因

子（如土地利用或栖息地类型），选定样线起点与终点，按生物因子习性，确定调查时间及频度，穿越线选定应能涵盖调查区并具有代表性。访问调查：在调查地点附近访问该地区居民曾经见过动物种类及出现频率，或询问当地生态保护组织。

④ 面源污染调查。现场查勘法和检测法调查，通过径流污染监测，在田间布设径流收集管和相应的径流池，淋溶污染监测和氨挥发—氮沉降通量监测来监测农田面源污染。

7）生态本底评价

生态本底评价包括整治区域水土环境的基本情况分析，重要栖息地以及生态功能关键区域（生态廊道、缓冲带、湿地、林地等）的空间分布状况分析。生态本底评价应在土地整治工程实施之前进行，作为土地整治工程设计与建设的重要依据。土地整治工程实施完成之后应开展生态本底二次评估，分析生态本底变化情况，如发现重要栖息地以及生态功能关键区域受损、生物多样性降低，应及时修复。

（3）农田生态系统

1）农田生态系统的概述

农田生态系统是人工建立的生态系统，其主要特点是人的作用非常关键，人们种植的各种农作物是这一生态系统的主要成员。农田中的动植物种类较少，群落的结构单一，食物链单一且不完善。人必须不断地从事播种、施肥、灌溉、除草和治虫等活动，才能够使农田生态系统朝着对人有益的方向发展。因此，农田生态系统是在一定程度上受人工控制的生态系统。

农田是典型的半人工半自然生态系统，不仅是粮食生产的重要基石，还提供着营养物质、循环废弃物同化、碳汇、生物多样性等生态服务。

农田可持续利用离不开良好的生态环境。交错分布在耕地周边和内部的林地、草地、树篱、田埂、田块边缘、沟渠、水塘等自然、半自然非耕地是良好生态的空间载体，是耕地多功能的调控者，如同农田系统的经络。

2）农田生态系统的现状

农田生态系统退化过程主要表现为土壤物理、化学和生物的退化。具体表现为：土壤板结、土壤有机质含量下降、养分含量降低、土壤生物活性物质减少或消失、生物种群数量下降、种群类型数量减少等。

目前，我国农田大量使用化肥、农药，对土壤有益的有机肥已很少使用，使土壤有机质含量不断下降。与此同时，粮食产量对化肥的依赖性越来越大，一旦没有化肥，粮食产量必定下降，即使新出现的优良品种也普遍耗水、耗肥。此外，由于工业发展，农田生态系统严重污染，威胁着系统内的所有生物。

3）农田生态系统的组分

农田生态系统包括生物与环境两大组分。农田生态系统的两大组分都受人为的支配和干预。

生物组分：农田生态系统的生物，按功能区分可以分成以绿色作物为主的生产者、以动物为主的大型消费者和以微生物为主的小型消费者。

环境组分：农田生态系统的环境组分包括自然环境组分和人工环境组分两部分。自然环境组分是从自然生态系统中继承下来的部分，但都不同程度地受到人类的调节与控制，如作物群体内的温度、光照、土壤的理化特性等。人工环境组分主要指对农田生态系统的各种社会资源的投入，如施肥、灌溉、防治病虫害、设施栽培等。人工环境组分是自然生态系统中不存在的，通常以间接的方式对生物施加影响。

4）农田生态系统的保护和修复

在科学划定农田系统空间范围的基础上，构建景观类型多样、结构良好的农田系统空间格局，保护和修复农田周边和内部的林地、草地、树篱、田埂、田块边缘、沟渠、水塘等自然、半自然非耕生态的空间载体，提升农田生物多样性。

土壤：通过恢复土壤物理化学及生物学各性状，培肥土壤，提高土壤生产力和土壤生物活性物质。

植被系统：建立田间道路、农田边界、水体边界等多样化的缓冲带系统，与林地园地等植被连接形成绿色基础设施网络，提高生物多样性。

灌排系统：优化农田灌排水生态系统和尾水净化系统，控制面源污染、改善水质，提升生态的可持续发展能力。

林地和果园：提升林地和果园的多样性，改善植被质量，保护乡土植物物种，为野生动物提供生境。

（4）工程布局

1）生态平整布局

土地开发整治过程中大规模地平田整地，填塞中小型河湖、低洼湿地，种植品种单一化，把陆地自然生态系统改造成了农田生态系统。而农田生态系统结构简单，通常由一个遗传品系有机体的巨大种群（单一作物）组成，这种生态系统一方面通过消除竞争者（采取耕耘、施肥、施药、灌溉等农业技术措施）而提高粮食产量；另一方面却因为动植物种类的稀少、种群年龄相同、作物生活短促、食物链很短，以及环境极其单纯，对于剧烈的生态改变通常十分敏感，因而十分脆弱。

山区丘陵地区梯田建设时由于忽视表土的保护和再利用，多样化小树林被复垦为耕地，造成平整后的表土层得不到充分利用，加之土壤生物培肥不能持续进行，造成土壤肥力下降，同时梯田田坎多采用砌石全封闭结构，土壤与水得不到透气转换，田坎不能形成天然生物栖息地的生态廊道。

河谷平原和水网平原地区土地平坦，农业生产条件较好，水网密布，可调整地类潜力大，土地平整过程中存在土地多样化，小树林被砍掉、水塘被填埋、河道被拉直和硬化，继而出现"田园景观均质化"现象，破坏了农田、道路、河流水系、树林等生态景观要素之间的功能联系。同时土地重生产，土壤生物培肥力度不大，加之过量的化肥农药使用导致土壤有机质下降。

因此土地平整根据生态环境和生物多样性调查结果，适度保留或者设计承载生物多样性功能的小片林地、湿地、灌丛等半自然的生境岛屿，保证平整后农用地基底半自然生境的比重；平整结合农业产业规划，预留足够的生物栖息地和生物通道，保证生物应急通道网络的畅通。同时根据现状地形和平整后种植方向规划平整块布局形态，相邻平整地块保持连通，构造"基底—斑块—廊道"合理镶嵌的斑块多样性高的农用地基底生态景观格局，减少对生态的扰动。平整地块长度和宽度规划设计充分考虑不同类型区域特点，满足生产种植、灌溉排水以及防止风害等要求的同时，降低对周生态系统的扰动。

2）生态灌排布局

由于受传统水利观念和生态环境理念淡薄的影响，工程建设中往往只注重解决防洪、灌溉、生活供水等水利问题，轻视或忽视了与生态环境协调发展的问题，使得灌溉和排水工程建设与生态环境保护脱节，甚至在某些方面人为造成了对生态环境的负面影响。工程建设只注重解决水利问题，轻视（忽视）生态环境保护，使得工程实施后生物保护功能缺失，给生物生存环境及人类使用留下安全隐患。山丘区的一些沟渠，设计、施工时缺乏生物保护意识只注重排洪、输水的需要，对边坡实施防护衬砌，使得沟渠边坡光滑、陡峭，当蛇、青蛙等动物在迁徙中一旦滑入沟道，无处逃生。田间沟渠由于长距离

图 6-5　生态平整布局

实施混凝土防渗衬砌，沟底变得生硬、光滑，输水时水流湍急，停水时沟道干，水生动物如鱼类、青蛙等便失去了栖息、繁衍场所。灌区渠道作为水生态系统，在正常发挥输水配水功能的前提下，在灌溉渠道设计中，要增加渠道形态多样性，创造适宜的生物栖息环境，截留农业面源污染，增强渠道水体的自净能力。

因此灌排布局应根据不同类型区的灌排基础条件构建"廊道—斑块（生境）"的灌排系统。沟渠采用生态设计手法，增加其生态功能和岸坡缓冲带净化功能、生境功能，沟渠连接的坑塘、低洼地宜注重生态池塘、人工湿地的建设。沟渠布设宜保留自然坑塘，可增设植草沟、透水铺装等人工"海绵"设施调蓄雨水径流。灌排水系布局注重生物多样性保护。宜沿沟渠纵向合理布设动物迁徙通道和生物池，同时与相关水系规划相协调，沿农田边缘结合道路布设，避免深挖、高填，宜少占耕地，避免切割现有耕地。

同时根据水源、地形、生态环境、农业种植结构和经济发展水平等条件合理选择灌溉方式和灌溉模式，并结合水肥一体化措施，发挥灌溉水资源的最大效益。

图 6-6　桐乡市永丰镇生态灌排布局

土质材料沟渠，在沟渠底部铺设碎石或种植根系较为发达的水生植物以防水土流失；硬化沟渠使用半自然、透水性材质进行沟渠边坡、渠底的铺装，减少硬质沟渠，可用膨润土、防水毯、卵石、碎石、植被进行底铺、半铺或全铺。混凝土沟渠的护岸表面布设一定比例的生态孔洞，同时可采用植生型防渗砌块或生态混凝土材质，在沟渠底部搭配不同类型的湿生植物形成纵横相连的生态带。

3）田间道路布局

田间道路对农田生态环境的影响在较小尺度上，田间道路的影响主要体现在对环境的理化影响上，由此导致对物种组成和迁移的影响等；在景观尺度上，田间道路可能导致景观破碎化现象，并对物种分布产生影响。近年来，全国大力推动土地整治、乡乡通、村村通、农业基础设施建设等惠民工程，交通条件得到改善。但与道路建设相比，农村常住人口减少，再加上缺乏生态景观建设标准和技术，部分地区道路建设存在过度硬化的问题，特别是农业园区、田间道路和乡村旅游点道路存在过度硬化现象。而一些乡村常住人口增加的区域和投资较大的区域，由于人们喜欢硬化的习惯，道路密度过高，导致乡村景观破损化，影响到生物多样性。田间道通达率逐渐提高，尤其硬化道路占比也越来越大，对生态环境产生负面影响，导致道路封闭性增加。道路廊道的增加是造成景观破碎化、生境损失的原因之一，也是形成干扰与隔离效应的动因。随着道路密度的增加，未受干扰的生境面积不断减小，剩余的破碎化生境越来越小，严重影响生物多样性迁移和保护。

所以道路布局需详细调查和分析现有公路、干道、支道、田间道、生产路等各级道路密度和空间结构以及未来需求，要高度重视车辆行驶安全问题，合理确定新建道路位置、建设等级和硬化方式等。结合项目区生态本底调查进行交通组织和系统设计。避让敏感生境、少占耕地，避免挖填土方过大，不宜破坏原生植被，道路布局设计时预留小型生物的栖息地和通行廊道以及植物种子传播的通道，减少对生物栖息地的破坏，构建多样化的开阔空间，并加强道路两侧地被护坡、缓冲带建设。减少过度硬化，采用泥结石、生态混凝土、弹石和镂空水泥板植草、生态超疏水土等生态铺面形式。

图 6-7　生态田间道路

农田观光道纵向可根据自然地形或设计地形设置，平面线性可采取直线、曲线或者多种线性组合的布置方式。

4）缓冲带工程布局

农田生态建设除提高生产能力外，还需要寻求农业用地和非农生境之间的协

图 6-8　乡野步道

调和相互促进，恢复和提升农业生物多样性及相关的生态服务功能。这些地块间非农生境的保留和保护能够为农田节肢动物等物种提供生存生境，提高生态农业景观的异质性、连通性，从而提供多种生态服务功能。农田缓冲带可以定义为镶嵌在农业景观中耕地与其他景观要素之间，自然或人为改造形成的条带状植被覆盖区，主要位于田块边缘区域，包括农田与其他土地利用之间难以并入田块进行耕作的交错地带，或是占补平衡等整地过程中产生的边角地带。

图 6-9　龙港市全域土地综合整治农田景观

农田缓冲带可以依据其属性和功能进行分类，根据位置和相邻土地利用类型，可将农田缓冲带分为河流缓冲带、渠道缓冲带、道路缓冲带、农田果园边界缓冲带、防护林和林地边缘缓冲带、村庄周围缓冲带等；根据植物组成和结构配置，可分为林地缓冲带、灌木植物带、草本缓冲带、蜜源野花带等；根据主要生态服务功能类型，可分为水土保持、面源污染控制、授粉功能提升、害虫控制、护坡护岸缓冲带等。

在农田生态建设上，群众普遍存在种树遮阳影响自己种粮丰收，农田生境占用耕地面积得不到实际经济效益的传统思想，对建设农田林网及缓冲带可以改善农田小气候、改良土壤、减少干热风、防止水土流失、增加生物多样性、减少病虫害发生等灾害性气候，整体提高粮食总产量发挥的作用不了解，仅仅在乎粮食带来的经济效益，对人工栽植的树木管护意识和缓冲带植被系统认识不到位，对农田景观工程发展与生态建设重要性认识不够。

同时农田防护林采伐更新不及时，农田林网控制率提高是植树造林的一大难题。第一，多数生产路主干道已进行了绿化，次干道不完善，未修通、绿化差、网格难闭合、大田林网内植树难度大，林网与生境片林没有形成完善的林网系统。第二，农田林网在省界、县界、乡界和村界结合部存在农田林网空档。第三，采伐后未能及时更新，造成林网缺陇断带。第四农田林网树种单一，导致病虫害的发生，乔灌大片不合理，草地缓冲带和半生境小片林的破坏都导致农业产量的降低和生物多样性的减少。

农田缓冲带系统的修复和构建宜以"三生空间"为导向，从区域国土空间规划和生态修复专项规划出发综合考虑，结合地域自然条件，根据各地实际情况，充分挖掘乡土特色，修复和构建农田道路、农田／果园边界、沟渠、水体边界、防护林和林地边缘缓冲带、村庄周围缓冲带等多样化的缓冲带系统，与林地、园地、小片半生境小片林等植被连接形成绿色基础设施网络系统，并结合"山水林田湖草"保护和修复，因地制宜开展缓冲带系统的修复和构建。

以生活空间为主导的缓冲带系统宜注重以旅游、游憩、人居环境提升为方向的美丽田园景观打造；以生产空间为主导的缓冲带系统宜注重以农田防护缓、道路、岸坡、沟渠等乔灌草缓冲带网络和生物保育工程保护和修复，防控水土流失和农业面源污染，提高土壤肥力和生物多样性为方向打造高产、稳产、高效的生态农业空间格局；以生态空间为主导的缓冲带系统以提升生态涵养功能、水源保护、生物保育、防治水土流失为方向打造天然的生态屏障。

①平原生态缓冲带系统

平原区以粮食、蔬菜生产为主要功能的大田格局，农田缓冲带的系统修复和构建主要基于农田内部半生境小片林、坑塘、湿地及周边的人居自然景观、路网、沟渠网、水网打造。以多花作物为主的农田，通过斑块、条带、图案等种植方式提升农田的观赏价值，在边角地种植谷物为鸟类提供食物。

②山区、丘岗梯田生态缓冲带系统

山区、丘岗区以水田、旱作物、果园等土地利用等多样化耕作经营方式为主的，农田缓冲带的系统修复和构建主要基于农田内部山塘、水库、半生境小片林、生态田坎及周围边坡、裸露斑块、路网、沟渠网、溪流打造。缓冲带系统以"农业—产业—人居—景观—生态"整体布局，营造与周围自然山水和谐共生的农田生态系统。

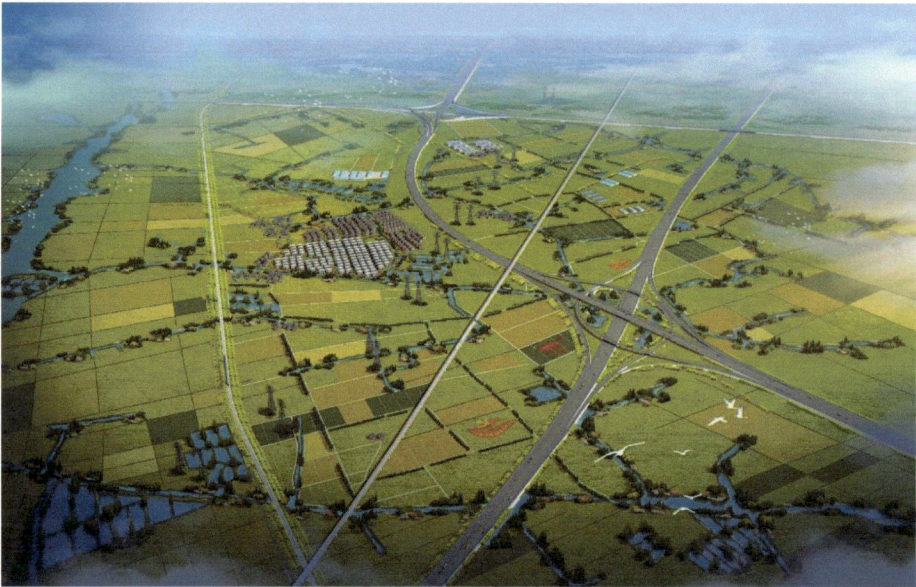

图6-10 秀洲区农田大地景观

（5）生态化建设

1）生态田埂（坎）

生态田埂（坎）的建造以降低面源污染，控制水土流失，为生物提供栖息地及通道为原则；田坎高度和田坎外侧坡与地形坡度降雨量、降雨强度和土质条件相适应；生态田埂（坎）以土质材料为主，可利用本地土壤堆高形成，田埂（坎）宽度和高度应符合《土地整治工程建设规范》DB31/T 1056的规定；生态田埂（坎）

可采用生物护坡，可用生态砖、植草袋适当种植绿肥植物。

砂质土田埂，采用三维植物网进行防护，植物网内含与当地相适应的草本植物草籽，每平方米含草籽量≥5克，通过植物的生长根系固定新建田埂。

生物土坎，在土质黏性较好的格田及缓坡梯田整治区宜采用生物土坎。土坎高度不大于2米，田坎背坡坡度不宜小于0.5；土质黏合性较差的应适当增加放坡，采用生态网或棱格等进行防护，植物网内含与当地相适应的草本植物草籽，每平方米含草籽量≥5克，坡底采用黏土护脚。修筑土坎，应清除新旧土接触层的杂草，分层夯实。

图6-11　生物土坎

棱格生物坎，缓坡梯田整治区可因地制宜修筑生物土坎。土坎高度不大于2米，背坡坡度不宜小于0.75，土坎外坡采用混凝土现浇棱格护坡。棱格内撒播草种或栽植适当的草本植物。

复合断面式田埂，即生态砖+生态毯联合支护或生物石坎+生态毯联合支护的田坎，田坎高度不大于2米，挡墙采用自嵌生态砖或石坎砌筑，挡墙高度不大于1米，挡墙以上采用三维植物网进行防护，挡墙内穴播适合当地草本植物草籽。

生物石坎，陡坡梯田整治区可因地制宜修筑生物石坎。石坎高度不大于2米，石坎基础采用块石或条石干砌，块石或条石上用土分层夯实，并栽植适当的草本植物。

图 6-12　生物石坎

　　山区丘岗工程模式和浅丘垄工程模式区土地平整开挖区田坎高度不大于 2 米，根据地质条件若坡面为中、强风化岩，则采用 1∶0.5 放坡，表面采用喷混植生复绿进行护面。坡脚采用黏土田埂进行防护，避免坡脚长期泡水导致边坡垮塌。

　　2）生态灌排建设

　　灌排工程的规划建设应该从环境水利的角度出发，不能仅仅考虑其简单的水利功能，农田水利除了保证粮食安全外，还有保护国土资源、景观、生态、环境等方面的功能。

　　根据水源、地形、生态环境、农业种植结构和经济发展水平等条件合理选择灌溉方式和灌溉模式，并结合水肥一体化措施，发挥灌溉水资源的最大效益。

　　水资源紧缺的灌溉地区，泵站提水需采用管道输水的灌区及井灌区，宜采用低压管道灌溉系统，水源距离较远时宜采用管道长距离输配水和自动化节水灌溉。

　　沟渠布置宜保留原有风貌，不宜截弯取直，避免破坏重要生物栖息地，边坡宜采用缓坡设计，采用镂空混凝土构筑且保证一定的粗糙度，在混凝土镂空处宜种植草皮护坡。

　　沟渠底部可采取深槽设计，配合石梁工或其他固床工设置；可设置间断生态带回填种植土、碎石种植可降解氮磷的草本植物。排水沟两侧可配置低矮的植物，

图 6-13 生态沟渠 1

宽度大于 1 米的渠道，两侧宜留 0.5 米宽的灌草缓冲带，排水沟渠壁可种植草本植物，渠底可种植水生植物。对于灌溉渠道或灌排两用沟渠，渠底不宜种植植物，渠壁上采取灌草结合的种植形式。

　　3）田间道路生态化建设

　　路面采用透水路面，道路两侧适当布置绿化。根据不同的土壤条件和使用要求，选择适当的面层材料、透水性基层材料，保证路面结构层具有足够的整体强度和透水性能。主干道路生态路面设计宜选择透水性沥青、透水性混凝土硬化方式，田间道路和生产道路可选择石灰岩碎屑、砂石、碎石、泥结石、砂土、超疏水等硬化方式。减少生境破碎化，降低对生态环境的扰动，注意生物多样性保护，布置"生态洞"和"生态管涵"等生态通道，道路两侧绿化应遵循树种多样、乡土为主、色彩丰富、突出特色、景观优美等原则，合理搭配乔灌草，大力提高道路绿化具有的遮阳、降温增湿、滞尘、减弱噪声等生态服务功能。梯田底部沿道路设排水沟，应与周边排水系统衔接，道路挡墙不宜高于 2 米，采用生态带加筋挡墙或棱格生物坎护坡。

　　4）缓冲带建设

　　①乔灌木缓冲带

　　乔灌木缓冲带营造宜保持现有空间结构，坚持先保护后修复的原则，加强地域乡土植被的保护，结合农田边缘、田坎（埂）、沟渠、田间道路、河流、人居

图 6-14 生态沟渠 2

图 6-15 生态超疏水田间道路

等现状缓冲带结构，修复残缺断带区，增加树种的多样性和植被景观异质性，同时与周边半自然生境斑块连接构成系统的生态网络空间结构，构建立体的"乔—灌—草"相结合的种植结构，多层次搭配。田间主道、次道、主干沟渠、河道两侧及农田边缘地带根据空间允许营造 1 ～ 2 行乔灌结合的林带网络，生产路、次沟渠两侧布置灌木缓冲带，林带以下草本缓冲带种植以当地乡土野生杂草为优，同时结合功能性、经济性、景观性配置多样化多年生的花草，如：黑麦草、狗牙根、百喜草、细结缕草、琉华菊、红花酢浆草等，"乔—灌—草"缓冲带网络构建的同时穿农田基底连接区域内不同景观斑块选择根深冠小的树种，营造田间生物岛屿和野生生物资源库。

②草本缓冲带

草本缓冲带以乡土草本植物为主体，空间主要分布在田埂（坎）、沟渠两侧、坡面、底部，田间道路路肩、坡面、农田边缘、河道岸坡等镶嵌在农田基底的地被网络系统，草本缓冲带空间种植宜选择可持续提供花粉蜜源等食物的多年生开花植物、连续开花植物、经济植物等，同时搭配当地自然生野草。

生态田埂（坎）的保护和建造应以降低面源污染，控制水土流失，为生物提供栖息地及通道为原则，梯田田坎可采用生物护坡、生态砖、植草袋，亦可适当种植绿肥植物，保持土壤的透气性和坡面的自然景观性，形成甲虫堤带，控制农田氮磷流失。

排水沟的坡面应减少硬化，根据土壤质地和地形条件优先采用植被护坡，灌溉明渠可采用防渗措施和植被护坡相结合的方式，如植草生态砖、菱形框格、干砌石、生态袋、多孔板、植草型生态混凝土、耐腐蚀柔性生态网垫等透水材料护砌，沟壁护砌孔洞中及底部宜种植低矮、生命力强、对污染物具有富集作用的草本植物，如狗牙根。长年积水沟渠底部宜间断种植湿生滤水植物，间断带 20 ~ 30 米，滤水植物段不宜超过 10 米，满足沟渠输配水、排水功能的同时可更好地降解氮磷，增加青蛙、鱼虾类的栖息空间。沟渠肩部结合田埂缓冲带搭配当地自然生野草撒播多年生可以降解氮磷的草本植物，草本缓冲带宽度不宜低于 0.5 米。

农田道路路肩宜结合沟渠、乔灌缓冲带营造，土质路肩上种植草皮、花草、绿篱等本土耐践踏植物，如：细结缕草，宽度宜 0.3 ~ 0.5 米，道路坡面选择抗逆性强、根系发达、多年生乡土草本植物，护坡坡度较缓可营造乔灌草相搭配的缓冲带。

③半生境片林营造

分布在农田斑块的片林是农田生态系统中重要的生物栖息地，与乔灌草缓冲带连接构成了良好的生态空间载体，小片生境片林的营造应基于土地利用现状，对已有的片林进行改造，优化乔灌草配置比例，用复层群落的方式，在片林内部种植季节多样化、多年生、生命力强的花草地被植物，片林边缘搭配种植 2 ~ 3 行乡土化灌木。为了优化非农斑块小片生境林的空间配置，增加农田半自然生境的占比，实现景观结构的合理布局，可将需复垦的废弃厂房、村庄、道路等不适宜农作物生长的区域营造成半生境。

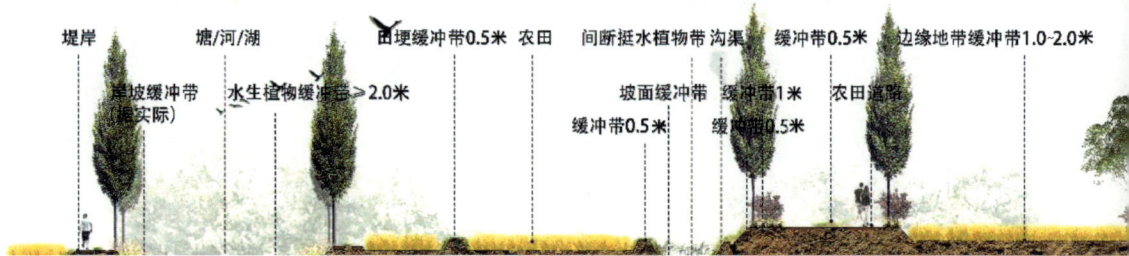

图 6-16　开阔水田区缓冲带示意图

5）生物多样性保护工程

生境破碎化对野生动物的灭绝具有重要的影响。农田的生境破碎化使大面积连续的生境变成很多总面积较小的小斑块，斑块之间被与过去不同的背景基质所隔离，包围着生境片断的景观，对原有生境的物种并不适合，物种不易扩散，残存的斑块可以看作"生境的岛屿"。生境的破碎化在减少野生动物栖息地面积的同时增加了生存于这类栖息地的动物种群的隔离，限制了种群的个体与基因的交换，降低了物种的遗传多样性，威胁着种群的生存力。

此外，生境破碎化造成的边缘生境面积的增加将严重威胁那些生存于大面积连续生境内部的物种的生存。生境的破碎化改变了原来生境能够提供的食物的质和量，并通过改变温度与湿度来改变微气候，同时也改变了隐蔽物的效能和物种间的联系，因此增加了捕食率和种间竞争，放大了人类的影响。生境破碎显著地增加了边缘与内部生境间的相关性，使小生境在面临外来物种和当地有害物种侵入时的脆弱性增加。

乔灌草的营造尽量模拟自然条件下植物群落，结合经济草种、树种的种植建设绿桥、绿道等生态化道路及沟渠，尽可能为当地鸟类迁徙提供可供通行的生态廊道，适宜鸟类栖息、取食、筑巢的本土树种如：水杉、香樟、紫薇、女贞、枇杷、樱桃、桑树、杏、李树等，同时通过种植经济作物、灌木丛等把分散的植被景观缀块连接为一片整体，建设生态走廊。田间湿地、坑塘宜保留自然形态，通过田间排水系统与农田、道路、林地、河道进行有机串联，构建内循环系统，湿地、坑塘坡面种植生命力旺盛的草本植物，岸上宜种植迎春花（南迎春）、野蔷薇等小型灌木，岸坡浅水区域种植沉水植物和挺水植物，根据需要放养乡土经济鱼类。

在沟渠、河流、水塘区域周围的水生动物重要栖息地，保留规整出 2 ~ 3 米的生态洼地作为水生生物通道。根据项目区域小型兽类种类、习性、活动范围的调查评价结果，将涵管通道设置于小型兽类经常迁徙、出没的区域。涵管底部宜铺设小型卵石或砂石营造粗糙表面。在涵管的入口处，覆盖或种植当地的植被、树枝、树叶；在连接林地、田间、灌木丛、水塘、湿地的道路两侧种植 1 ~ 2 行灌木。根据项目区域两栖类、爬行类动物种类、习性、活动范围的调查结果确定区域内需要保护及新建的蛙类栖息地斑块，将涵管通道设置于两栖类、爬行类动物经常迁徙、出没的区域。

渠道设计高度小于 1 米时，每间隔 20 米沿渠道单边坡布置阶梯式生态板；在渠道侧壁每隔 20 ~ 30 米设置一段凹洞，提供较小鱼虾躲藏栖息的空间，沟渠长度超过 200 米时，每隔 200 米修建 U 形或矩形槽，并覆土作为生物桥。全断面混凝土衬砌长度大于 300 米、深度大于 0.4 米时，每隔 100 米应设置生物巢，生物巢采用天然土质渠床，以方便青蛙、鱼类等水生动物生息繁殖。

湿地与水塘的水源为田间排水、雨水及河水。农田或河道与湿地、水塘适当连通，有条件的情况下构建内循环系统，即以湿地与水塘为基点，将农田、道路、林地、河道进行有机串联，保持水体流动性湿地宜保留其自然形态，可根据当地需求放养经济鱼类，水塘宜依照坑塘原有风貌建设。岸坡宜采用缓坡设计，常水位以上宜自然土护坡，并种植生命力旺盛的草本植物。

图 6-17　典型空间生态功能

图 6-18　具有生物躲藏空间的渠道

图 6-19　生态池塘

（6）低效园地整治修复

1）利用园地山坡地补充耕地的限制因素分析

根据多年来土地整治的工作经验，以及对"利用园地山坡地补充耕地"项目的规划设计和验收，涉及的项目区多集中在自然条件相对较差的区域，项目区内土壤贫瘠，旱涝洪等问题较为严重。开发过程中主要存在这几方面限制因素。

① 水限制因素分析

水方面限制因素主要是指项目区内"旱、涝和洪"等问题。旱指的是项目区降雨少，区内无水源灌溉保证的状况。特别是在热带亚热带地区，气温高、蒸发量大、干湿季明显，如果无水源进行灌溉，作物生长差、成活率低，甚至没有收成。另外，大面积山坡地开发会相应提高水资源需求量，从而导致地下水位下降，同时加重了地表植被的生理性干旱。涝是指排水不畅、水浸严重的情况。如地形以山地为主地区，后备耕地主要分布在河谷地带，周围集雨面积较大，在雨季降水量大而集中时，河谷地区短时间汇入大量雨水。由于河谷地带地势低，排水困难，造成作物水渍，影响作物生长。另外，地势较低，河网密布，也会造成局部长期水渍。洪指的是山洪和河流对土地的冲刷，造成水淹或水土流失。这些地区主要分布在山坡地地形坡度大的地方以及河流沿岸地区。如长江以南大部分地区年降水量大，时间集中，河流密布，极易引起洪灾。此外，作为土地开发重要内容的水利水电工程、农田灌溉工程以及坡地植与梯田建设等往往会改变地表水系的网络结构，不仅会直接影响自然环境类型的改变，还可能影响伴随原有水系而形成的各种相关生态过程，因此水成为限制园地山坡地补充耕地的因素之一。

② 土肥力限制因素分析

土壤肥力是利用园地山坡地补充耕地的关键。其限制性因素主要表现为土壤肥力"贫""薄"和"盐"等。土壤肥力"贫"是指土壤氮、磷、钾、有机质、微量元素等养分缺乏，限制了作物生长。"薄"是指土壤耕层薄，土壤质地差，偏砂或偏黏重，不能为作物生长提供一个适宜的环境条件。"盐"是指土壤盐分过高的盐碱地，或酸性硫酸盐土咸酸田引起的危害，此危害多发生在荒芜的园地。虽然这些土地的地势平坦，水源较足，土壤养分也较高，但由于土壤盐分过高或酸性过强，会导致严重的盐害或酸害，阻碍土地的开发利用。

③ 田林路限制因素分析

除了水肥的限制因素外，田块不整会造成水土流失，水分分布不均；道路不通会导致农作物无法运输，农民耕种不便。因此，田间路网建设以及连接外部的道路也是利用园地山坡地补充耕地的重要工程措施。

2）低效园地整治修复目标

通过改造和管理，达到园地结构合理，土壤有机质含量提升 30% 以上，优质产出率提高 50% 以上，化肥用量减少 20% 以上，化学农药用量减少 30% 以上，单位面积收入和产量分别达到或高于全省或地区同类园地平均水平。

3）技术改造

① 改造对象

树龄未进入衰老期，保存率不低于 85%，树种收益低于全省平均水平，具有改造利用价值，且具有以下特点的果园应进行改造，主要包括：品种落后的应进行品种改良；品种尚可、产量和效益低的应加强栽培技术管理；部分缺株的应进行补植。

② 改良土壤

采用林下养殖、种养结合等生态循环模式，通过增施有机肥、生草覆盖、种植绿肥等措施，提高土壤有机质含量。

图 6-20　林下养殖

③ 施肥措施

根据土壤养分状况、肥料种类及树种需肥特性，确定合理的施肥量或施肥方法，配方施肥按照 NY/T 1118 执行。宜采用水肥耦合措施，以施用有机肥为主，合理配施氮磷钾肥，化学肥料作基肥时要深施并与有机肥混合，追肥宜"少量多次"。避免长期施用同一种肥料。

④ 节水措施

应配套采用喷灌、微灌等高效节水灌溉技术措施，按照 GB 50288 和 DB11/T 721 执行。

宜采用以下主要农艺节水措施：果园生草按照 DB11/T 991 执行；可采用园艺地布、地膜或秸秆等材料进行覆盖；可采用雨水集蓄再利用等措施。

⑤ 改良品种

未采用优良品种的低效果园，应采用高接换优技术更换优良品种，宜选择适应当地生态环境条件的林木良种。

⑥ 改良树体结构

综合利用截干、疏剪、回缩、拉枝、缓放、抹芽等不同整形修剪措施，优化树体结构，实现通风透光效果。

⑦ 密度调整

对于郁闭果园，增大株行距或打开行间，降低果园密度和郁闭度，改善通风透光，以行间留出 1.5 ～ 2 米通道、可以通行农业机械为宜。

⑧ 减少农药用量

坚持"预防为主，综合防控"。以农业防治、生物防治、物理防治等绿色防控技术为主，减少化学农药用量。实行统防统治，提高防治效率、效果。

具体措施为：根据树势，于休眠期优先去除下部行间大枝，其次去除株间大枝。对于不影响机械作业、枝势比较稳定的行间大枝，宜保留，去除株间劣势大枝，再把行间大枝从基部拉至株间进行补空。

4）重建改造

① 改造对象

改造对象为失去改造价值的低效果园。

② 改造方法

根据园地气候特点和市场需求选择适宜的果树树种和品种。采取更换树种、土地轮换、客土、土壤消毒、应用抗重茬砧木等措施解决重茬问题。

复垦为耕地低效园应进行地貌重塑、土壤改良、植被重建、耕作层再利用，应进行土壤剖面重建并铺敷足够厚的耕作土壤、建设生态田块。

5）低效茶园地改造

① 基本要求

超过30度陡坡、水土流失严重的茶园，实行退茶还林；15～30度坡地茶园改为梯式茶园，梯面宽1.5～1.8米，梯面外高内低。15度以下缓坡地茶园改为等高条植。按照《茶叶生产技术规程》NY/T 5018标准完善排蓄水系统、茶园道路等茶园配套设施建设。

② 生态改造

未达到GB/Z 26576标准规定的茶园，因地制宜种植其他作物，设置防护林、行道树、遮阳树和地被层生物覆盖，形成多层次立体复合栽培。

③ 土壤改造

深耕改土：深耕深度为30～50厘米，深耕时增施有机肥和磷、钾肥改良土壤，达到土壤黏粒含量低于45%，有机质含量 > 15克/千克。

调节土壤pH值：茶园土壤pH值 > 5.5时，适当施入碱性肥料，pH值 < 4.5时，可用生理酸肥料或硫磺粉，调节pH值至4.5～5.5范围。

治水保土：坡地茶园改为等高或分段等高梯层，梯面外高内低，茶行顺坡栽改为等高条栽；缓坡低效茶园茶行内开横沟，避免水土流失；采用人工覆盖地面、种绿肥等措施保水保土，确保肥水不外流。

④ 茶园改种

缺丛率40%以上、树龄衰老严重或品种不适宜的茶园，可按NYT 5018的要求重新规划建设新茶园，缓坡地亦可按规定垦造为耕地，建设生态田块。

（7）退化林地整治修复

1）退化林地成因

造成林分退化的原因主要为两种，一种是自然因素，一种是人为因素，自然因素主要指的是土壤肥力退化。

① 土壤退化机理

土壤退化指的是在各种条件的影响下，尤其是人为因素的影响，导致土壤的生产能力或环境调控能力持续性下降，甚至完全丧失某些物理、生物和化学特征的过程，这一过程包括过去的和现在的，是土地退化的核心内容。

② 树林群落结构单调，丧失生物多样性

在生态系统中，生物多样性的基础是植物多样，非常绿阔叶林和针阔混交林的树林的群落结构如相对比较单调，并且很难划分出亚层，林下部植物种类稀少，无明显的灌木丛，就会导致生物多样性严重丧失，而且大面积地消灭荒山，种植单一的纯林，使得生物多样性丧失越发严重。

③ 人为破坏和不合理的经营方式的影响

针叶林主要分布在人类经济活动频繁的地区。在人口密集区，大多数林分退化都与人类活动脱不开关系。一般情况下，人类对植被破坏的方式主要有砍伐、樵采、劈草炼山等，这些破坏方式归根结底是土地利用和管理机制不合理造成的。大面积的乱砍滥伐，导致水土流失严重。

2）整治修复目标

通过实地调查与低效林评判后，针对不同的低效林类型、成因和经营培育方向，以小班或林带为经营单元，确定与功能需求相宜的目标林分，并根据目标林分和林分现状确定具体改造方式及技术措施。

3）整治修复方式

① 封育改造

适用对象：有目标树种天然更新幼树幼苗的林分，或具备天然更新能力的母树分布，通过封育可望达到改造目的低效林分。主要为生态地位重要、立地条件差的退化次生林。

封育方法：采取封禁并辅以人工促进天然更新的措施。封育按《封山（沙）育林技术规程》GB/T 15163 的规定执行。

② 补植改造

适用对象：郁闭度低于 0.4 的低效林。

补植树种：采用乡土树种，通过补植形成混交林，应选择能与现有树种互利、相容生长，且具备从林下到主林层生长的基本耐阴能力的目的树种。

补植方法：根据林地目的树种林木分布现状确定补植方法，通常有均匀补植（现有林木分布比较均匀的林地）、群团状补植（现有林木呈群团状分布、林中空地及林窗较多的林地）、林冠下补植（现有主林层为阳性树种时在林冠下补植耐阴树种）等。

补植密度：根据经营方向、现有株数和该类林分所处年龄阶段合理密度而定，补植后密度应达到该类林分合理密度的 85% 以上。补植按《生态公益林建设技术规程》GB/T 1578 中的规定执行。

③ 间伐改造

适用对象：轻度退化次生林、经营不当人工林和严重受害人工林。

改造方法：需要调整组成、密度或结构的林分，间密留稀，留优去劣，可采取透光伐抚育；需要调整林木生长空间，扩大单株营养面积，促进林木生长的林分，可采用生长伐抚育，选择和标记目标树，采伐干扰树；对病虫危害林通过彻底清除受害木和病源木，改善林分卫生状况可望恢复林分健康发育的低效林，可采取卫生伐。

采伐强度和要求：执行《生态公益林建设技术规程》GB/T 15781 中的规定。

④ 调整树种改造

适用对象：重度退化次生林和严重受害人工林。

调整树种：根据经营方向、目标和立地条件确定调整的树种或品种。执行《造林技术规程》GB/T 15776 规定。

改造方法：对针叶纯林采取抽针补阔、对针阔混交林采取间针育阔、对阔叶纯林采取栽针保阔，调整林分树种（品种）结构，选择和标记目标树，采伐干扰树。

改造强度：根据改造林分的特性、改造方法和立地条件，按照有利于改造林迅速成林并发挥效益、无损于环境的原则确定。间伐强度不超过林分断面积的25%，或株数不超过 40%（幼龄林）。

⑤ 效应带改造

主要适用于重度退化次生林的改造。改造方法：执行《生态公益林建设技术规程》GB/T 18337.3 的规定。

⑥ 更替改造

适用对象：严重受害人工林。

更换树种：根据经营方向，本着适地适树适种源的原则确定。

改造方法：将改造小班所有林木一次全部伐完或采用带状、块状逐步伐完并及时更新。一次连片作业面积不得大于 4 公顷。通过 2 年以上的时间，逐步更替。

低效林不宜采取更替改造方式，限制条件按照《低效林改造技术规程》LY/T 1690 执行。

⑦ 综合改造

适用于不能通过上述单一改造方式达到改造目标的低效林的改造。根据林分状况，采取封育、补植、间伐、调整树种等多种方式和带状改造、林冠下更新、群团状改造等措施，提高林分质量。

6.3.2 建设用地整治手法

（1）建设用地整治模式

建设用地整治包括农村建设用地整治和城镇工矿建设用地整治。农村建设用地整治是对农村地区散乱、废弃、闲置和低效利用的建设用地进行整治，完善农村基础设施和公共服务设施，改善农村生产生活条件，提高农村建设用地节约集约利用水平的活动。城镇工矿建设用地整治是对旧城镇、"城中村"和旧工矿等进行改造，完善配套设施，加强节地建设，拓展城镇发展空间，提升土地价值，改善人居环境，提高节约集约用地水平的活动。其工程模式主要包括整体拆建改造模式、局部拆建改造模式、保留整治改造模式、土地复垦模式。各工程模式概况如下：

1）整体拆迁改造模式：指对用地项目全面拆除改造的模式，该模式以拆除重建为主，包括建设格局、用地功能、配套设施、环境景观等方面，整体拆建率超过30%，适用对象为：①对城市规划实施有较大影响或与城市总体规划确定的用地性质，城市功能和地位严重不符或有安全隐患突出的"旧城镇""旧厂房"；②现状存在问题比较突出，区位优势明显、土地价值较高，规模不大，且村集体、村民有较强改造意愿的，在城市外因和"旧村居"内因作用下自身有更新改造需求的"旧村居"。

2）局部拆建改造模式：指在整体格局和功能不做重大调整的情况下，对改造区域的局部地块、关键要素进行重点改造的模式，整体拆建率大于5%、不超过30%，适用对象为：①现状整体情况较好，只需要对局部空间和环境进行改造的"旧城镇""旧厂房"；②村集体经济实力强或能够吸引外来资金投资的，能推动片区的产业更新升级目的，力图改造部分片区，但又难于成片推行整体拆除改造的"旧村居"。

3）保留整治改造模式：指不涉及改造拆迁，而是对改造区域进行环境净化和美化的模式，整体拆建率不超过5%，适用对象为：①整体建设情况较好，问题不太严重的"旧村居"；②现状建筑密度较大、改造难度较大的旧村居；③具有历史价值的"旧村居""旧城镇"等。

4）土地复垦模式：指将低效建设用地复垦为农用地的模式，主要是对低效建设用地采取整治措施，使其达到可供利用状态的活动，适用对象为：①符合复垦或复绿条件的建（构）筑物拆除后的土地、废弃道路、废弃宗教场所等低效用

图 6-21　建德市"坡地村镇"改造

图 6-22　西湖区双浦镇沿江桑园地村改造

地；②位于重点生态功能区、生态敏感区、具有重要生态功能价值区域的低效建设用地。

（2）非农业建设用地复垦

1）城镇建设用地复垦

工程施工前，应对所占耕地或表土熟化程度较好的土层进行表土剥离，根据《浙江省土地开发整理工程建设标准》要求，剥离厚度为 20 厘米左右，做到应剥尽剥。剥离的表土层要安全收集和贮存，一般堆高不超地 2 米，并配套布置水土保持工程，有效防止贮存期间流失的措施。充分利用不含有害成分的废弃物作为充填物，以剩余土方覆盖后恢复为农用地。有效土层厚度不得低于 60 厘米。

2）村镇建设用地复垦

将地表原有建筑、构筑物部分或全部拆除清运，具体包括构筑物、建筑物、硬化地面、地基等。土地平整后，要求自然沉实，复垦为农用地。

3）工业污染土地复垦

重金属污染地：切断污染源，以环境工程、工艺措施去除致害污染物的引入，移走或处置复垦区内对人体有害的污染源，必要时挖出严重受污染的土层，进行去污染的处置。采用深埋受污染土壤措施时，根据污染程度确定埋深。

酸碱污染地：切断污染源，采取环境工程措施处置受污染土壤。用于农、林、牧业的土地，处置过后，经测试确证土壤 pH 值需在 5.5 ~ 8.5 内。处置后的土层，可直接用于农业等种植；用于渔业养殖或建筑使用的，设置防污染隔离层或防漏工程设施。

有机物污染地：对于受有机物污染的土壤，根据污染物种类性质，选择适宜的环境工程措施，降解或分解有机物。工程实施后的土地，需经过环保等相关部门检测、确证土壤污染指标符合农业、林业、渔业等用地标准，才可使用。用于渔业养殖或建筑使用的，设置适宜防污染隔离层或防漏工程设施。

盐渍化污染土地：已受盐渍化污染的土壤可采取工程措施、排灌措施或生物措施降低含盐量。处置后的土层，可直接用于农业等种植。用于农、林、牧业的土地，处置过后，需经过环保等相关部门检测、确证土壤污染指标符合农业、林业、渔业、建设等用地标准，才可使用。

4）废弃工矿用地复垦

废弃工矿用地复垦具体措施及工程内容详见《采挖废弃土地复垦技术标准》及《矿山生态修复工程建设标准》专题相关研究。

（3）农业建设废弃土地复垦

1）农田建设废弃土地复垦

平整土地所需土方，采用就近原则，填平废弃沟垫，然后结合实际情况，改造为耕地、园地或林地。土地平整时，需保护表土，应将表土和生土分别堆放，并防止流失。

恢复为耕地、林地、牧业地时，表土覆盖于地表，有效土层厚度不低于50厘米。

2）水利疏浚废弃土地复垦

充分利用挖出的大量土方，回填平整废弃低洼地、河渠等。平整后，顶部覆以表土。有效土层厚度不低于50厘米。废弃水利设施也可根据当地条件，用于公共文化、娱乐、体育等设施建筑。

3）产业调整废弃土地复垦

农村产业结构调整中，被占用农田的表土要妥善收集和保存，并用于整治后地表覆盖。开挖、加深鱼塘（池）、基塘的取土，用来覆盖地表，清除废弃设施，填平补齐地面，依据当地条件，用于农、林、牧业。

（4）村庄改造工程

村庄改造工程是指项目区内为村庄生产和生活服务的各项建设工程措施，包括总体层面村庄对农村建设用地的空间落实；为满足基础生产生活的农宅建房、道路、市政、公共服务配套；彰显村庄特色的产业、风貌以及文化引导。结合现状调查和村庄建设需求台账，以建设生态宜居美丽乡村为目标，按照统筹城乡发展和村庄规划建设要求，采取工程技术、土地产权调整等措施，对农村居民点及农村所属特殊用地、工矿用地等进行拆迁、重建、更新、合并，优化农村建设用地布局，促进农村建设用地集约利用，完善农村公共服务设施，改善农村生产、生活条件。结合地区发展条件、发展要求，统筹村庄产业发展体系，引导打造"一村一品"。根据改善农村人居环境的总体思路，统筹制定村庄生态环境保护措施。

村庄布局遵循总体规划、专项规划要求，综合考虑农业生产、生态保护、城

图 6-23 村庄公共空间改造

市建设影响，落实农村居民点迁并、保留的控布局，确定村庄营地规模总量，并分类提出村庄的建设与整治要求和管理措施。对于旧村改造，宜遵从传统村庄景观环境的原有风貌和整体空间布局，强化基础设施，对局部改进完善，不宜"大拆大建"。对于需要进行重新规划设计、就地改造的村庄，以内部整治为主，完善基础设施、保护和延续村庄原有形态。部分易改造的村庄，宜延续和保留旧村的风貌，并应实现土地的占补平衡。

6.3.3 水生态修复手法

水生态修复针对地域水环境、水资源、水生态、水安全现状及存在的主要生态环境问题和主要修复技术问题，深入开展调查研究，以受损的水生态系统为修复对象，根据不同的水生态功能和修复目标，突出与农田安全生产相关的农田灌溉用水、农田周边湿地的生态修复工程建设标准研究，同时兼顾农村景观用水的生态修复技术研究，以问题和目标为导向，水生态系统安全稳定为基础，生态服务价值为修复等级，从水生态基底出发，构建"会呼吸、有活力、促经济、含人文"的农田河流生态网络，形成生物栖息地的特色美丽河湖与幸福河网，融合田野风光、自然与人文，使之成为生态美丽、健康活力的城镇、乡村河流风景线、风情线、风光线。达到美丽中国要求的"有河有水、有水有鱼、有鱼有草、人水和谐"总体目标。

（1）水生态修复要求

做好原生态环境的保育保护与自我恢复工作，受损的水生态系统秉承道法自然理念，通过人工辅助或生态重建，构建水体中水生植物生产者、水生动物消费者、微生物分解者形成的动态水生态平衡，恢复水体自我净化能力。

1）采取源头控制、生态增容相结合。源头控制包括农村污染源、农业污染源、工业污染源、内源污染和采矿污染源的控制与治理等。生态增容包括入湖泊溪流和环湖泊湖滨带生态系统恢复与修复、入湖泊河口湿地建设、生态涵养林抚育、水生植物残体打捞、调水补水、河湖连通、岸坡治理等工程。此外还包括退田还湖、退田还湿、退渔还湖、退渔还湿、退耕还林、退耕还湿等。

2）水生态修复工程建设应注重保护和恢复河道及河流周边的生境，保护河道自然形态，重视河岸生态缓冲带建设，保护河网湿地，重视植物措施的应用，保护河流本土生物和自然植物群落，布置必要的利于生物栖息和繁殖的设施。

3）水生态修复工程施工应尽量不扰动河流生态环境，尽可能避开水生动物的敏感期，注重保护河流原有的滩地和江心洲。

4）通过修复达到美丽中国要求的"有河有水、有水有鱼、有鱼有草、人水和谐"总体目标。

（2）修复模式

水生态修复是指在生态系统自修复功能的基础上，采取保护、修复、治理及管理等措施，促使农田周围水体生态系统恢复到较为自然的状态，以保障其生态完整性和可持续性。其工程模式主要包括山区河流生态修复模式、平原河流生态修复模式、湖泊生态修复模式。各工程模式概况如下：

1）山区河流生态修复模式主要适用于山区，其主要特点为保留和利用河漫滩与深潭，通过复式断面、防冲不防淹的低堤坝、生物堤防等设计实现生态修复。与传统的修复模式相比，该模式很大程度上保留了河流的自然特征结构。

图 6-24　山区河道整治效果图

2）平原河流生态修复模式主要适用于平原地区，平原河流具有河流密度大、纵坡较小，流速平缓的特点，河网地区则通常经济发达，人口稠密，污染源较多。因而平原河流生态修复主要包括水环境、河流结构以及生态景观与文化三个方面的治理。

3）湖泊生态修复模式主要适用于湖泊和湿地，湖泊和湿地一般有多条河流汇入，河湖关系复杂，且湖泊水体流动相对缓慢，水体交换更新周期长，营养物质及污染物易富集，遭受污染后治理修复难度大，因而湖泊生态修复需要将源头控制和生态修复相结合。

（3）河流分类和功能

河流按照流经的地域分为山区河流、平原河流；按照管理需要将河流分为省级河流、市级河流、县级河流、乡级河流；按照本地河湖建设重要性将河流分为骨干河流、重要河流和一般河流；按照河湖流经的区域将河段分为城镇河段、乡村河段和其他河段。

河流可以恢复水生态，保护水生生物多样性，保障水资源和水安全，提升水

图 6-25　平原河道效果图

图 6-26　湖泊生态湿地

环境质量。明确不同河流不同河段的功能，并确定河流（河段）的主要生态功能。

（4）河流生态保护

为提高河湖的水生态系统健康水平，恢复河流水体自净功能，提高河流纳污能力，对其进行生态保护，减少人为干扰。根据水功能区、水环境功能区划分方案确定的河流水质保护目标和生态保护修复目标，对河流水质进行控制，制定河流生态保护修复措施。明确河流的生态需水，并提出维持河道生态需水需要采取的相应措施，保持正常的生态流量，保护生物多样性的生境。对有河网湿地的区域，应明确本地区河网湿地范围，提出河网湿地生态保护修复措施，恢复生物多样性。根据维护生态环境的需要，合理确定下游河湖的生态需水控制断面，确保生态基流。

（5）河流生态修复

以山水林田湖草沙生命共同体理念，保护修复生态受损河流。以实现自然原生态为原则，恢复河流大规模人工改造前的自然状态，保护修复河流主河槽的蜿蜒性，避免河流平面形态直线化。宜对河道、河滩、河滨带、洲滩和湿地等进行整体保护，综合治理；保障河流行洪排涝等基本功能，提高河道稳定性，保持一定的河漫滩宽度和植被空间，形成多样的岸边形态，为维持河流生物多样性奠定基础。

选择复式或宽浅式自然横断面，保留主河槽、河漫滩和生态缓冲带等体现乡野特征。宜修复河流纵剖面形态的多样性，选用适宜的生物、农艺、工程措施和新技术、新材料进行河流生态修复。采用生物措施进行河流生态修复时，应谨慎选择，避免引进外来物种造成生态灾害。鸟类重要栖息地可采取营造浅滩、生境岛和深水区等工程措施进行生态修复，为鸟类提供栖息和索饵场所。栖息地生态恢复基质应满足植物生长、微生物附着和底栖动物栖息的需求。

（6）河流的断面

对应不同的农田河流平面形态，在满足河道水利、航运等行业规划断面的基础上，应充分考虑河道的生态保护需求，根据河道的水位、流量、流速、流态、泥沙等水文要素，结合河道的堤防、护岸及防汛道路等工程建设方案，合理确定河道的断面设计形式。河道断面形式总体可分为横断面形式、纵断面形式两大类。河流断面形式应按照因地制宜、满足生态优先要求的原则进行选择，保持河流形态的多样性和与自然环境的协调性，提供各类生物种群的栖息地生境。

1）天然河流断面

采用原农田河流原有的天然断面，避免河道断面的硬化和形式的均一化。对洪、枯季节流量变幅较大、常水位与两岸地面高差较大、河滩开阔的河段，应保持原有的边滩与江心洲，滩地和河流主槽过水断面面积应与流量变幅相适应，有受损或不符天然河流断面的，宜及时采取生物、农艺、工程等多措并举措施进行生态修复。

2）人工河流断面

人工河流断面可分为复式、梯形、矩形、混合断面和仿自然断面。全域土地综合整治当难以保持天然河道断面时，应综合地形、地质、水流等因素，按仿自然断面、复式断面、混合断面、梯形断面和矩形断面的顺序选择人工河道断面。

河流断面的选择除满足河道主导功能外，还应保持形态的多样性和与周边环境的协调性，为生物多样性创造适宜的生存条件。因地制宜地选择断面型式，结合当地美丽乡村建设，充分考虑居民的亲水、景观、文化等需求，助推乡村振兴。

采用人工河流或对天然河道断面进行调整时，应结合全域土地综合整治与生态修复需要，选择适宜的断面形式，确定断面设计的基本参数，包括主槽河底高程、滩地高程、不同设计水位对应的河宽、水深和过水断面面积等。

① 山区丘陵河溪流保护修复类型

宜以生态恢复、修复城镇、美丽乡村河溪流生态景观的多样性为导向。在山区丘陵河溪流沿岸多为不规则区域多种轮廓，应根据不同情况进行保护修复。

② 农田河流以岸坡生态保护修复为主护岸类型

农田区域植被条件好的河段宜采取岸坡整体保护、系统修复、综合治理，采取自然恢复、辅助再生措施清除有害植物、修整岸坡植被。水上岸坡部分选用根系发达的植物保土固岸；水位变动区种植耐淹耐瘠薄固土能力强的湿生植物，常水位以下种植改善水质为主的水生植物。对于不稳定的岸坡，可先采取生态格栅、三维植被网加固，再种植护坡植物。岸坡采取乔、灌、草相结合种植植物构建生态缓冲带。

③ 美丽乡村以营造水景观和提供休闲环境为主护岸类型

a. 块石堆砌护岸 + 植物护坡

常水位变动区及以下部位种植水生植物和堆砌景观石，上接缓坡至岸顶，斜坡乔、灌、草植物生态缓冲带防护。

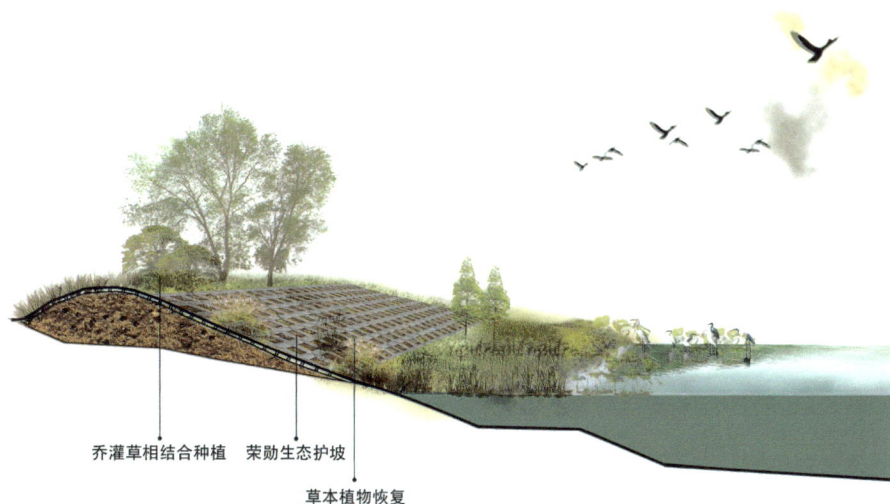

乔灌草相结合种植　荣勋生态护坡

草本植物恢复

图 6-27　山区丘陵河溪流治理类型示意图

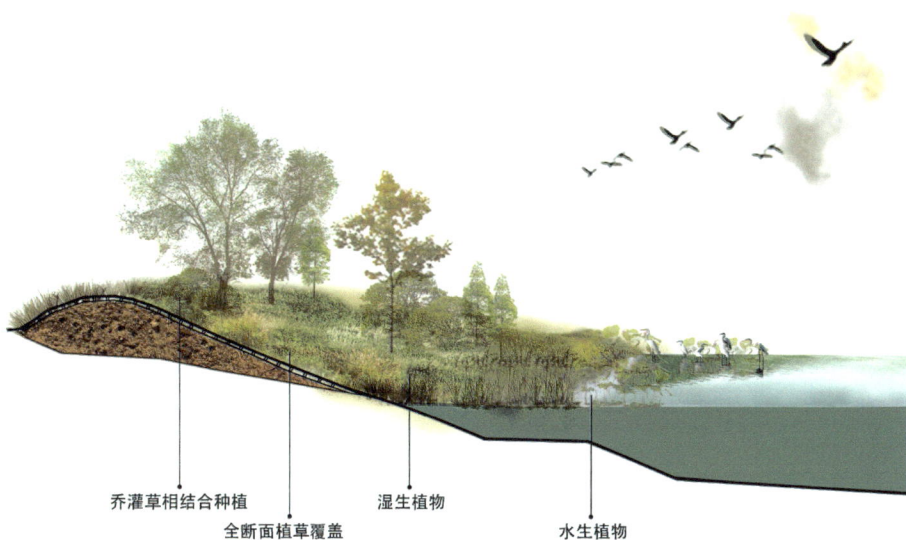

乔灌草相结合种植　　　湿生植物

全断面植草覆盖　　　水生植物

图 6-28　农田河流以岸坡生态保护修复为主护岸类型示意图

b. 松木桩护岸 + 植物护坡

岸坡种植湿生植物固土，坡脚采用抛填卵石（块石）加固，边坡宜生态缓冲带防护。

图 6-29　美丽乡村块石堆砌护岸 + 植物护坡示意图

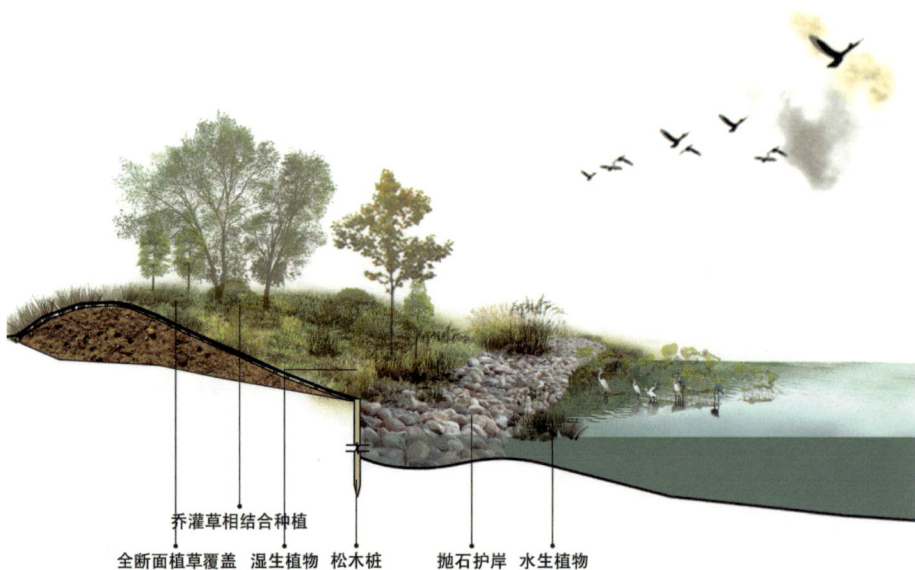

图 6-30　美丽乡村松木桩护岸 + 植物护坡示意图

④ 以岸坡加固为主的护岸类型

a. 固基挡墙 + 植物护坡

主要用于路基、屋基和堤基的固基固坡，采用干砌块（卵）石重力式挡墙，下设混凝土底板，基础高程低于常水位，平原挡墙顶高程一般与圩区内 10 年一遇治涝水位齐平或略高，宜植物护坡生态缓冲带防护。

b. 固脚矮挡墙 + 植物护坡（碧道）

主要用于水下固脚的矮挡墙，墙顶高程均位于常水位以下，墙顶以上以块石堆砌或种植挺水植物等形式进行固岸护坡。

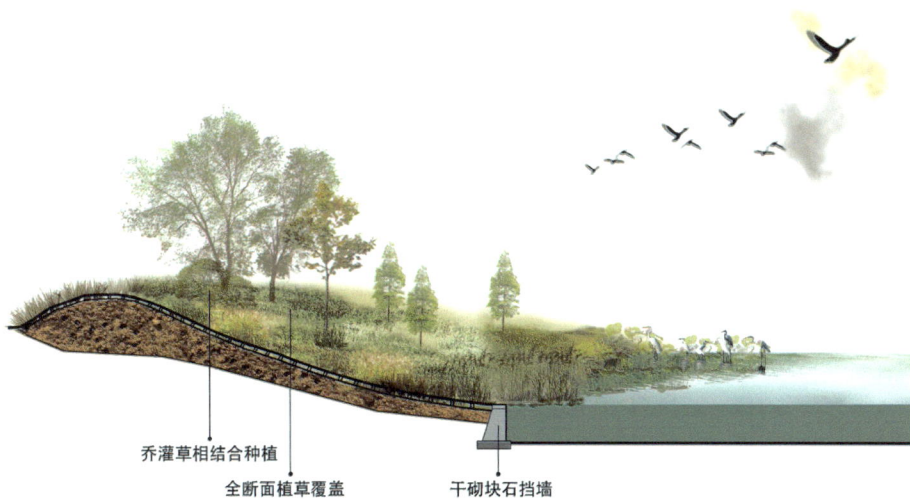

乔灌草相结合种植
全断面植草覆盖
干砌块石挡墙

图 6-31　以岸坡加固为主—固基挡墙 + 植物护坡类型示意图

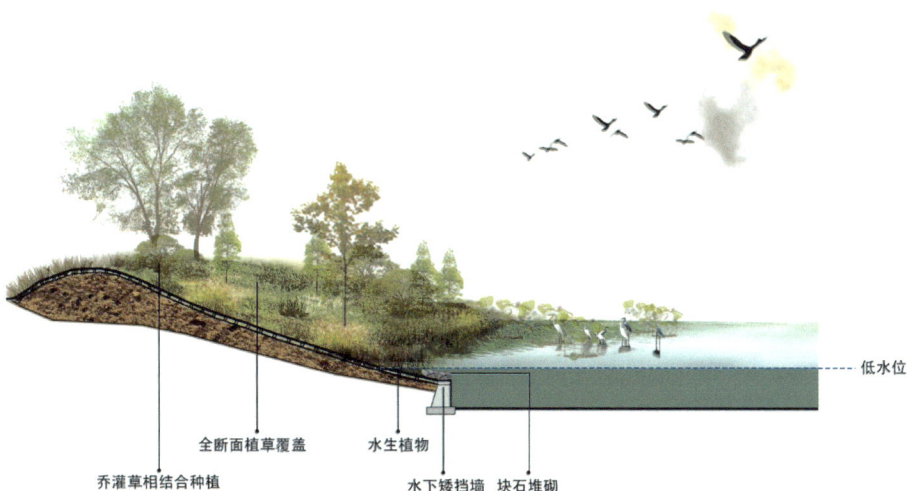

乔灌草相结合种植
全断面植草覆盖
水生植物
水下矮挡墙　块石堆砌
低水位

图 6-32　以岸坡加固为主护岸—固脚矮挡墙 + 植物护坡（碧道）类型示意图

⑤ 生态砌块挡墙 + 植物护坡

生态砌块挡墙宜在平原河网区河道护岸加固中应用，主要适应于河道流速较大，抗冲要求较高的河段和民宅集聚区两岸地面不高河段。常水位以下采用干砌预制生态混凝土砌块护岸。

⑥ 生态砌块护坡 + 植物护坡

生态砌块护坡主要适用于流速较小、有抗冲要求和较开阔的平原河道。常水位以下部分采用预制生态砌块固土护坡，并种植水生植物，上部植草。

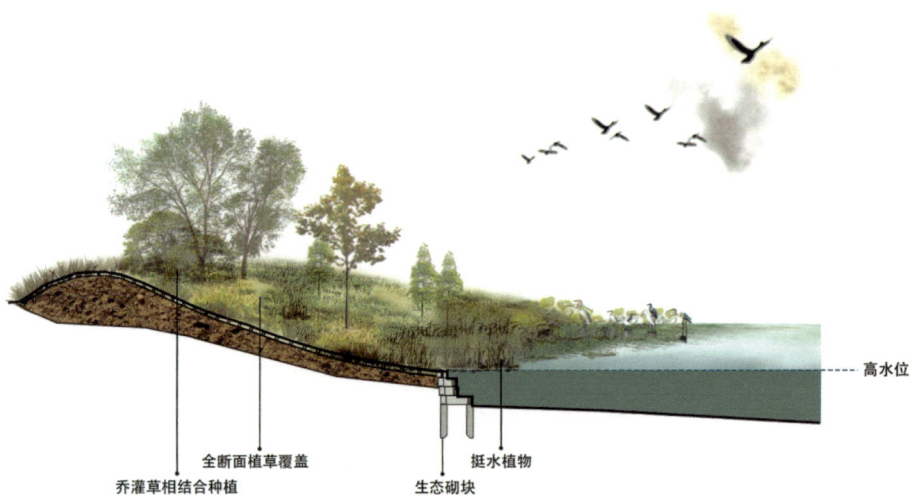

图 6-33　以岸坡加固为主护岸—生态砌块挡墙 + 植物护坡类型示意图

图 6-34　以岸坡加固为主护岸—生态砌块护坡 + 植物护坡类型示意图

乡镇河段的人工河道断面形式选择，应注重保护历史文化和体现不同乡镇的特色风貌，结合村庄规划与城镇建设和"绿道"建设，兼顾市民休闲、教育、亲水、健身娱乐、文旅康养等要求，做到城乡沿岸景观相融合。同时绿道建设或其他项目建设时，不得将河道暗渠化。

（7）河流的堤防与护岸

充分结合河道蓝线及相关用地规划，在确定堤线或岸线、生态缓冲带、布置河流生态修复工程时，整体保护、系统修复、综合治理，因地制宜采取生物、农艺、工程等多措并举保证农田河势堤防与岸线稳定和岸滩生境稳定。

河流护岸边坡断面形式主要有：复合式、斜坡式、直立式。结合水文、地形、地貌、地质、河床形态、生态修复材料、施工条件、土地综合整治、交通、环境、工程造价和运行管理等因素选择护岸边坡的断面形式。优先选用生态自然的堤岸形式，采用生态保护或修复技术，优先考虑植物护岸，尽量采用当地的、多孔性、透水透气性的材料结合生物与农艺措施，创造有利于乡土植物生长和水生生物生存繁衍的条件，避免堤岸硬化。边坡堤身断面应满足抗滑稳定、抗倾覆、渗透稳定和防冲挡浪要求。

河道护岸生态修复工程应兼顾生态缓冲带建设和水土流失防治，为生物的生存繁衍和消减农业面源污染创造条件。乡村、农田河段的护岸应结合水土保持和坡面乡土植物措施满足美丽乡村建设。平原地区的河段，除有通航要求的河段外，一般宜采用自然土质岸坡加水生植物防护等生态护岸形式；山丘区河段或流速较大的河段，宜采用耐冲刷、透水性和透气性好的生态护坡形式，同时严防外来入侵物种。

（8）清淤疏浚工程

河道清淤疏浚、开挖工程地质勘察应按有关勘察规范要求执行，并符合环保疏浚的相关勘察要求。根据河流的主要功能和淤积情况，确定生态清淤范围、深度和方式，分析回淤可能性，评价清淤对流域生态环境的影响，预测清淤效果。淤泥处理、利用应符合保护生态环境和保障人体健康、人身安全的要求。推广生态清淤、淤泥的资源化利用等技术，避免受污染的底泥对环境造成二次污染，减少疏浚土方堆放对农田的占用。河道拓浚前宜研究拓浚后河道断面的形式、过水面积、护岸形式、河段拓宽的方向、主槽和滩地水流分布对河流生态系统的影响，避免形成不良河势。实施河道拓浚前，分析河道淤积原因和拓浚回淤的可能性，预测疏浚工程效果。

（9）河流水环境

对河流水质实施保护，严格控制排污口的设置，推进水生态修复。在采取水系连通、生态调水、水体置换等修复工程措施改善水环境时，宜采取措施避免污染物转移。

根据水功能区划和水环境功能区划所确定的功能和相应的水质目标，对河流重要流域的水质进行预测评价，核定水域纳污能力，提出限制排污总量的建议。河流取水数量较大或提供异地用水，应进行科学论证，并应符合流域规划，控制取水比例和不同季节的取水量。在河流新建水力发电、拦河堤坝等蓄水工程，应预留鱼道设置和专用放水设施，保证河流健康维持和综合功能发挥所必需的水量。对下游河流生态需水影响较大的已建水电站，应采取适当的改造措施，满足下游的生态需水，保证生态基流。

充分利用雨洪资源，通过生态缓冲带过滤再增加河道水体的流动性，改善水生态环境。入海河流的河口地区，应分析潮量减少对感潮河段淤积造成洪水位抬高、通航能力降低、水环境和涌潮景观等的影响。

严格控制入河污染物排放和排污口数量，采取截污、减污和治污等减少污染源工程措施。因地制宜采用栽种水生植物、放养水生动物等生态增容措施净化水质，改善水环境，布置浮床（岛）时不允许超过总水体面积的1/5。在不影响行洪排涝的前提下，可采取调整河道水流流态措施，增加河道曝气。

河岸水土保持宜采取植物措施与生态修复工程措施相结合的方式进行河岸水土保护修复。

（10）河道自然形态保护

保持河流的自然形态，维持河流的纵向连续性、蜿蜒性和横向连通性，尽量保持局部弯道、深潭、浅滩、江心洲、古驿道、洲滩湿地以及河滨带等自然景观格局多样性特征和生物栖息地功能。从流域整体出发，结合生态系统和场地尺度要求，保留水生生物的产卵场、索饵场、越冬场等区域，根据其生存空间需求，统筹规划，保护保育天然生境河段。

图 6-35　河道生态修复意向图

（11）河岸生态缓冲带建设

1）纵向形态控制

河岸生态缓冲带纵向应保持自然弯曲的形态。结合国土空间规划分区与不同河段的要求，将河岸生态缓冲带纵向划分成自然保护区、资源开发利用区、乡村风景区等不同的功能区段。

2）生态缓冲带宽度控制

有减蚀稳固要求的缓冲带，宽度宜大于 15 米。以削污型为主的缓冲带，宜根据高宽比控制缓冲带宽度，高宽比小于 1∶7 的，带宽宜大于 15 米，高宽比大于 1∶7 的，缓冲带宽度宜相应增加。当缓冲带用于过滤径流中的可溶解营养物质和杀虫剂时，在较为陡峭斜坡或是土壤渗透能力较差的区域，缓冲带宽度宜大于 40 米；当河岸带土壤为黏性土时，宽度宜大于 100 米。以生态保护为主的缓冲带，对于山区冷水渔业，树荫应将其完全遮盖；对于热水渔业，不需要过宽的缓冲带和遮盖，河岸带宽度宜大于 40 米；当缓冲带用于保护野生动植物栖息地时，应根据需要保护的物种确定，生态缓冲带宽度宜大于 120 米。

图 6-36　生态缓冲带示意图

（12）植物措施应用

　　植物一般由林地、草地、灌木、混合植被和沼泽湿地等组成，不同植被类型配置应满足河道缓冲带的功能需求，初期建群种，宜选择具有较大生态耐受范围及较宽生态位的物种，以适应初期的生境状况。植物栽种宜制定详细的栽种计划，确保植物种植满足设计要求。一般情况下，宜编制种植计划和进度表，乔木和灌木应在休眠期栽种。草本植物栽种宜结合成活率或草籽发芽要求，择时栽种或撒播草籽。

　　1）河流生态修复中宜采用植物措施构建生态缓冲区，采取乔、灌、草相结合的植物群落结构，选择以本土植物为主的植物搭配。宜充分保留滨水区水生植物，根据不同水深布置水生植物，在河滨带和洲滩湿地优先选择具有净化水体作用的水生植物。

　　2）结合河道岸坡稳定、改善生物栖息地和自然景观要求采取植物措施，尽可能采用本土植物，慎用外来植物。

　　3）在满足河道行洪排涝安全的前提下，宜结合"绿道"建设，尽可能保留河道江心洲、边滩上的植物群落，增加碳汇能力，尤其是古树名木、成片林地、特色植物等；宜推广种植或保留具有水土保持、水质净化作用的河道植物。

4）植物护坡表面压实度宜考虑植物生长的要求，种植层须与地下层连接，无水泥板、石层等隔断层。草本植物种植土厚度不宜小于 15 厘米，灌木植物种植土厚度不宜小于 40 厘米，乔木植物种植土厚度不宜小于 50 厘米。

5）滨水带植被修复，应根据库塘湿地、湖泊湿地、河流湿地岸带的水位变化情况营造植物的分带格局，形成沉水植物带、浮水植物带、挺水植物带、湿生植物带（包括湿生乔灌草）的多带生态缓冲系统。

6）河流"绿道"建设应结合河道岸坡防护措施、水土保持、植物对污染物的降解作用、防护林、护堤林、经济林建设以及区域规划要求等统筹安排，提高碳汇能力，促进碳达峰、碳中和。

7）乡镇河段的河流应通过对河道水质控制、河道水面保洁、保留或扩大河道两岸堤防或护岸及周边的绿化面积等措施，改善乡镇河道及周边环境面貌。乡镇河流宜保留一定宽度的生态缓冲带，有条件的河道宜按控污型生态缓冲带或人工湿地设计，水生及缓冲带植被宜优先选择当地物种，并按自组织原理进行"碧道"设计、建设。

8）城镇河段的堤防或护岸工程及沿河的水闸、泵站等工程设施，应在工程管理范围内结合城镇绿化要求，进行"碧道"建设，并与周边环境相协调。

9）乡村河流应保护沿岸和江心洲原有的植物。堤防保护和管理范围、迎水坡前滩地、面积较大的江心洲等区域，宜结合"山水林田湖草"生命共同体理念选用适宜的乡土植物，形成防护林带，增加碳汇能力，促进碳达峰、碳中和。

10）对已遭受破坏，但仍有一定历史人文价值的河流自然景观，宜采取有效的保护措施，并结合"碧道"与美丽乡村建设，逐步恢复。

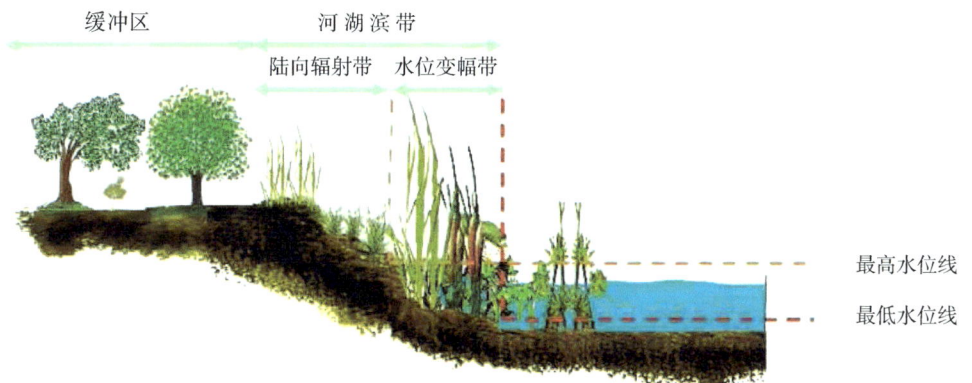

图 6-37　乡镇河道段生态修复意向图

（13）水生动物群落多样性要求

水生动物是水生态系统中的消费者，对生物生境有一定的要求，适用流速缓慢、河岸带缓坡、水深小于 2 米、边坡农田岸线复杂性高的河段。

水生动物的放养应考虑水生动物物种的配置结构（时空结构和营养结构），科学合理地设计水生动物的放养模式（种类、数量、雌雄比、个体大小、食性、生活习性、放养季节、放养顺序等）使各种群生物量和生物密度达到营养水平，利用肉食性鱼类—滤食性鱼类—浮游动物—藻类—营养物质的食物链关系所产生的生态学效应，达到消减营养物质、净化水质的作用。水生动物的修复遵循从低等向高等的进化缩影修复原则去进行，避免系统不稳定性。当沉水植物生态修复和多样性恢复后，开展水系现存物种调查，首先选择修复水生昆虫、螺类、贝类、杂食性虾类和小型杂食性蟹类；待群落稳定后，可引入本地肉食性鱼类。所投放水生生物以本地土著种类为主，不应投放入侵水生动物。

（14）生态综合系统塘

以太阳能为初始能源，对生态塘系统中的生物种属进行优化组合，利用食物链（网）中各营养级上多种多样的生物种群的分工合作来完成污水的净化，最后以水生作物水产和水禽形式作为资源回收，净化的污水可作为再生水资源予以回收再用。乡村以"鱼虫草贝鸟人"生命共生体碳中和生态系统衔接当地天然特色的"山水林田湖草海"生命共同体，实现人与自然和谐共生的现代化。

（15）生态补水

对于生态水量不足、水环境持续得不到改善、自然生态系统遭到严重破坏的水体，进行生态流量核算和生态敏感性分析与论证后，可实施生态补水工程；在确定生态敏感区和敏感时期的基础上，开展农田河湖、湿地和重要水生生物等敏感生态需水计算；补水宜充分考虑上游水量和水质及流域生态系统需求，通过补水保障水体生态基流的流量与流速；在水质恶化或发生富营养化时，通过加大补水量、缩短换水周期等方式增加水体流动性；农田河湖补水优先采用水库或天然水源。

（16）水动力循环

对于水体流动性较差、藻类密度较高、富营养化严重的封闭或半封闭水体，进行充分评估论证后，可实施曝气复氧和水动力循环工程；曝气需氧量主要取决于水体的类型、水质以及水体治理的预期目标；可采用鼓风曝气、纯氧曝气和机械曝气等方法；在改善水动力时，可采用抽水机抽水、推流曝气机等方法；因水位降低或生态流量减小不满足水生态功能需求时，宜及时启动补水或循环活水系统，恢复水位或流量至合理区间。

在水源水质较差或水体水质恶化不能满足水生态功能目标要求时，应启动生态、生化、物理、物化等净化系统进行水源净化或水体循环净化，有条件时可考虑区域水系联通增加水动力和水体交换，改善水体水质；雨季污染冲击或发生水环境突发事故致使水体水质突然恶化时，及时通过水力联通、旁路净化、补水活水等措施，快速恢复水体水质。充分利用雨洪资源，通过生态缓冲带过滤再增加河道水体的流动性，改善水生态环境。

（17）水文化

水生态修复工程在规划、设计、建设、管理中应融入水文化要素，提升"绿道、碧道"建设及滨河环境的文化内涵。水文化宣传题材应突出"上善若水""万物各得其和以生，各得其养以成"的水文化精髓，倡导珍惜水资源、保护水环境、修复水生态，敬畏自然、尊重自然，追求人与自然的和谐是中华传统文化的重要价值取向。

水生态修复要体现"绿水青山就是金山银山"、打通两山通道、碳达峰碳中和等时代主体。

1）水生态修复工程建设和设计中，宜增加文化配套设施建设的投入，设置具有区域特色、时代特征的概念景观或水文化展示。

2）利用"生态景观化、景观生态化"的理念和现代公共艺术、环境艺术设计思路与手段开展水生态修复工程，建设水生态修复文化馆、文化廊亭等水文化设施，展示具有不同地域特色的人文历史、风俗民情。

3）开展全域土地综合整治与生态修复工程，国土空间生态修复规划中宜挖掘沿河文物古迹、人文历史以及民风民俗，加强古闸、古堤、古渡、古桥、古堰、古埠头等水文化遗迹保护和修复工作，增加展示传说、人文历史、地方民俗等的配套设置，丰富"碧道、绿道、古驿道"工程的文化环境和艺术美感。

4）从国土空间生态修复规划和水生态基底出发，构建"会呼吸、有活力、促经济、含人文"的农田河流生态网络。

5）师法自然保护修复河湖生境，形成生物栖息地的特色幸福河湖，融合田野风光、自然与人文，使之成为生态美丽、健康活力的美丽乡村河流风景线、风情线、风光线。

6.3.4 矿山生态修复手法

矿山生态修复的内涵，随着社会经济的发展，矿区修复目标的不同，矿区土地复垦、矿山地质环境恢复治理等内容也不断拓展。矿山生态修复工程实施后，矿区地质灾害隐患消除、生态系统服务功能恢复，土地资源在适宜条件下得以恢复利用。

（1）矿山开采对地质生态环境的主要影响

矿山开采不可避免会对地质和生态环境造成较大的影响，因为矿山极大部分位于山体中，主要表现为地质灾害、水土体环境污染、大气环境污染、土地损毁、自然植被破坏等。

1）对地质环境的影响

采矿活动会引发地面塌陷、地裂缝、崩塌、滑坡等地质灾害及其隐患，首先是矿山地下采空形成地面塌陷从而诱发滑坡、崩塌；其次是露天采矿对斜坡的开挖形成滑坡、崩塌；再次是由于废矿物的不合理堆放导致这些地质灾害的发生；最后是在采矿活动时由放炮震动及诱发的滑坡、崩塌等。除此之外，矿区还会因为大面积露天剥离，乱采滥挖等不合理开采而导致水土流失，这会诱发泥石流灾害，而且大量的采矿弃渣物在坡面及沟道内随意堆放也会直接诱发或加剧泥石流灾害。

2）对生态环境的影响

包括对水环境、大气环境、地形地貌景观环境、土地资源损毁的影响。矿山开发引发的环境问题主要是：开采矿山对矿产区土地的破坏，土壤和植被的破坏；矿山废弃物中含有大量重金属成分以及酸性和有毒物质，这些成分通过大气飘流和径流破坏临近地区的土地、水域和大气；水土受到重金属污染、酸性程度高，

图 6-38　乡镇河道段生态修复意向图

植被破坏严重；矿山排放的废水多金属硫化物排放物，矿山酸性废水的排放和金属硫化物酸滤作用造成了该地区的水土酸化程度高；另一方面，矿产开采所产生的大量固体废弃物由于占用了大量的土地，这些废矿、尾矿将硫化矿物带入到地下，硫化物经过化学反应向周围的水土生态释放有害离子，从而造成了生态环境的破坏；酸性物质又通过矿山排放向下游移动，使其污染扩散到矿区周边及下游地区，使得下游水系的植物受到显著影响。

（2）矿山修复模式

矿山生态修复工程模式主要包括生态恢复模式、土地开发模式、景观再造模式。各工程模式概况如下：

1）生态恢复模式：指对矿山裸露、受损和被污染的矿区进行植被重建和生态修复，使其恢复成与周边自然生态（包括生物多样性和植被景观）相近的状态，即在边坡进行稳定性处理后，利用客土喷播等施工工艺，并因地制宜地利用原有岩坑或挖鱼鳞坑，栽植乔木、灌木、藤本植物重建植被。

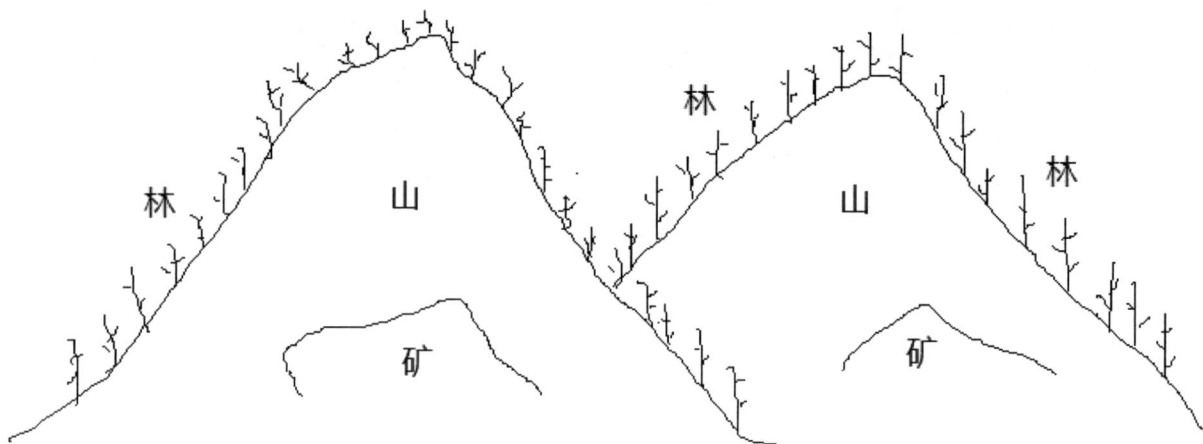

图 6-39　矿山开采示意图

2）土地开发模式：指利用矿区土地资源，通过治理复垦成为农用地、林业用地、建设用地、养鱼塘等，依据废弃矿区所处地理位置、地质环境条件，进行土地适宜性评价，在消除地质灾害隐患，实现边坡生态修复等基础上，因矿制宜确定矿地复垦用途，城市规划区内基本开辟为建设用地，城市规划区外基本复垦为农用地，最大限度地提高土地利用率，发挥矿山土地效益。

3）景观再造模式：指矿山在治理时保留和利用其部分特殊的地形、地貌、岩石，进行艺术化的人工景观再造、重塑和修饰，如保留好的景观石，加上摩崖石刻，形成溪水、瀑布等，形成公园化的生态环境景观，使科教基地、景观建设与矿山治理互为结合，既达到了景观效果，又实现了边坡治理。

（3）工程技术措施

1）地下开采矿山

井口治理：一般采用硐口岩体爆破掩埋、浆砌块石封砌或加筋混凝土墙浇封等封闭方法。由于竖井口占地面积一般较小，因此对竖井治理最根本的方式是填

图6-40　矿山植被生态修复

图6-41　德清矿山生态治理

图 6-42　遂昌金矿国家矿山公园

埋。对于井口周边有废渣堆积的矿井，利用周围废渣填埋竖井，达到既能消除险情，又能合理利用废渣的双重效果。对于斜井和平硐井口，采取先充填井筒，再封堵或拆除井口的办法进行彻底治理。

地下采空区治理：采空区治理方法主要分注浆法和非注浆法。

注浆法：指用人工的方法向采空区的垮落带里注入浆液材料，主要适用于剩余空洞充填注浆、止水帷幕灌浆、防止地表下沉的注浆、封堵井下突水口或垂向导水通道的注浆，加固、加厚底板隔水层的注浆等。这一方法在浙江省的湖州敢山煤矿采空区治理中得到应用，取得良好的效果。非注浆治理方法主要有崩落围岩法、人工砌（浇）筑矿柱支撑、隔离和封闭等方法。通常用崩落围岩法，圬工砌体、混凝土（钢筋）砌（浇）筑矿柱方法，隔离和封闭法，开挖回填方法等进行治理。

充填掩埋法：废弃矿井充填掩埋法包含两道工序，回填和钢筋混凝土井盖施工。回填工程主要布置于废弃矿井塌陷位置，分层回填，回填标高比周围地面略低。对回填工作完成后，将井口周围地面铲平，平整范围以井口周围外 1 米为宜，平整高度略低于井口周围地面，然后对井口及周围地面平整后进行钢筋混凝土井盖封闭。本方法在浙江省的长兴白岘煤矿、罗岕煤矿等废弃矿井治理中得到了较好的应用，并取得良好的效果。

人工点柱法：人工点柱法是在井下采空区中布置人工混凝土矿柱支撑采空区顶板的岩石压力，使采空区顶板稳定，不产生冒顶垮落，达到加固采空区的目的，确保地表不产生破坏，保证地表建筑物的安全。例如，浙江省的青田黄垟钼矿采空区治理就是采用此方法，基本消除了地质灾害隐患。

对于井内积水危害治理，通常很难掌握废弃矿井积水的空间分布及其穿连情况。因此，对废弃矿井内积水渗水危害，根据实际积水渗水情况探查、查明废弃矿井富水区域以便有的放矢进行治理，并且封堵导水裂隙通道，切断地下水向废弃矿井涌入的路径。通常，井工开采的煤矿废弃以后，蓄积在井巷中的矿井水不能利用，且威胁着矿区水质和新矿井的安全生产。此时，在矿井闭坑之前，建立相应的阻水墙、隔离层等，堵塞围岩裂隙等导水通道，防止废水蔓延。对于金矿、煤矿、硫铁矿、萤石矿等开采过程中对地下水会产生不同程度的污染，需要及时处理。一般采用清污分流、中和法、尾矿库库内采取中和渣、酸性水拦截及返回处理等方法进行处理。

对于酸碱废水治理，主要采用中和法。中和处理就是采用化学的方法消除废水中过量的酸或碱，使 pH 值达到中性的过程。酸（碱）性矿井水水质复杂，一般处理后达标排放或用于对水质要求低的工业用水，化学中和法是最常用的处理方法。酸性废水中和可以分为酸性废水和碱性废水相互中和、药剂中和及过滤中和 3 种方法。碱性中和可以分为碱性废水和酸性废水相互中和、药剂中和法。

废弃矿井的利用。在保证稳定的情况下，根据具体情况，废弃矿井可作为工业生产车间、建筑构件预制场地、工程实验室、变电站、中心控制室、战备指挥所、抢救中心、地下秘密试验室、地下观光旅游、餐饮店、会议室、防空掩蔽部等。

地表堆渣和尾矿库：矿区在采矿过程中会产生一定数量的废渣，存在安全隐患，通常用整平渣场、清渣、注浆加固、建挡墙与排水沟、废渣综合利用、复垦复绿等方法进行治理。根据实际，可对废弃物进行资源化利用，根据矿区利用途径开展功能性治理，一是新增工商用地；二是环境恢复治理；三是资源利用治理；四是与周边自然环境融为一体挖掘经济潜力（如利用矿山的有利条件，建成国家矿山公园，工业、休闲旅游区、温泉小镇、光伏发电站、特色小镇等），进一步开发其经济价值。

2）露天开采矿山

刷方减载：刷方减载一般包括表层滑体或变形体的清除、削坡降低坡度以及设置马道等工程。刷方卸载边坡的坡角，马道宽度、高度、马道两侧上下边坡坡度及排水系统的平面位置必须符合设计要求和规范规定。边坡角度拟在 1 ： 0.75 以下，便于喷播绿化，并根据宕底用地性质要求削坡。

修筑截排水沟：排水工程应严格按设计及施工规范的要求施工，依照实际地形，选择合适的位置，将地面水和地下水排出边坡以外。根据边坡汇水情况，设计截排水沟规格，必要时设置纵向导流沟、竹节沟、消能池等，形成完整的截排水系统。

坡脚砌筑挡墙：在坡脚通常采用浆砌块石挡墙或加筋混凝土挡墙，在挡墙内侧回填种植土便于在边坡脚种植乔木绿化。墙面板光洁无破损，平顺美观，板缝均匀，墙面顺直，线形顺适，沉降缝贯通、顺直，并具泄水孔和伸缩缝。

边坡稳定性治理：根据边坡地质情况，以及宕底的用地性质，一般采用锚喷支护、预应力锚索、随机锚杆或系统锚杆锚固、格构梁加固、扶壁式挡墙、抗滑桩、柔性防护网、被动防护网等技术措施，消除崩塌、滑坡、泥石流、坍塌等地质灾害隐患。

边坡绿化：包括边坡坡面、边坡平台和坡脚挡墙内侧的绿化。根据边坡情况，以及边坡坡度、节理裂隙发育情况和泥质、岩质坡面质地，采用液力喷播、厚层基材喷播、种植绿化等，但在绿化前，必须进行清坡，清理局部危岩险石如浮石、滑石和松动岩块等，利于绿化施工的安全。其中喷播绿化的基质配置和物种配置必须符合设计要求。

（4）主要技术方法

矿山生态修复工程建设的主要技术方法包括安全生态修复、环保生态修复和植被生态修复三个方面。

1）安全生态修复

安全生态修复必须按照安全要求进行修复性治理，主要的技术方法包括地下充填、硐口封堵、削坡减载、修筑截排水沟、随机锚杆、系统锚杆、预应力锚索、扶壁挡墙、格沟梁等，消除坍塌、滑坡、泥石流、地面塌陷等各类地质灾害隐患。

2）环保生态修复

环保生态修复必须按照环保要求进行修复性治理，并符合环保要求。主要的技术方法包括水、土、气的环境修复，诸如水酸碱性水体污染的生态修复、水土体重金属污染的生态修复，以及扬尘、石煤自燃和各种有毒有害物质污染的生态修复。

3）植被生态修复

结合矿山开采方式和主要矿种类型，根据矿山植被修复的经验，主要采用种植和喷播的技术方法进行矿山植被的生态修复。

（5）矿山生态修复工程的主要技术内容

矿山生态修复是针对矿山生态和地质环境问题，以问题和目标为导向，对矿山开采造成的地质灾害、地形地貌景观破坏、地下含水层破坏、土地资源损毁、水土污染等生态环境问题，结合采矿工程特点，对矿区受损的自然资源及生态系统进行恢复或重建性修复所采取的一系列工程技术和生物技术措施，使矿区地质灾害隐患得到消除、环境污染得到有效治理、生态系统及其服务功能得到有效恢复，土地资源得到有效的开发与利用。

稳定性治理，必须按照项目区用地要求，结合项目区稳定性分析，采取削坡减载、清坡排险、锚杆加固、柔性网支护、格构梁护坡、扶坡挡墙、被动网防护、采空区充填支柱、钻孔注浆、封堵隔离、围栏避让等技术工艺，并满足《建筑边坡工程技术规范》GB 50330—2013。存在较严重的地质隐患点，要进行地质灾害防治专项设计。倡导在稳定性基础上的地形修复，使建设区地形地貌景观与周边自然山体融为一体。

水土体等环境污染治理，必须根据污染物及其污染程度，采用物理、化学、生物治理与修复技术。物理修复可通过隔离、电动力学、换土、覆盖等技术与方法；化学修复可通过化学试剂浸出和添加固化剂钝化、酸碱中和等技术与方法；生物修复可通过植物、动物、微生物吸滞、降解、钝化等技术与方法。也可采用物理、化学和生物技术对污染物进行联合修复。含水层破坏防治应根据水文地质条件勘测并掌握采空区主要含水层、充水断层和裂隙的分布，采取地面防排水、注浆截堵、隔水等技术方法治理。

生态修复，在必要的稳定性治理和环境污染治理基础上，以及配套挡土墙和截排水沟系统工程建设基础上，结合国土空间总体规划，根据项目建设区功能要求，以及项目建设区立地条件或创造立地条件，积极考虑矿山生态修复工程质量中有关物种多样性、绿化覆盖率和群落稳定性三个基本准则，以优良工程要求采用机械喷播和人工种植等生态修复技术。

6.3.5 海岸带及海岛生态修复手法

海岸带及海岛既是陆地生态系统与海洋生态系统的过渡地带，也是人类利用海洋资源、发展海洋经济的产业聚集地带，人类活动在该区域高度聚集。长期以来对海岸带资源的快速、粗放、高强度的利用以及对海岸带生态系统保护与环境功能的维护不够重视，导致了海岸侵蚀、港湾淤堵、湿地退化等海岸带及海岛资源环境问题日益突出。这些问题已经严重威胁到海岸带及海岛资源的持续利用，并对今后海洋经济的发展产生影响。对海岸带及海岛实施生态修复工程，成为解决海岸资源环境问题的重要途径和方式。

海岸带及海岛生态修复是指从生态系统的角度，借助生态工程手段，对海岸带及海岛受损空间进行修复和维护，使其逐渐恢复到自然或近自然的状态，主要包括海岸侵蚀防护、沙滩养护、海岸地貌景观恢复、海岸构筑物拆除与清淤、滨海湿地修复、海岸景观美化等。海岸带及海岛生态修复工程不仅是海岸带及海岛资源环境修复研究的一个新兴领域，也是一种全新的海岸工程类型。

（1）修复模式

海岸带及海岛生态修复工程模式主要包括红树林生态修复模式（温州以南地区）、砂质海岸生态修复模式、海堤生态化建设模式、连岛海堤和沿岸工程整治改造模式。各工程模式概况如下：

1）红树林生态修复模式包括退化红树林植被的恢复和人工植被构建两种类型，即人工恢复和人工造林两种方式。

2）砂质海岸生态修复模式主要适用于砂质海岸，是指借助工程的手段，对海岸灾害防护功能、生态功能和休闲旅游价值降低或丧失的砂质海岸进行人工修复，以恢复海岸生态系统、修复海岸景观、改善海岸生态环境。

3）海堤生态化建设模式是指为保证海堤防潮御灾能力，优化海堤空间布局，采用生态材料，恢复生物群落的模式，适用于人工海岸地区。

4）连岛海堤和沿岸工程整治改造模式是指为改善海洋动力条件和提升海洋生态系统功能，对历史上的连岛海堤进行海堤开口或全部拆除或透水式改造，以及对沿岸工程进行拆除或透水式改造的模式，主要适用于已建和在建的连岛海堤和沿岸工程。

图 6-43　红树林

图 6-44　玉环市生态海堤

（2）海岸带生态修复策略

生态修复是辅助生态系统进行自我恢复的过程，在海岸带生态系统损害调查与评估的基础上，以"自然修复为主、人工修复为辅"为原则，开展受损岸线、受损滨海湿地生态系统、受损海岛的修复，构筑海岸带生态安全屏障。

修复海岸带受损海岸线。根据岸线类型、受损状况等，结合国土空间规划，可采取植被补种、生境营造、垃圾清理、沙滩养护、非法构筑物拆除、退堤还海等针对性修复措施，提升岸线生态功能和减灾能力。砂质岸线存在污染和侵蚀问题，查清污染来源并进行排除，对后方养殖池污水实施污水处理、深海达标排放，定期清理沙滩海漂垃圾；侵蚀严重岸段，需查清侵蚀机理，必要的岸段采取构筑物拆除、滩肩补沙、建设水下潜堤或人工岬角等措施以减缓侵蚀的发生。红树林岸线结合红树林生态系统的修复，可采取退养还滩、垃圾清理等措施。人工岸线多为防潮堤坝、港口等，根据其开发利用类型，可进行灾毁岸线的生态护岸改造。

修复海岸带受损红树林、珊瑚礁、海草床等生态系统。针对海岸带红树林区域多开发围塘养殖，存在废水污染、过度采捕等问题，即使红树林保护区也存在外来物种入侵和病虫害问题，因地制宜地开展退养还林、受损生境改造、乡土树种补植、外来物种如互花米草的清理、病虫害的防治等，优化红树林特别是无瓣海桑纯林生态系统种群结构，提高红树林生物多样性与生态系统健康水平。珊瑚礁、海草床生态系统重点排除周边区域的污染物排放、工程施工、人为破坏等干扰因素，通过生境的养护修复、珊瑚种苗培育与人工移植等提高活珊瑚覆盖率，通过种植海草幼苗等形成具有一定规模的海草床，促进受损生态系统类型及功能的恢复。

修复受损海岛。沿海地市部分海岛存在连岛、沿岸线围填、岸线侵蚀、岛体裸露等问题，以维护海岛生态系统独立性为原则，针对性地采取连岛堤坝拆除、岸线修复、岛体覆绿等措施实施海岛海岸生态修复，提高海岛生态功能。

（3）蓝色海湾综合治理

《国家海洋局海洋生态文明建设实施方案（2015—2020 年）》提出，要加强海洋生态保护与修复，推进海洋生态整治修复，以重大生态修复工程为带动，围绕湿地、岸滩、海湾、海岛、河口、珊瑚礁等典型生态系统，重点实施"南红北柳"

湿地修复、"银色海滩"岸滩整治、"蓝色海湾"综合治理和"生态海岛"保护修复等工程,有效恢复受损海洋生态系统。

蓝色海湾工作主要包括两方面:①重点海湾综合治理。以提升海湾生态环境质量和功能为核心,提高自然岸线恢复率,改善近海海水水质,增加滨海湿地面积,开展综合整治工程,打造"蓝色海湾",具体包括:海岸整治修复,通过建设生态廊道等,强化社会监督,保护好自然岸线;红树林滨海湿地植被种植和恢复,治理污染提升海湾水质;近岸构筑物清理与清淤疏浚整治,海洋生态环境监测能力建设,海洋经济可持续发展监测能力建设等。②生态岛礁建设。以改善海岛生态环境质量和功能为核心,修复受损岛体,促进生态系统的完整性,提升海岛综合价值,具体包括:自然生态系统保育保全,珍稀濒危和特有物种及生境保护,生态旅游和宜居海岛建设,权益岛礁保护,生态景观保护等,并同步开展海岛监视监测站点建设和生态环境本底调查等。

蓝色海湾综合治理是以海湾为空间单元的一系列工程的集合,包括水质污染治理、环境综合整治、人工鱼礁建设、增殖放流、生态养殖、人工湿地建设、海湾整治修复等,既包括环境整治的内容,又包括海岸带及海岛修复的内容。

(4)海岛整治修复

2012年,国家海洋局海岛管理办公室制定了《海岛生态整治修复技术指南》,海岛整治修复的内容主要包括以下几个方面:

1)连岛坝拆除

连接海岛与大陆、海岛与海岛之间的堤坝,隔绝了堤坝两侧海域之间的海水流通,经常导致淤泥沉积、水质变差、海洋生态系统退化等现象的发生。采取工程措施全部或部分拆除连岛坝,恢复海岛属性,促进连岛坝两侧水域的水体交换,改善海水水质和海域生态系统,促进海洋经济发展,提升海岛开发利用价值。

2)海岸保护

采取工程或生物措施保护受破坏的海岛岸线,减轻海岸侵蚀、崩塌对海岛和岛上设施的破坏,工程措施主要采用建设或加固护岸的方式,生物措施主要是在泥质海岸种植红树林等防浪固岸的植物。重点保护影响民房、道路、重要文物和自然景观等安全的受破坏海岸。优先保护受侵蚀严重、导致海岛面积明显缩小的

图 6-45　珠海市淇澳岛红树林保护区的人工鸟类栖息桩

图 6-46　深圳市大鹏新区西涌沙滩

泥质海岸；重要的沙滩旅游娱乐区的沙质海岸应慎重使用护岸工程，避免护岸工程建成后加剧对沙滩的侵蚀，尽量采用丁坝、潜坝等其他的方法减轻海流对沙滩的侵蚀，养育沙滩；也可以采用人工回填沙的方法修复沙滩，恢复沙滩功能；被破坏的基岩海岸如果岸边无重要的保护对象，本规划期内暂不采用工程措施进行保护。

3）岛体保护与修复

针对自然因素或人为破坏造成岛体破坏，包括人为采石、取土造成的山体破坏，海岛滨海平原上取砂造成岛体破坏，自然因素造成岛体侵蚀、崩塌等类型，采用工程措施防止岛体进一步崩塌，部分或全部恢复岛体原貌；或采用恢复植被等生物措施防止水土流失，阻止岛体侵蚀的加剧。

4）岛陆植被修复

针对人为破坏导致植被消失、减少，植物群落退化；自然因素造成植被生长不良，物种单一等现象，采用人工干预的方法直接栽培乔木、灌木、草等植物，恢复岛陆植被；或通过改善岛陆土壤、水分等生境，改善植物的生长条件，促进植被恢复，改善岛陆生态系统。

5）淡水资源保护

主要是对海岛地表水和地下水的保护。根据海岛地形条件，修建小型水库、池塘、雨水收集水渠与储水池、水窖等设施收集和储存雨水，增加地表淡水的储量；在降水入海处修建拦水闸、截流墙等，既截住海水入侵，又可蓄淡补源。控制打井的深度和地下水开采量，避免海水入侵；加强生活污水、生活垃圾的污染治理，减轻对地表水、地下水的污染；加强岛陆绿化，促进水源涵养。

6）潮间带与周边海域整治修复

针对潮间带被破坏的红树林、珊瑚礁等海岛典型生态系统和潮间带底栖生物等珍稀生物，开展潮间带生态保护与修复；针对海岛周边海域海上养殖密度太大，布局混乱的现象，开展海上养殖清理整治工作，控制养殖密度和适宜的养殖量；对海上养殖和陆源排污造成的海域富营养化，开展富营养化海区的生态修复，改善海域生态环境。重点清除海滩上米草等入侵生物；控制污染物的排放；防止人为盗采珊瑚礁、砍伐红树林、采撷受保护的珍稀生物；恢复被破坏的珊瑚礁、红树林、底栖贝类的生境和种群；在海岛宜林滩涂或被破坏的红树林区人工栽培红树林；人工增殖、放流海洋珍稀生物；改善养殖结构，发展生态养殖。

7）饮水工程

针对海岛淡水资源缺乏，居民饮水困难的海岛，根据海岛的自然条件和经济能力，选择适宜的方法，建设海岛饮水工程，饮水工程类型主要包括地表水收集与处理、地下水开采利用、海水淡化、岛外引水等。地下水、地表水丰富的海岛应优先利用岛上的淡水资源；对于淡水资源缺乏的海岛，离大陆较近，由大陆供水方便的海岛可选用岛外引水的办法；淡水资源缺乏，离大陆较远，或自来水管铺设距离太长的海岛可选用海水淡化的办法。

8）供电工程

针对尚无电力供应，或采用柴油机发电供电的有居民海岛，建设海岛供电系统。距离大陆较近的海岛优先推荐建设海底电缆，从大陆供电；距离大陆较远，岛上居民人口较少，铺设海岛电缆费用太高的海岛，可建设风力、太阳能发电系统，为岛上居民提供电力。

9）交通工程

海岛交通工程主要包括码头和道路两方面。针对尚无码头的海岛，或仅有简易码头，但已破坏严重，危及交通安全的海岛，建设海岛简易码头。重点建设或维修加固有居民海岛的简易码头，方便居民上岛和出海；对于具有较大开发利用价值或重要保护意义的无居民海岛，也可建设简易的码头，促进无居民海岛的开发利用和便于无居民海岛保护与管理。针对岛上交通不便，如仅有土路，或硬化道路不足，或硬化道路已损毁严重的海岛，修建硬化道路，或对损毁的道路进行维护。重点建设码头与村庄之间、村庄与村庄之间、村庄与居民重要的劳动或活动场所之间的道路。

10）污染处理工程

海岛污染处理工程主要包括海岛生活污水和生活垃圾处理工程两方面。生活污水处理工程包括污水收集管网和污水处理设施两部分，污水处理后需要继续回用的还需要配套污水回用设施。优先采用低成本、易管理、少维护的工艺，如厌氧池、生物塘、人工湿地等处理技术。处理后的生活污水尽可能回用，可用于农业灌溉、景观绿化、地层回灌等方面。生活垃圾集中收集到专门的垃圾处理场所，根据海岛具体情况采用堆肥、焚烧、卫生填埋的一种方法或多种方法组合处理。垃圾场的选址应距离村庄一定距离，且尽量避免在村庄的上风向，可选在临海的山间凹地，垃圾堆放和填埋场地应进行防渗处理；尽量避免垃圾渗滤水对环境造成污染。清理和妥善处置无居民海岛的海漂垃圾。

11）特殊保护对象

重点保护海岛上的领海基点、海岛或海洋珍稀生物、重要的历史文物、重要的自然景观等特殊保护对象。

《海岛生态整治修复技术指南》列出的 11 项修复内容中，海岸保护、淡水资源保护、特殊保护对象属于实施保护范畴，饮水工程、供电工程、交通工程、污染处理工程属于公共设施和环保范畴，只有连岛坝拆除、岛体保护与修复、岛陆植被修复、潮间带与周边海域整治修复等 4 项属于严格意义上的生态修复的范畴。

第 **7** 章

全域土地综合整治项目实施与运营

从项目实施来看，全域土地综合整治同时具有工程建设基本特征。根据我国工程建设规定，制定工程建设标准，规范项目实施管理，应做好可行性研究、勘测设计、工程造价、招投标、施工、监理、验收等关键环节的控制，这也是土地整治工程建设与管理的核心内容。围绕土地整治项目（包括高标准农田建设项目）实施管理，原国土资源部制定和颁布实施了有关标准，包括：《高标准农田建设通则》GB/T 30600—2014、《高标准农田建设评价规范》GB/T 33130—2016、《土地整治工程建设标准编写规程》TD/T 1045—2016、《土地整治项目基础调查规范》TD/T 1051—2017、《土地整治项目规划设计规范》TD/T 1012—2016、《土地整治重大项目可行性研究报告编制规程》TD/T 1037—2013、《土地整治重大项目实施方案编制规程》TD/T 1047—2016、《土地整治项目设计报告编制规程》TD/T 1038—2013、《土地整治项目工程量计算规则》TD/T 1039—2013、《土地整治项目制图规范》TD/T 1040—2013、《土地整治工程质量检验与评定规程》TD/T 1041—2013、《土地整治工程施工监理规范》TD/T 1042—2013、《土地整治项目验收规程》TD/T 1013—2013、《土地开发整理项目预算定额标准》（财综 [2011]128 号）等，这些标准为全域土地综合整治试点项目实施提供了技术依据，但也需要在试点实施中进行修订和补充，以便更好地服务全域土地综合整治试点的组织实施。

7.1 组织模式

全域土地综合整治管理分为三个阶段：前期方案规划申报阶段，中期设计、施工阶段，后期竣工验收及运营阶段。全域土地综合整治项目推进流程，需周密的管理体系和多方协同。

全域土地综合整治项目应结合国土空间规划和村庄规划进行实施方案的立项编制，需要设立相应的项目管理组织对前期项目调查、试点申报、立项进行推进。项目立项后，组织管理工程设计、工程施工，把握工程进度、资金使用等，以促进项目获得较好的社会效益、经济效益、生态效益。

由于全域土地综合整治项目的性质、投资来源、建设规模、工程复杂程度等因素不同，项目管理组织的设置也不尽相同，项目每个阶段都需要多部门协作配合发挥不同的作用，目前全域整治项目管理组织主要有工程指挥部负责制、工程总承包单位负责制和建设项目法人负责制等模式。

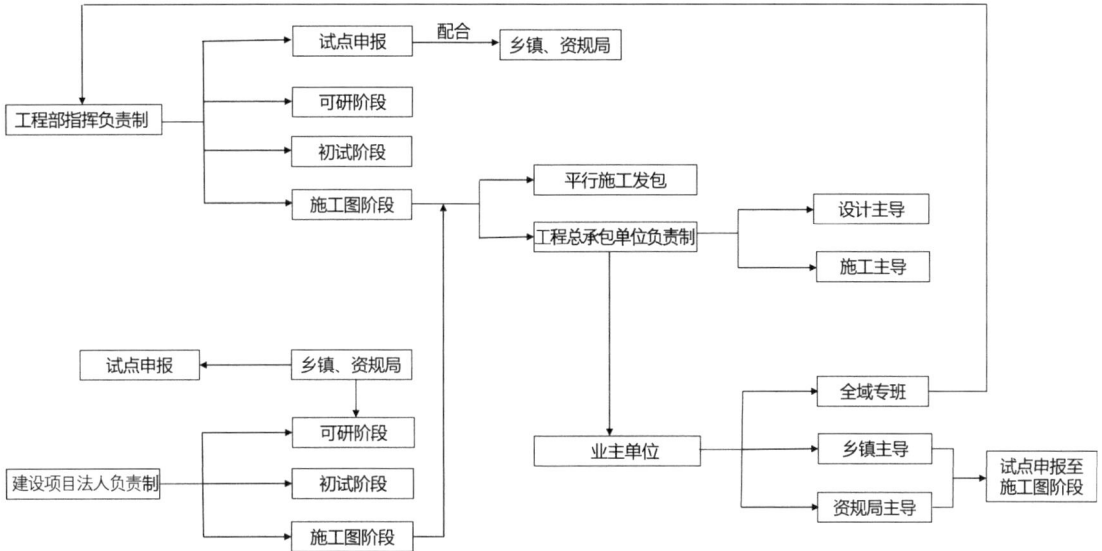

图 7-1　项目管理模式图

7.1.1　工程指挥部负责制

工程建设指挥部负责制主要是以政府派出机构成立全域土地综合整治专班的形式对建设项目的前期谋划、实施方案编制、规划设计、施工、验收、运营等进行管理和监督。可以依靠指挥部领导的权威和行政手段，集中大量人力、物力和财力，确保全域土地整治项目在较短的时间内完成。

（1）组织机构设置

工程指挥部一般是在前期工作阶段先成立项目筹建处，在项目前期申报阶段组建。指挥部人员由项目专班从本行业、本地区所管辖单位中抽调专门人员组成。

一般成立由县（市）政府主要领导任组长、各部门主管领导为成员的项目领导小组，专门负责项目的组织、管理及协调工作。同时，指挥部县（市）政府分管领导任总指挥，有关部门（自然资源、水利、农业农村、环保、交通、发改等）及相关乡镇为成员单位，并下设政策指导、项目实施、工程监管、纠纷调处、信访维稳、督查考核等若干工作组，统一协调与指挥。

（2）主要职责和任务

工程指挥部作为项目的建设单位，全面负责从项目建设前期工作至竣工验收的组织管理工作。其主要职责是：以"山水林田湖生命共同体"为指导理念，认真贯彻执行国家、省级有关全域土地综合方针、政策、法规、规范和标准，统一领导指挥参加项目的各有关单位，确保建设项目在前期试点申报、立项、设计的科学合理，施工阶段核定的投资范围内保质保量按期竣工验收发挥效益。因此，工程建设指挥部要完成以下具体任务。

1）前期工作阶段

前期阶段在项目试点申报乡镇、行政村和自然资源局的组织和配合下结合国土空间规划、村庄规划和基本农田调整方案编制项目申报实施方案。项目试点批复后项目专班组织可行性研究报告编制。

在全域土地综合项目可行性研究报告立项或地方发展和改革委员会报备后组织自然资源和规划局组织对项目新增耕地指标进行立项阶段地理信息报备，同时组织项目设计招标或设计委托，签订设计合同，并按设计要求提供有关设计基础资料，包括水文、气象、整治区域防洪排涝规划、农业发展规划、生态红线、流域地形图等；当有两个以上设计单位进行设计时，应确定一个主体设计单位全面负责，同时要时时了解设计单位的设计的进度；当总体设计、初步设计完成后，及时组织设计成果（含概预算）的审查，提出审核意见，报有关单位审批。全域土地综合整治项目涉及专业范围广，针对项目涉及的专业领域审查专业包括：（自然资源、水利、农业、交通、环保、结构、给排水、造价）等。

2）施工准备阶段

根据批准的设计成果，指挥部编制项目建设总进度计划和涉及项目的建筑材料的供应计划，提前组织全域整治项目所需的机械设备的预安排；进行施工招标，选择专业施工队伍，签订施工总包合同；按设计总平面图及时进行项目区的政策处理，如：青苗赔偿、障碍物拆除等，同时完成施工用水、用电、道路等"三通一平"工作，为施工单位创造施工条件，编报开工报告，办理开工手续。

3）工程施工阶段

编制年度基本建设计划、财务计划，督促设计单位按时提交施工图并对含有的大型建筑结构如泵房结构组织会审；定期检查工程进度，及时解决施工中遇到的问题，并按月进行工程结算，及时组织供应由建设单位负责的材料、设备；严格工程质量监督，及时进行分部、分项工程，特别是隐蔽工程的检查验收。

4）竣工验收阶段

项目完工后，及时组织工程预验收，并向上级主管部门提出竣工验收申请书，项目竣工后，抓紧清理结余现金、设备、材料和财务往来账目，做好工程结算，编报工程竣工决算报告同时自然资源局组织对项目新增耕地指标进行地理信息报备。

7.1.2 工程总承包单位负责制

工程总承包是由工程总承包单位代替建设单位全面负责工程建设的组织管理工作，最终向建设项目主管部门或建设单位交项目成果的项目实施模式。

项目的前期谋划、实施方案编制试点申报一般由政府成立的项目专班、自然资源局或乡镇负责，前期试点申报、设计方案编制阶段有关部门（自然资源、水利、农业农村、环保、交通、发改、乡镇等）做好协同配合工作。全域试点申报通过后建设单位组织对可研方案编制论证和初设编制，EPC采购招投标后对施工图组织审查；施工阶段委托审计单位对工程的跟踪审计，委托工程监理单位对工程质量、进度、安全、检测、验收等进行全程监督和管理，施工过程中协助总承包单位解决施工过程中遇到的政策问题等，同时自然资源局配合做好项目立项阶段和验收阶段的新增耕地报备工作。

工程总承包的代表模式有：设计—采购—施工（EPC）总承包、设计—建造（DB）总承包、设计—建造—运营（DBO）总承包等。从工程总承包主体看，比较有代表性的有3种形式，即以专业工程承包公司为主体的工程总承包、以设计单位为主体的工程总承包和以施工企业为主体的工程总承包。

（1）以专业工程承包公司为主体的工程总承包

专业工程承包公司为主体的工程总承包是由专业管理人员组成的工程承包公司或项目管理公司对全域土地综合整治项目的可行性研究、勘察设计、设备询价与订货、材料采购、工程施工、竣工试运营等内容进行全过程承包或部分承包，在工程承包公司向建设单位或建设项目主管部门全面负责的前提下，再将上述任务分包给各有关单位。工程承包公司由于自己没有设计、施工队伍，因而地位比较超脱，不仅有利于工程建设进度、投资和质量目标的控制，而且有利于积累工程建设经验，不断提高工程建设管理水平。

（2）以设计单位为主体的工程总承包

以设计单位为主体的工程总承包由具有工程总承包资质的设计单位对工程建设项目的可行性研究、勘察设计、设备询价与订货、材料采购、工程施工、竣工试运营等进行全过程承包或部分承包，最终向建设单位或建设项目主管部门提交项目成果。设计单位一般拥有雄厚的设计力量和大量的经营管理人才，但没有施工队伍，因而需要在施工阶段将施工任务分包给施工单位。在工程施工过程中，设计单位主要担负项目管理的任务。以设计单位为主体的工程总承包，可以较好地发挥设计的主导作用。通过总承包，直接参与工程实施阶段的各项组织管理工作，可以促使设计单位自觉地将技术与经济、工艺与设备、设计与施工等方面的因素较好地结合起来，在工程建设的全过程中不断优化设计，以实现有效控制工程建设投资的目的。

总承包项目部设项目负责人（项目经理）、技术负责人（项目总工程师）、设计负责人（项目副经理）、施工负责人（项目副经理）、安全负责人（项目安全总监）、采购负责人，五个二级部门即综合管理部、工程管理部、设计管理部、采购合同部、安全环保部。

总承包项目组织机构图如下：

（3）以施工企业为主体的工程总承包

以施工企业为主体的工程总承包是具有工程总承包资质的施工企业对工程建设项目的可行性研究、勘察设计、设备询价与订货、材料采购、工程施工、竣工试运营等进行全过程承包或部分承包，最终向建设单位或建设项目主管部门提交项目成果。根据工程实际情况，施工企业也可将总包任务中的部分设计、施工任务分包给各专业承包单位。实行以施工企业为主体的工程总承包，同样可以有效地结合技术与经济、设计与施工等方面的因素。同时，通过总承包，可以增强施工企业的自主性和责任心，促使施工企业不断提高管理水平。

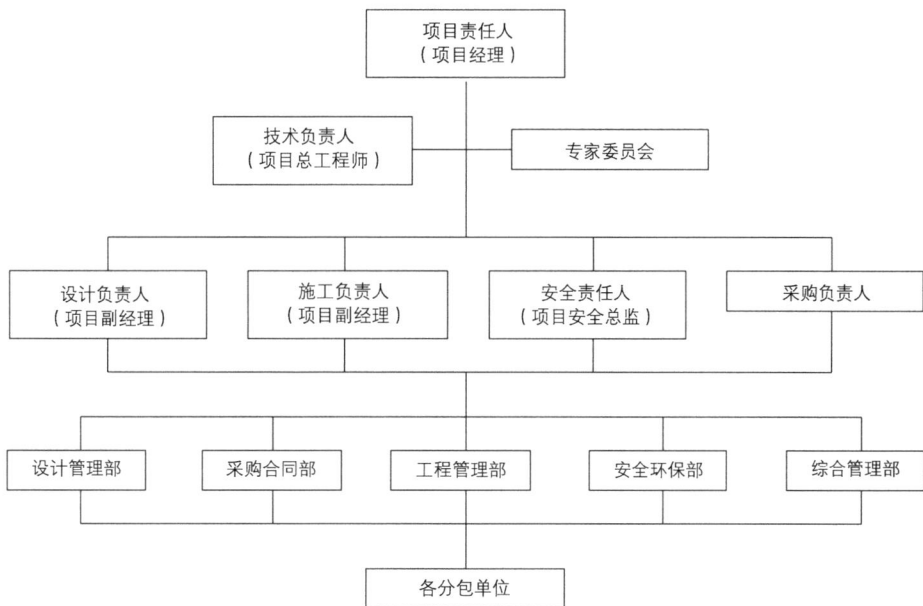

图 7-2　以设计单位为主体的工程总承包组织机构图

实行工程总承包，对总承包单位有较高的素质要求。

7.1.3　建设项目法人责任制

建设项目法人责任制是对项目进行策划、资金筹措、建设实施、维护运营、债务偿还和保值增值，核心内容是明确了由项目法人承担投资风险，项目法人要对工程项目的建设及建成后的生产经营实行一条龙管理全面负责。建设项目法人一般为地方国有平台公司，如乡投、农投、交投、城投或政府成立的国有实体公司。也可以采用 F+EPC 模式，即融资项目工程总承包模式，融资平台公司与地方国有平台公司或政府成立的专班共同成立建设项目法人机构对项目进行策划、资金筹措、建设实施、维护运营、债务偿还，在解决资金问题的基础上充分发挥了设计的核心作用，发挥融资作用。

（1）项目法人机构设置

全域整治项目试点由乡镇、自然资源局或政府成立的专班组织编制申报，全域试点申报通过后，由项目的投资方派代表组成项目法人筹备组，具体负责项目法人的筹建工作。在申报项目可行性研究报告时，须同时提出项目法人的组建方案，否则可行性研究报告不被审批。在项目可行性研究报告被批准后，正式成立项目法人，确保资本金按时到位，及时办理公司设立登记，如有现有地方国有平台法人机构不需再重新设立公司。如采用 F+EPC 模式则国企或央企专业工程融资平台公司与地方国有平台公司或政府成立的专班共同成立法人机构需及时办理公司登记。

（2）主要职责与任务

1）项目法人的职责

项目法人设立后，由项目法人对项目周期的各个过程实行一条龙管理和全面负责。项目法人在不同阶段的主要职责如下：

① 前期工作阶段

负责筹集建设资金，提出全域土地综合整治目的建设规模、建设内容、规划方案、工程布局比选、项目政策处理内容等。

② 设计阶段

负责组织设计方案竞赛或设计招标工作，编制和确定招标方案；对投标单位的资质进行全面审查，综合评选，择优选定中标单位，签订设计委托合同，并按设计要求提供有关设计基础资料，及时了解工程设计的编制进度，落实设计合同的履行；设计完成后，要及时组织工程设计（含概预算）的审查，提出审核意见，上报初步设计文件和概算文件，进一步审核资金筹措计划和用款计划等，同时安排相关单位编制水土保持方案和环境评价报告。

③ 施工招标阶段

负责组织工程施工招标和设备材料采购招标工作，编制和确定招标方案；对投标单位的资质进行全面审查，择优选定工程施工和设备材料供应的中标单位，签订工程施工合同及设备材料采购合同，落实开工前的各项施工准备工作。

④ 施工阶段

负责编报并组织实施项目年度投资计划、用款计划及建设进度计划；组织工程建设实施，负责控制建设投资、施工进度和质量；建立建设情况报告制度，定期向建设主管部门报送建设情况。

在施工招标及施工阶段，项目法人若委托工程监理单位对工程项目的建设过程实施监督管理，其职责还应包括通过招标方式择优选择工程监理单位，签订建设工程监理合同，实施合同管理等工作。同时，在项目法人委托监理的相应阶段，其部分职责则由工程监理单位来承担。工程监理单位的具体职责和任务，应在项目法人与工程监理单位所签订的建设工程监理合同中予以明确。

⑤ 竣工、运营阶段

项目按批准的设计文件建成后，要及时组织工程预验收，并负责提出项目竣工验收申请报告，编制工程竣工决算报告。竣工验收后，按时向有关部门报送生产信息和统计资料，制订债务偿还计划，并按时偿还债务，实现资产的保值增值，按组建项目法人的章程进行利润分配，组织项目后评价，提出项目后评价报告。

2）工程监理单位的任务

工程监理单位在建设项目策划决策阶段可以为项目法人提供项目策划分析和决策咨询服务；在建设项目设计阶段可以协助项目法人进行设计管理；在施工招标阶段可以协助项目法人选定施工单位，并协助签订施工合同；在建设项目施工阶段的主要任务是在委托授权范围内控制建设项目质量、投资和工期，并履行建设工程安全生产管理的法定职责。根据施工阶段的目标规划和计划，通过动态控制、组织协调、合同管理和信息管理，力求使工程项目的施工进度、费用支出和施工质量符合预定的目标要求。

项目法人一般多负责工程项目"外部"协调，而工程监理单位一般多负责工程项目"内部"控制。二者相互配合、相辅相成。

为使工程监理单位的工作能够有效地进行，按照责权一致的原则，项目法人应授予工程监理单位（监理工程师）相应的权力。这些权力包括：工程建设组织协调工作的主持权、设计质量与施工质量以及建筑材料和设备质量的确认权与否决权、工程计量与工程价款支付的确认权与否决权、工程建设进度和建设工期的确认权与否决权以及围绕工程项目建设的各种建议权等。其中，特别是工程质量否决权和工程计量与工程价款支付的确认权必须授予，否则就不能发挥工程监理单位应有的作用。项目法人授予监理工程师的权限应在建设工程监理合同及工程承包合同中予以明确。

（3）模式评价

实行建设项目法人责任制，使政企分开，把投资的所有权与经营权分离，它不仅是一种新的项目管理组织形式，而且是社会主义市场经济体制在投资建设领域实际运行的重要基础。实行建设项目法人责任制具有许多优越性。

1）有利于实现项目决策的科学化和民主化。

2）有利于拓宽建设项目筹资渠道，全域土地综合整治项目资金需用量大，单靠政府投资难以保证项目的资金投入需要。通过设立项目法人，可以采用多种方式向社会多渠道融资，同时还可以吸引社会资本，从而可以在短期内实现资本集中。

3）有利于分散投资风险，实行项目法人责任制，可以更好地实现投资主体多元化，使所有投资者利益共享、风险共担。

4）有利于避免建设与运营相互脱节，实行项目法人责任制，项目法人不但负责建设，而且还负责建成后的经营与还贷，对项目建设与建成后的生产经营实行一条龙管理全面负责，这样就把建设的责任和经营的责任密切地结合起来，从而可以较好地克服项目整治建设管花钱、生产管还贷，建设与生产经营相互脱节的弊端。

5）有利于促进招标承包和建设监理等现代管理制度的健康发展，实行项目法人责任制，明确了由项目法人承担投资风险，因而强化了项目法人及各投资方的自我约束意识。同时，受投资责任的约束，项目法人大都会积极主动地通过招标优选施工承包单位和建设监理单位。经项目法人的委托和授权，由工程监理单位（监理工程师）具体负责对工程进度、资金使用和工程质量进行监督与控制。

全域土地综合整治投入高，建设运营周期长，单靠地方政府投资难以解决，融资是获取项目投资的重要来源，同时充分吸纳社会资本，根据不同的全域土地综合子项目的构成梳理如下融资模式。

7.2.1 国家专项基金贷款模式

利用已有资产或土地指标收益进行抵押贷款是最常见的融资模式，政府成立或已有国有平台或实体公司对项目全生命周期进行建设运营，公司编制项目实施方案，分析项目的资金投入和收益可行性向银行提交融资方案而获得贷款，项目融资进入贷款审批"绿色通道"，也能够提升获得贷款的速度。国家的专项基金是国家发改委通过国开行、农发行等银行，发行的专项基金全域土地综合整治专项建设基金是一种长期的贴息贷款，也将成为优秀的全域土地综合整治的融资渠道。

7.2.2 收益信托模式

为了实施全域土地综合整治项目，地方政府成立或已有国有平台或实体公司对项目全生命周期进行建设运营，平台公司编制项目实施方案，分析项目的资金投入和收益可行，委托信托公司向社会发行信托计划，募集信托资金，然后统一投资于全域土地综合整治项目，以项目的运营收益、政府补贴、收费等形成委托人收益。金融机构由于对项目提供资金而获得资金收益。

7.2.3 发行债券模式

全域土地综合整治项目前期通过规划和实施方案预测项目的初步资金投入和效益产出，在满足发行条件的前提下，可以在交易商协会注册后发行项目收益票据，可以在银行间交易市场发行永（可）续票据、中期票据、短期融资债券等债券融资，也可以经国家发改委核准发行企业债和项目收益债，还可以在证券交易所公开或非公开发行公司债券。

7.2.4 生态贷模式

"全域生态贷"业务是指向特定借款人发放的用于支持全域土地综合整治与生态修复工程的专项贷款。"全域生态贷"业务贷款资金用途仅限用于对"全域土地综合整治与生态修复工程"实施过程中的资金需求。为大力贯彻"乡村振兴战略"，深化金融支持全域土地综合整治与生态修复工程工作，丰富绿色金融信贷产品，浙江省首次创新建立以"生态贷"为代表的生态价值融资体系，"全域生态贷"的推行，成立"两山银行"助推全域土地综合及生态修复，不仅是服务地方经济的初心体现，也是助推"乡村振兴战略"、深化金融支持全域土地综合整治与生态修复工程的重要举措。

将生态产品价值作为贷款准入、贷款额度、贷款利率、贷款便利性的评定指标，探索生态产品价值核算、政府购买生态产品、生态产品市场交易等机制，根据实体项目推进生态项目贷款，同时建立生态信用数据库和生态信用管理制度，构建生态信用金融运用机制等，持续助推生态产品价值转化。

"全域土地综合整治生态贷"实例：

案例1：为深化金融支持全域土地综合整治与生态修复工程工作，湖州市推出了"全域生态贷"，用于农用地综合整治、低效利用建设用地整治、生态环境修复整治以及生态农田建设、矿地综合利用、旅游景点打造、城镇环境改造、生态农居建设等项目，有力促进了农村生态环境修复。

案例2：衢江区上方镇全域土地综合整治及生态修复工程。近年来，衢江区紧紧围绕"两个高水平"目标，深入践行"两山"发展理念，积极开展"两山银行"试点，着力引导社会资本流向生态项目建设，进一步打通资源、资本、资金、资产"四资"转化通道，努力把生态资源优势转化为产业竞争优势，切实推动"活力新衢江 康养大花园"，建设迈入新阶段。衢江区把实施全域土地综合整治与生态修复工程作为大花园建设的重要抓手，大力推进生态修复，实现生态效益、经济效益和社会效益"三赢"的格局。上方镇全域土地综合整治及生态修复工程，通过废弃矿山生态修复，挖掘8000多亩废弃矿山的生态价值与资源价值。

图 7-3　"生态贷"全域整治后的湖州市安吉县递铺街道鲁家村（潘学康 摄）

图 7-4　衢江区上方镇全域土地综合整治及生态修复工程

7.2.5 产业基金及母基金模式

全域土地综合整治基础设施建设完成后在导入产业时，往往需要产业基金做支撑，这种模式根据融资结构的主导地位分三种类型。

（1）政府主导

这种模式一般由当地政府通常是财政部门发起，当地政府委托政府出资平台与银行、保险等金融机构以及其他出资人共同出资，合作成立产业基金的母基金，政府作为劣后级出资人，承担主要风险，金融机构与其他出资人作为优先级出资人，杠杆比例一般是1：4。全域土地综合整治具体项目需金融机构审核，还要经过政府的审批，基金的管理人可以由基金公司或PPP基金合伙企业自任，也可另行委托基金管理人管理基金资产。这种模式下政府对金融机构有稳定的担保。

（2）金融机构主导

由金融机构联合地方国企成立基金专注于投资全域土地综合整治。一般由金融机构做LP，做优先级，地方国企做LP的次级，金融机构委派指定的股权投资基金作GP，也就是基金管理公司。

（3）社会企业主导

由企业作为重要发起人，多数是大型实业类企业主导，项目全生命周期进行建设运营，这类模式中基金出资方往往没有政府，资信度和风险企业承担都在企业身上，政府授予企业特许经营权，企业的运营灵活性大。

7.3.1 工程管护

（1）工程后期管理主体

全域土地综合整治项目施工完成后，根据运行维护主体不同基础设施由项目所在村组受益者、承包大户或运营主体进行管护，主要负责建筑物的完整性和运行的正常性。

（2）工程后期管护措施

结合全域土地综合整治项目验收后工程设施管理的成功经验以及上述的后期管护工作存在的一些问题，为了切实做好土地整治项目的后期管护工作，应采取以下措施，有效提高全域土地综合整治项目的质量。

1）明确工程设施使用年限

在全域土地综合整治项目工程中，明确规定工程设施的使用年限是保证后期管护工作顺利进行的前提，所以进行后期管护工作的一个重要依据就是工程设施使用寿命。为了切实保证工程后期管护、工程绩效评估的顺利进行，在进行工程设施的设计时应做好项目的调查工作，在掌握工程实际情况后，根据项目资金投入的具体情况合理确定不同整治工程的使用寿命，明确保修期限。

2）建立项目跟踪管理系统

在全域土地综合整治项目工程中，项目当地自然资源部门应做好管理工作，对全域土地综合整治工程分年度、分项目建立工程系统库，对全域土地综合整治工程进行详细的记录，明确工程的位置、自然条件、现状基础基础设施、投资规模和整治规模，开工、竣工、验收时间，项目区前期、施工期和后期的影像资料，相关的施工单位、监理单位、主管单位、在工程进行过程中遇到的主要问题及整改情况、工程质量保证金缴存情况及工程施工过程中报验资料和影像记录等内容。这些记录内容可以为全域土地综合整治项目工程设置的后期管护工作提供重要的依据。

3）制定管护方案和奖惩措施

在全域土地综合整治项目工程中，后期管护工作是关键，对于整治工程设施能否发挥预期的效用具有极为重要的作用。为了使得工程设施能够很好地发挥应有功能、延长使用寿命，由工程所在地的相关管理部门根据工程设施的实际情况制订全域土地综合整治项目后期管护工作的具体方案和措施，制定颁布可行的工程管护方案，明确规定管护主体、原则、内容、方式、资金来源以及工程主体的清理和责任等内容。同时根据实际情况制定相应的奖惩措施，为了调动整治工程管护工作的积极性，对于对工程管护好的运营单位和受益主体给予一定程度的奖励。此外还应对于那些破坏工作的受益主体进行严厉的惩罚，切实保证后期管护工作的顺利进行。

4）做好管护宣传

为了切实做好全域土地综合整治项目的后期管护工作，应当做好工程设施管护工作的宣传措施，运用乡村壁画、媒体、社会讲座、宣传条幅、网络、手机 App、报纸、传单等多种形式宣传全域土地综合整治项目后期管护工作的必要性，培养受益者工程管护意识，做好工程范围内基础设施的管护工作。做好后期管护的宣传工作，使得受益主体和运营主体养成管护基础设施的良好习惯，有效延长全域土地综合整治项目工程设施的使用年限。

5）明确管护责任

管护主体是做好工程后期管护工作的关键。项目所在村组受益者、承包大户或运营主体进行管护，主要负责建筑物的完整性和运行的正常性，县（市）级人民政府和乡镇级人民政府应做好管护工作的监督工作。

6）开展项目质量绩效评估

为了切实做好全域土地综合整治项目的后期管护工作，应当根据工程的实际情况建立项目绩效评估机制，根据"切合实际、便于实施、科学评估、充分考核"的原则制定后期基础设施管护工作的相关奖惩措施，相关奖惩措施应明确管护工作的具体内容和工作要求。根据设计的工程设施材质、使用年限、工程保修期限，在工程使用年限内发现的工程质量问题应及时予以处理，切实做好土地整治项目的后期管护工作。

7.3.2 后期运营

（1）全域土地综合整治运营策略

1）规划先行，指导产业体系构建和运营方向

全域土地综合整治项目规划先行，根据项目现状基底、自然风貌、区位条件、地域特色、产业基础，找准整治发展定位，通过多规融合，以前瞻性的发展站位，确保规划的可行性和对产业的引导性。规划以农业为基础，以农业产业园方式提升农业产业，企业承接产业，将村民生产生活真正融入田园建设中，通过产业带动经济发展，增强可持续发展能力。

2）盘活区域土地资源，提高土地利用质量、提升土地利用价值

全域土地综合整治建设后通过土地流转、股份合作制、代耕代种、土地托管等方式促进农业现代化、规模化经营，优化农业生产产业结构、经营体系、增加提升农业效益和附加值。

3）创新主体间的合作模式

健全市场化运行机制，处理好当地政府、农户和运营企业三个主体之间的关系，发挥三个主体作用，充分调动各个主体的力量，形成合力，每个主体各尽其能，各取所需，确保全域土地综合建设运营健康持续发展。

4）吸纳社会资本，创新项目融资模式

以现有优势资源吸引社会资本涌入，整合各方面资金，进行全域土地综合整治，实现多赢的局面。全域土地综合项目不仅需要财政资金投入，同时政府还要吸纳引进社会资本进行合作，通过财政杠杆作用，吸引金融和社会资本投入，拓宽全域土地综合整治建设的融资渠道。

5）引进先进的管理方法，完善配套设施体系

引进先进管理方法，提升农业基础设施质量，采用新技术、新材料、新工艺提升农业生态景观，加强山水林田湖草村生态修复，打造高效现代化农业、产业、人居环境优美的田园风光。

（2）全域土地综合整治运营模式

通过全域土地综合整治项目打造生态、生产、生活"三生"的产品功能，通过农业、加工业、服务业的有机结合与关联共生，实现生态农业、休闲旅游、

田园居住复合功能。

1）连片综合整治模式

全域土地综合整治如果以政府投入为主进行全域土地整治基础设施建设，通过大力打造农业产业集群、稳步发展创意农业、开发农业多功能性，推进农业产业与旅游、教育、文化、康养等产业深度融合，实现田园生产、田园生活、田园生态的有机统一和一二三产业的深度融合。根据当地区位、交通、自然条件优势，引导农民根据市场需求结合当地优势，连片整治开发现代观光旅游农业及各种农业休闲观光项目，成为城市居民的农业观光休闲娱乐的后花园和农业经济附加值的载体。

2）农业产业拉动模式

以创新创意为核心，以本土特色农业为基础，以提高农业供给质量和效率为方向，拓展农业产业链、价值链。培育现代农业发展新动能，休闲、旅馆、观光农园根据地域地貌自然种植生产特色农产品，建立自己的品牌，形成品牌效应，对特色农产品进行深加工，形成农业特色产品种植、深加工、销售的产业链，充分增加农产品附加值。同时通过物联网、媒体、网络、休闲农业作为平台加大农产品的宣传，吸引城市消费者休闲采购，为城市居民提供回归自然、返璞归真的生活场所，参与农业劳作、农业休闲娱乐等，从而拉动产业的发展，同时拉动餐饮旅游发展。

3）产业生态融合模式

产业生态融合模式就以土地整治和环境治理为切入点，推进低小散企业腾退和废弃矿山综合利用，为产业发展腾出了空间，推进绿色产业发展，实现生态修复与绿色产业的融合发展；通过土地修复，将废弃矿山宕底变良田、工业用地盘活扩大，人居集聚、环境提升，又以土地入股的方式引入更多投资者进行产业升级，之后导入运营生态公园、美丽乡村、生态旅游等生态产业；通过生态工程技术服务收入、修复土地增值收入、土地开发变现收入、股权分红收入、土地招商分成收入，以及后期导入及运营文创旅游、节能环保型产业、绿色产业实现盈利分红等。

4）科普教育、农业研发模式

全域土地整合整治根据农业现状基础、农业种植结构建立农业研发基地，研发高效、高产、健康有机的农产品。农业研发基地作为连接科教单位科研成果与生产实际的重要纽带，为农业科技成果的展示和产业孵化提供了实现的舞台。同时为吸引城市居民的回流和对美好田园生产的向往带动乡村旅游发展，建立农业科技教育基地、观光休闲教育、少儿教育农业基地，增加城市居民与农业生产的连接纽带。

图 7-5　衢州市衢江区富里全域土地综合整治及生态修复工程

图 7-6　嘉兴市秀洲区新塍镇农业综合开发田园综合体建设项目

图 7-7　德清县洛舍镇东衡村（图片来源：www.ddove.com）

图 7-8　嘉善县大云镇全域土地综合整治项目（图片来源：www.sohu.com）

5）城郊土地综合整治模式

利用"近郊贴城"的区位优势，结合城市总体规划修改、产业规划定位、村庄规划编制、环境功能区划调整经验，对"山、水、林、田、湖、路、村"和生产、生活、生态用地进行全方位统筹安排，通过全域统筹和综合整治，可以腾挪出发展空间、垦造出高标农田、整治出美丽环境，重塑生态空间、重构生产空间、重建生活空间。结合拆后土地综合利用、产业升级改造，打开城乡融合发展的新通道，开拓产业转型的新空间，实现环境面貌的新提升。

6）民俗风情、历史文化旅游模式

全域土地综合整治项目充分挖掘当地文化潜在价值，突出产业体系特色，引入"农业+""旅游+""文化+"等模式，如民俗风情、历史文化遗迹，用农村风土人情、民俗文化为旅游吸引载体，充分挖掘农耕文化、乡土文化和民俗文化特色，创新开发农耕展示、民间技艺、时令民俗、节庆活动、民间歌舞等休闲旅游活动，增加乡村旅游的文化内涵，挖掘民俗旅游产品，形成特色旅游产业链。

（3）全域土地综合整治运营经营机制

1）"政府+农村集体组织+农民合作社+创客+社会资本+农民"经营体系

以政府为引导，以农村集体组织、农民合作社为建设主体，返乡青年创客、社会资本广泛参与。

2）"政府+供销合作社+农民专业联合社+农民+企业"经营体系

发挥现有供销合作社、农民专业联合社的主体作用，整合市供销社建设资金、县供销社互助资金、乡村两级社员入股融资。

3）"公司+合作社+家庭农场+农户"经营体系

引进农业企业和培育新型农民经营组织，扶持壮大农业经营主体，大力推广"公司+合作社+家庭农场+农户"的发展模式，提升农业经营的专业化、组织水平化。

4）"政府+农民+农村集体组织+合作组织+企业"经营体系

奉行互利共赢的开放包容思路，打造政府、农民、农村集体组织、合作组织、企业等多方参与广泛受益的田园综合体。

5）"公司+合作社+基地+农户+市场"经营体系

通过实行"公司+合作社+基地+农户+市场"的经营模式，新型经营主体与农民结成生产、加工、销售一条龙利益共同体，有效降低风险。

第 **8** 章

全域土地综合整治案例分析

全域土地综合整治是一个新的概念，但全域土地综合整治的实践一直伴随着农业生产的发展历程。人们在生产实践中不断积累经验，这些有效的经验又不断促进农业的发展。这是一个不断螺旋上升、相辅相成的综合关系。也正是这样持续的转型发展探索和优秀经验积累，到了今天生态文明观念不断深入人心的当下，全域土地综合整治的内涵不断得以丰富。从城市到乡村、从山川到河湖，在这样的探索发展历程中，形成了"规划引领、系统谋划；一张蓝图、分步实施"的经验和整治思路，在实践中不断迭代创新和探索前行。

在具体实践过程中，每一个项目本身都有着独特的自然环境特色，有着不同的发展阶段带来的整治要求，以及不同城市和区域各自的政策差异性。每个全域土地综合整治项目都是在每个阶段总体发展背景下结合各自特色展开的有针对性的具体解决方案，有着不同的侧重点和经验积累。本章节收录了部分具有代表性的全域土地综合整治项目，涵盖策划、规划、可研、设计、总包等全过程阶段，以期从更具体的项目维度，总结和提炼相关思考和经验，不断丰富全域土地综合整治的核心内涵。

8.1 衢州市衢江区富里万亩水田垦造项目

2014年以来，我国对土地资源开发利用提出了"占优补优、占水田补水田"的要求。改变衢江区低丘缓坡开发，一方面存在"低小散"局面，"旱地开发供大于求、水田建设供不应求"；另一方面经济社会发展中出现耕地占补平衡难度、土地供需矛盾突出等问题。衢江区富里农村综合改革试验区——万亩水田垦造及智慧生态农业培育工程（以下简称"万亩水田项目"）正是基于城市建设用地与耕地之间的土地矛盾，从数量、质量上追求耕地占补"双平衡"。作为浙江省重点农田垦造建设规划项目，万亩水田项目以低丘缓坡改造工程为抓手，通过高目标定位、高起点规划、高标准建设，将衢州衢江区规划建设成为国家级智慧生态农业综合改革试验区。

图 8-1　规划鸟瞰图

　　万亩水田项目位于衢江区江山港北岸，涉及廿里镇富里村、文塘村、石塘背村、里屋村、山下村和后溪镇江滨村，涉及农户 2033 户 6823 人。东起廿里镇富里村，南靠江山港，西至京台高速衢州南互通连接线，北邻柯城区华墅乡、航埠镇。试验区总面积为 18492.66 亩，规划总投资 30 亿元。试验区以万亩水田垦造及智慧生态农业培育工程为启动点，一期投资 15.41 亿元，水田垦造总规模为 9526.67 亩，其中新增水田 7014.30 亩，旱地改水田 1680.41 亩，标准农田建设 831.96 亩。

　　万亩水田项目的首要任务是进行水田垦造，通过场地平整和耕植土覆盖，建设水田；其次是为垦造水田兴建农田水利和田间道路，满足水田灌溉排水需要和机械化生产的道路通达需要。农田水利、道路工程的建设既立足万亩水田项目的建设现实要求，又紧密结合工程区远期国家级智慧生态农业综合改革试验区功能要求，灌溉排水系统结合智慧农业的定位打造智慧农业节水灌溉系统、水生态、水景观系统；道路工程结合美丽乡村、现代农业、休闲度假旅游、智慧农业风情小镇等复合型的功能定位建设园区道路和田间道。

　　作为一个以设计引领为龙头的 EPC 模式的全域土地综合整治项目，万亩水田项目充分发挥了设计优势，积极探索创新全域土地综合整治项目从顶层设计到实施落地的新路径。

　　1）坚持以土地综合利用为总原则。万亩水田项目进行顶层谋划的时候，尚未有国土空间规划和全域概念。项目在执行之初便确定对现状耕地进行严格保护，对铁路、输变电塔等设施进行严格的保护距离退让。对于非耕地进行统筹规划，为远期园区发展和提升提供空间和平台。同时整体土地指标按村统计计算，确保

图 8-2　原始地形图

图 8-3　建成后秋季实景图

每个农户的土地指标和利益不受影响。

　　2）坚持以经济落地为总思路。项目充分结合原有地形现状，合理规划和利用现有河道，避免大量的土地改造，保证土石方开挖外运或者外购费用最低。合理选择灌溉水源和灌排方式，尽量采用自流灌溉方式。从投资、工程实施强度等方面综合考虑，项目分期实施，统筹考虑项目总体规划、施工交通、农田水利的灌排方式的空间布局，提出合理可操作的建设程序。

　　3）坚持绿色生态位价值理念。在环境承载力允许的条件下进行开发建设，注重以生态观念为价值导向的先进意识，形成和谐生态、环境良好的旅游观光农业试验区，体现人与自然的和谐发展。

4）以综合发展为模式创新。在全域土地综合整治的基础上构建食、住、行、游、购、娱等旅游六大要素，以发展"智慧农业"为核心，通过资源融合、市场融合、规模融合、集聚集群融合、品牌融合多种方式，创新旅游产业融合发展环境，形成旅游产业链，发展融合延伸产业，结合园区内现有农村打造4个美丽乡村样板旅游区，实现农业＋旅游的示范基地。

5）以专题研究为充分保障。为了实现项目全方位的综合分析，以及使园区内工程的精准性和园区施工安全得以保障，规划内容在常规篇章之外，又针对核心问题与目标，开展了农田水利与农田垦造两大专项规划，进行从定性到定量的分析和计算，为项目的落地和可行性进行了充分保障。

6）突出精细管理质量优先。为确保项目大规模施工能够顺利有序地开展，项目伊始便确定了质量管控流程。通过样板先行制度改善交底效果（实物样板交底），方便理解的同时也方便了施工分包单位的自检工作；引入试验管理体系，确保每个田块、每个分层土石方的压实度能够满足设计质量要求；建立每日质量实测实量制度，确保现场施工严格按设计参数、试验成果要求进行。

万亩水田项目已被省国土厅列入六项国土资源管理试点之一，是衢江区在农

图 8-4　建成后春季实景图

村土地综合改革上的一次重大探索。工程列入省重点项目，也是全省耕地保护重点工作。在衢州市市土地开发项目中率先采用 EPC（设计、采购、施工）总承包模式，是浙江省乃至华东地区规模最大的土地垦造项目之一。项目成立科研创新管理小组，创造性地引入了生态挡墙、高效节水管灌、地力提升等系列创新手段，皆取得了良好的效果，使得项目建成后新增耕地超过 7000 亩，且耕地质量评定比周边原有高两级，顺利通过区级验收和市、省两级验收复核。鉴于项目大规模连片集中的优质耕地，衢州市与联合国粮农组织、工发组织合作的世界食品安全创新示范基地也正式落地于本项目。

浙江省金华市婺城区长山乡全域土地综合整治与生态修复项目，地处婺城区的长山乡、琅琊镇境内，距离婺城区直线距离约 9.5 千米，距离金华市直线距离约 13.5 千米，项目区总面积 6690 亩，新垦造水田 3331.09 亩，工程总投资 70323.00 万元。从产业结构上来看，现状以种植业、养殖业为主，部分乡村农业发展基础较好，但尚未形成规模化产业体系，也未形成完整的产业链，经济效益一般；从城乡发展空间来看，长山乡伴随着城镇化的不断推进，乡村劳动力外流严重，务农人口比例不断下降，乡村可持续发展的动力严重不足，城乡差距逐步拉大，城乡矛盾愈发突出；从生态环境上来看，项目区湖荡纵横，山林丰茂，生态环境基底良好。

❶ 游客服务中心
❷ 生态停车场
❸ 多彩梯田
❹ 躬耕田地
❺ 童趣乐园
❻ 趣味滑草
❼ 山地越野车
❽ 培训拓展
❾ 野外真人 CS
❿ 帐篷营地
⓫ 禅修会所
⓬ 森林氧吧
⓭ 竹林幽居
⓮ 滨水木屋
⓯ 养生垂钓
⓰ 中草药种植
⓱ 花海融春
⓲ 苗木基地
⓳ 高科技农业大棚
⓴ 稻海织锦
㉑ 智慧农创实验
㉒ 农业设施用地
㉓ 百果园
㉔ 百菜园
⬅ 主要出入口
⬅ 次要出入口

图 8-5　规划总平面图

长山乡以全域土地综合整治与生态修复为抓手，统筹项目区内的产业用地资源，整合乡村用地布局，修复生态环境，优化乡村"三生"空间，以项目区广袤的山体林地为主要资源，调整建设用地布局，建设滨水康养度假区域；以项目区周边乡村为依托，提供具有地域特色的乡村文旅服务，构建产业融合发展新路径，引导产业集聚发展，尽可能把产业链留在乡村，让村民能就地就业增收，重构乡村产业发展模式。

图 8-6　规划鸟瞰图

8.2.1　创新产业业态，融入区域产业格局

项目区充分利用城市近郊区位优势，以美丽乡村为载体，以项目区田园、林地、水域为依托，营造出怡人的田园风光和乡村风貌，推动传统产业的提档升级，提高农业生产效率，提升农业的附加值，培育了一批新型农业经营主体，逐步形成了以家庭承包经营为基础，专业大户、家庭农场、农业产业化龙头企业为骨干，其他组织形式为补充的新型农业经营体系。

推动三次产业融合发展，围绕做优农业，做强加工业，做大旅游业的发展战略，提出"规模化、精品化、优质化"的产业发展策略，走出了一条"卖农产品—卖体验—卖生活"的乡村振兴之路。一是通过全域土地整治，实现农业的规模化种植，引领传统农民向现代农民转变；二是发挥互联网的作用，从传统销售到网上直销模式；三是延伸水稻产业链，发展精深加工业，如米酒、米糕等；四是保护乡村地域特色，培育乡村特色产品，将周边乡村名人文化、孝廉文化加以保护和利用，完善乡村公共服务设施；五是融入区域旅游大格局，通过提高区域生态环境品质，作为乡村精品旅游线路的重要节点。

图 8-7　建成后夏季实景照片

8.2.2　整合空间布局，完善配套设施建设

　　严守生态底线、维护生态格局、做好生态安全，落实生态保护红线的刚性管控要求，充分挖掘项目区存量建设用地，对于整治出的建设用地，预留 30 亩作为产业发展之用，新增耕地面积 3331.09 亩，缓解用地供需矛盾，提高乡村的土地资源配置效率。同时强化项目区公共服务体系的供给，一是构建圈层共享的公共服务体系，以合理的服务半径为基础配置公共服务设施，形成以网络化的公共服务设施为核心的复合单元，实现设施共享，村村联动互补形成区域公共服务的自给，具有一个公共服务较为完善的中心聚集点，承担组织生产生活服务的区域职能，为项目区生活、旅游等提供较为便捷的服务体系；二是构建互联互通的道路交通体系，增强各个功能区块的交通联系，提升交通基础设施供给水平；三是构建安全高效的基础设施体系，强化污水处理，推广清洁能源，制定环卫机制等完善基础设施体系，提升项目区的整体发展质量。

8.2.3 重塑乡村景观，促进生态价值转化

项目区的乡村景观集中体现在村庄与所处田园环境的整体格局之中，建筑与水网、沟渠、道路、农田的布局关系是风貌的空间载体。项目区以生产、生活、生态的和谐发展为理念，以农业和旅游业的共融互动为目标，还原江南水乡生活，丰富田园农业景观，打造诗意栖居的生活家园，保护湖荡湿地，打造鸟类迁徙的自然天堂。

对于农田景观，采取因循地势，化田为景的策略，农田布置顺应山体、水脉、道路，减少土方开挖，适宜做条田的整治为条田，适合做梯田的整治为梯田，同时对现状农田肌理进行最大限度地保留，减少工程投入；对于河渠水面，采用尊重肌理，延续走向的策略，优化水域周边水景观，采用生态驳岸设计，最大限度地保留河网水系的亲水性；对于林地景观，采用调整结构，适度优化的策略，重点对植物结构欠佳的区域，补种各层次植物，打造错落有致、高低相间、层次丰富的景观林地；对于村庄景观，采用突出特色，提升公共服务的策略，对于具有文化积淀的部分乡村，通过建筑外立面、庭院空间、公共活动空间等体现地域特色，同时补齐村庄文化活动空间、休闲娱乐空间等公共服务短板，营造具有浓郁乡愁的村庄景观。

图 8-8　建成后夏季实景图

图 8-9 建成后秋季实景图

　　项目区位于嘉兴市秀洲区新塍镇，涉及陡门村、万民村、潘家浜村、火炬村、大通村五个行政村，规划总面积3.54万亩。项目依托新塍镇现有自然资源、人文资源、产业资源，规划以"农民增收、农业增效、农村增美"为发展宗旨，以"浙北粮仓·田园古乡"为定位，优化产业结构，推行绿色生产，建成集现代农业、休闲农旅、田园社区为一体的省级田园综合体。

8.3.1　突破用地瓶颈

　　项目所在地的土地性质绝大部分为基本农田，可用于产业开发、旅游服务设施建设的用地极为有限，项目利用

图8-10　主入口建成全景图

农村全域土地整治的契机，将村内"一户多宅"的宅基地和闲置建设用地748亩，通过净增增减挂钩土地指标的方式调剂到合适的位置，作为农业加工、研发、展示、销售及田园综合体综合服务等用地，保障乡村产业发展用地。

8.3.2 夯实农业基础

结合项目地内已形成的精品粮油、特色水果两大主导产业，大力发展水稻、油菜、水蜜桃、火龙果、蓝莓、草莓、葡萄等种植业和加工业。通过成立专业技术协会，协调粮油和特色水果的种植大户、加工企业、农业机械化服务组织、植保专业合作社等合作组织和单位，形成联合体，解决产前、产中和产后服务中存在的问题。利用协会优势及农业综合服务中心建设，加强同科研机构、高等院校的技术交流合作，引进新技术、研发新产品，积极开展品牌化建设，创一流精品，争一流品牌。

加强农民特色产业培训，引导农民发展特色水果种植业，支持绿品源等龙头企业上市，推进龙头企业带动相关配套产业的发展，加快重大科技成果产业化和产业化聚集发展。注重领军人才的引进和培育，通过创建农技推广示范基地，提供良好的就业环境，吸引高层次的人才参与农业投资，为打造田园综合体注入新鲜的血液。

8.3.3 融合三次产业

利用新塍现有产业优势，打造粮油全产业链、特色水果产业链，以"农业＋农事体验""农业＋餐饮购物""农业＋休闲体验"为产业发展模式，依托农业资源优势，发展田园餐饮购物、会议会展、养生度假、科普教育、农事体验等相关旅游服务；与当地农业公司合作生产蓝莓原酒、蓝莓果汁、蓝莓酥等，延伸产业链，提升产品附加值，衍生出多元化农副产品，增加经济效益；利用顺丰"田园互联网"等项目，支持建设电商平台基础设施，拓展田园综合体特色农产品的销售市场。

产业融合一览表

产业链		第一产业	第二产业	第三产业	
		生态种植	农产品加工	农事体验、休闲观光	产业延伸
精品粮油全产业链	稻米全产业	水稻	稻米加工	传统农耕体验，认养稻田，创意稻田画，加工体验	五芳斋食材直供，秸秆利用、稻草人制作、稻米副产品
	油菜全产业	油菜	油菜加工	传统农耕体验，油菜花观赏，多彩花田，加工体验	食用油直供直销，保健品产业（蜂胶、蜂王浆）、影视场景合作
	秸秆—食用菌—芦笋生态循环产业	水稻、玉米、小麦、食用菌、芦笋		传统农耕体验，DIY，食用菌家庭种植	食材直供，创意包装、社交平台虚拟农场
特色水果产业链	精品油桃产业	油桃	油桃加工	认养果树，赏花，果实采摘	食材直供直销、培育桃花盆景产业、影视综艺场景合作
	优质葡萄产业	葡萄	葡萄加工	认养果树，果实采摘	组建专业交易市场、电商销售渠道
	特色水果产业	蓝莓、火龙果等	蓝莓加工	认养果树，果实采摘，五彩果园、季节性色彩营造，加工体验	水果市场直销、电商销售渠道、推进品牌化，开展水果节
	蚕—桑—果蔬生态循环产业	蚕桑、果蔬	有机肥生产	特定区域参观，采桑体验，蚕宝宝认养	肥料直销、节能环保产业、电商销售渠道

图 8-11　农耕文化园建成图

8.3.4 重塑田园景观

　　项目地中临水而居的水乡空间逻辑，白墙灰瓦的建筑风格，潘家浜村具有鲜明地域特征的桑梓文化依然在村落中有延续。对项目地内保留的村庄进行环境整治，保护和传承其良好空间肌理和建筑风貌，对风貌欠佳的建筑按照传统建筑风格进行修缮，对庭院环境进行梳理、美化；在项目地内沿主要交通干道修建骑行道路，全长 7.6 千米，骑行道路沿线设驿站和观景点，营造良好的田园游赏环境；邻潘家浜村修建农耕文化体验园，将农耕文化、桑梓文化赋予空间环境营建中，设置田园采摘、农事观演、田园野炊等相关旅游体验项目，营造多元的体验感。同时，引进现代生产、生活技术，将农业智能生产技术引进农业种植中，将现代智能营销、电子商务等技术引进农产品销售中。最终，营造传统水乡特色和现代生产生活环境相融合的风貌。

图 8-12　田园景观建成图

结　语

土地资源是人类赖以生存和发展的最基本的资源，自人类诞生之日起，人类就与土地资源建立了一种牢不可破的"人—地关系"。马克思指出，土地是一切生产和一切存在的源泉。威廉·配第则说，劳动是财富之父，土地是财富之母。土地资源对人类的这种特殊的重要意义，决定了人类对土地资源不断探索、不断开发与不断利用的行为。

　　由于人类的生存、发展与土地资源的开发利用密切相关，土地资源研究的历史源远流长。每个时代的生产力和组织模式、经济基础的不同，土地发展都会有契合自身的新内容。新石器时期对土地有了初步的萌芽阶段认识；夏、商、周时期有了对土地资源的利用和规划，形成"亩"的概念；春秋战国至鸦片战争时期对土地的资源整理和分类有了更加科学的认识。成书于战国时期的《尚书·禹贡》把土地资源分为 9 个级别。《管子·地员》按土地的肥沃程度及对农作物的适宜性和生产力，将耕地分为上、中、下三等和九级。这是中国最早的系统地对土地资源评价分类的总结。《周礼·地官司徒》记载了战国时期绘制的土地图（地籍图），成为统治者管理土地资源的依据。自春秋战国之后，《氾胜之书》《齐民要术》和《王祯农书》等典籍中均有合理开发利用土地资源的思想理念。鸦片战争后，帝国主义的坚船利炮打开了中国的大门，随着社会的发展，中国人日益看到了西方科技的先进性，20 世纪初期许多中国青年赴西方国家求学，尔后把西方的先进理念引入中国。土地资源的研究也是如此，黄国璋、盛叙功是引进西方土地资源开发利用理论的先驱。在引进西方理论（主要是土地区位论）的同时，还开展了实际应用研究。1932 年翁文灏发表了《中国人口分布与土地利用》一文，1941 年出版了金陵大学美籍教授卜凯（J. L. Buck）与中国学者合著的《中国土地利用》一书。这表明 20 世纪 30 年代至 40 年代，具有真正现代科学意义的中国土地资源研究已经成型。

　　中华人民共和国成立以来至今，土地资源研究经历了这样一个过程，即：土地类型研究—土地利用研究—土地资源评价研究—土地资源承载力研究—土地利用规划研究—土地资源管理研究。而如今，山水林田湖草生命共同体概念的提出，乡村振兴、共同富裕、生态文明等理念的延伸，以人民为核心的理念不断深入人心，土地要素在我们生态、生产、生活要素中的重要性愈发重要。

当前，由于城市化进程的不断加快，城乡之间土地资源利用之间的矛盾可谓是愈发突出，城市建设期间所需要的土地资源越来越多，而可用的土地资源则越来越少。对于农村地区来说，越来越多的农民进城务工，田地荒芜现象明显增加，土地资源闲置问题突出，如何有效地解决当前土地资源利用时产生的矛盾，更加高效地利用土地资源是促进我国发展建设的关键所在。

全域土地综合整治以顶层设计、创新驱动的前瞻性，项目标杆、示范引领的示范性，因地制宜、特色明显的多样性，全程参与、智慧赋能的科学性为四大基本原则，以实现土地利用集约化、空间要素生态化、人居环境人本化、未来乡村数字化、资源开发产业化为目标，统筹推进"三生"空间优化、美丽乡村建设、耕地保护、生态修复、产业发展和乡村治理，探索未来乡村的新模式。

全域土地综合整治相关工作经过多年的实践，已经形成一套可复制、可推广、可见效的新模式，助力全国乡村全域化发展，但是受限目前多因素的限制，并未达到预期的高完成度，故而在本书上文提及的相关步骤和内容外，对后续全域土地综合整治发展提出了以下几点展望。

（1）加强政策标准供给

土地资源管理的意义就是要让土地进行科学可持续发展，要合理控制人类自身发展给土地带来的负担。为解决这一主要问题，避免土地资源与人类经济发展矛盾，有关政府部门意识到这一问题，将近几年来土地资源管理进行调整，合理管理土地资源，在土地管理上投入精力，加强引导梳理，追求土地资源管理合理化，构建土地资源与经济发展的和谐关系，制定与完善乡村全域土地综合整治与生态修复的新模式。

1）政策管控体系

土地整治中央有要求、现实有需要、地方有实践，但是有关政策规定还不够清晰，需要顶层设计、制度创新。为此，需要各方上下结合，在充分结合区域实际的情况下，制定出一系列从国家到基层的农村产业融合发展用地政策、耕地指标优先交易政策、城乡建设用地增减挂钩政策、灵活性施工用工政策等多元化的政策体系，充分调动各方资源，发挥全域土地综合整治的真正价值。

首要的是做到健全有关法律的实施，在政府有关管理部门的领导下，规范土地管理中存在的问题，在本质上改变土地资源被动状态，明确有关管理职责，才能更好地保护农民的合法利益。治理有关地方官员违法现象，避免他们只在乎眼前利益，不计后果的行为。为了切实转变观念，应把土地管理和国家经济建设可持续发展紧密联系起来。另外，全面提高相关工作人员的素质是必要条件。土地资源管理是一项重要而又复杂的系统工程项目，如果想要实现土地资源管理的合理化，就要依法治理，但还是需要依靠相关管理人员的力量。当前我国土地资源管理人员的现状普遍专业素质不高，缺乏有关专业知识的学习，缺乏管理能力，特别是缺乏整体素质高的专业人才。土地资源管理具有极强的中介性质，这就需要相关专业人士熟悉土地资源管理知识，这样工作效率才会更高。

2）规范技术体系

土地整治经过了20多年的发展，全国土地整治领域已经发布实施了国家标准和行业标准几十项，全国土地整治机构已制定土地整治地方标准一百余项，但是结合当前的发展背景，对土地整治又提出了更高的要求。

全域土地综合整治作为当前国家实施乡村振兴的重要战略手段，虽然各地都有了一定的实践经验，但是各地差异化较大，未能有全国统一完善的规范体系。需在国土空间规划的引领下，进行全域规划、整体设计、综合治理、多措并举，用"内涵综合、目标综合、手段综合、效益综合"的综合性整治手段进行整治，制定出一套从申报、管控、规划、设计、施工、运营、流通等全生命周期的标准化全国推广模式，从而高效统筹农用地、低效建设用地和生态保护修复，促进耕地保护和土地节约集约利用，解决一二三产融合发展用地，改善农村生态环境，助推乡村振兴。

3）提高土地资源管理的监督质量

在社会发展建设过程中，土地资源利用效率低、资源利用不合理等都将会对土地资源管理质量效果产生影响，而要想真正实现土地资源管理的高效利用，就需要进一步加强对土地资源的利用监督。如在城区建设的过程中，既要从当前发展的角度分析不同规划方案将会对土地资源利用产生的效果，同时还需从全局和可持续发展的角度考虑土地资源的利用问题，这样才能做出更加科学的土地资源利用规划。此外，地方政府还需尽早建立专业的土地资源管理机构，明确各个基层地区土地资源管理的职责，提高土地资源的监管水平，加强对各种土地资源的集约管控。在土地资源使用时，必须要按照规章程序，仔细地对每一块土地用途、去向等进行审批，对于资质不合格或者是证书不全面的土地资源利用不予审批，对于违背国家政策、法规的土地利用，则需要及时中止项目，避免资源不合理利用的现象发生，使土地资源利用价值最大化。

总之，土地资源的高效管理、合理利用，对社会的发展和进步、人地资源矛盾的缓解有着较为积极的促进作用，但是要想真正做好土地资源管理也并非一朝一夕的事情，其需要协调多个部门，从社会发展实际出发，有针对性地解决相关问题，这样才能真正提高土地资源管理利用效率。

（2）加快数字乡村建设

数字乡村是乡村振兴的战略方向，也是建设数字中国的重要内容。当前农村信息网络快速发展、农业数字化集成加快，但面临基础设施、服务供给、政策支撑和专业人才等方面的不足，未来应围绕农业强、农村美、农民富的发展目标，实施智慧农业、数字乡村建设和富民数字化三大工程，积极推进数字技术在农业农村领域应用。积极推进数字技术与农业的深度融合应用，建设农产品智慧供应链，强化农业农村数字技术创新，加强数字技术与农业农村领域融合发展，加快都市型现代农业提档升级，完成美丽乡村的数字化转型。

随着新一代信息技术的飞速发展，数字经济正加速重构经济发展模式，成为带动经济增长并引领产业转型的新引擎。在数字经济的带动下，互联网、大数据、物联网等数字技术与实体经济深度融合，为数字农业的发展创造了机遇。数字农业不仅是数字经济的重要组成部分，也是实现农业农村现代化这一乡村振兴战略总目标的重要途径，中共中央 国务院高度重视数字农业的发展。2019 年 5 月，中共中央办公厅、国务院办公厅印发《数字乡村发展战略纲要》，明确提出要大力发展农村数字经济，夯实数字农业基础，推动农业数字化转型，整体提升和带动农业农村现代化发展。2020 年 1 月，农业农村部、中央网信办联合印发了《数字农业农村发展规划（2019–2025 年）》，强调要以数字技术与农业农村经济深度融合为主攻方向，用数字化引领驱动农业农村现代化，为实现乡村全面振兴提供有力支撑。2021 年 3 月发布的《中华人民共和国国民经济和社会发展第十四个五年规划和 2035 年远景目标纲要》中提出了"加快数字化发展，建设数字中国"的新要求，强调要加快发展智慧农业，推进农业生产经营和管理服务的数字化改造。毫无疑问，数字农业的高质量发展是支撑新时代我国农业农村现代化的现实基础，也是实现乡村全面振兴的重要抓手。

在数字农业发展环境方面，加大政策资金投入，营造良好发展环境。数字农业的高质量发展不仅依靠数字技术的进步为其提供技术支撑，更需要政策、资金等方面的投入为其提供保障。无论是在完善基础设施网络布局，推进农业数字技术产业集群建设，还是引导农业数字化转型升级过程中，政府都扮演着重要的规划协调者与投资方的角色。在政策投入方面，应发挥政府角色作用，完善和落实数字农业相关政策，对已出台的支持政策的执行情况由各有关单位进行自查，使支持政策在农业数字化转型和应用示范等方面的效能得以发挥。在资金投入方面，应进一步加大资金支持力度，重点关注中西部农业数字化投资力度偏弱的省份，同时借鉴其他省市先进经验，设立数字农业发展专项基金，转变投入方式，引导社会资本投资数字农业相关领域，打造多元化投融资体系。

在数字农业信息基础方面，加强基础设施建设，夯实数字农业发展根基。农业物联网和互联网的基础设施建设，是发展数字农业的前提和基础。目前我国已基本实现村村通电话、乡乡能上网，但在电脑电话数量、固定宽带速率以及移动互联网用户量等方面，农村与城市、中西部地区与东部地区相比仍有较大差距。因此，要促进农业数字化转型，应加强基础设施建设，将农业信息化基础设施建设提升至与水利、电力、交通等传统基础设施同等重要的地位。一是加强农村宽带接入端口建设、网络通信基站建设等，不断提高带宽、升级网速，推动信息服务深入农村基层，使网络体系和移动终端能够成为贫困地区农户破除地理因素限制并及时获取农业农情、市场等信息的重要途径，逐渐实现各地区间信息数据的互联互通。二是加快推进以5G、物联网、卫星互联网为代表的通信网络基础设施建设，构建安全、移动、高速、泛在的新一代农业信息化基础设施，使农村网络延伸覆盖以保障农业数字化系统和装备的相互配合与高效应用，缩小由信息化基础设施差距导致的农业"数字鸿沟"，夯实数字农业发展根基。

在数字农业技术支持方面，加大农业数字技术产业发展力度，发展数字农业新基建。随着物联网、互联网、大数据、遥感观测与导航定位等数字技术与农业产业不断融合，农业信息的获取与检测更需要提高质量与效率，这依赖于农业数字技术产业的科技创新与发展。因此，一方面，要加大农业科技投入促进农业数字技术产业发展，将新一代信息技术与农业装备制造有机融合，提高农业装备水平和农机作业质效。另一方面，要注重搭建农户、企业、科研机构、政府等相关主体间的信息交流平台，实现农业信息多层次的实时反馈与交流。在技术层面，要大力发展以农业数据中心为代表的数字农业新基建，搭建农业大数据云共享平台、智能化农情监控平台、农产品可追溯平台等。农业大数据云共享平台注重农业数据的采集质量，在保障数据信息安全可靠的基础上提供数据云共享服务。智能化农情监控平台可将现代化农业装备与信息基础设施连接起来，在全面的农情感知系统、可靠的数据传输系统以及高效的智能控制系统的配合下，实现平台智能分析、联动控制和精准干预。农产品可追溯平台能够及时收集农产品从生产到仓储再到销售全过程的数据信息并反馈给消费者，以保障农产品质量安全可视化，让消费者更安心。让网络成为新农具，让直播成为新业态，让数字成为新农资。数字农业的高质量发展正逐步成为促进农业转型升级、农业农村现代化发展、农民数字化水平提高的强大动力。

基于当前数字化发展思路，至少可以进行乡村数字化平台建设的初步思考和构建。其中，全域数字化流程、全域产业数字化拓展的建设思路可供后续发展借鉴。

1）全域数字化流程

全域综合整治规划目标是将整治任务、指标和布局落实到具体地块，通过高起点规划、高标准设计，整体推进农用地整理、建设用地整理和乡村生态保护修复，优化耕地格局，整治废弃土地，盘活存量建设用地，修复治理水体、土壤等生态环境，提升土地节约集约利用水平和生态服务功能，构建全域生态宜居与集约高效的土地保护和利用新格局。全域综合整治借助新时代新技术的科技发展，充分结合地理信息、大数据、物联网、互联网、AI、5G等数字化技术，全方位统筹政策发布、试点申报、规划设计、施工运营、生产销售等全生命周期，打破原有地理位置偏远、部门各自为政、市场信息滞后等限制因素，建立全域土地综合整治数字化平台，建立"土地码"等信息标签，管控全生命周期的建设运营，打通各项要素之间的数据流转障碍，充分体现"一张蓝图干到底"的理想目标。

全域土地整治数字化的技术革新主要体现在三方面：设计阶段的数字化、施工阶段的数字化、运维期的数字化。

设计阶段将GIS+BIM技术整合，充分发挥两种技术优势，将BIM与GIS技术结合并整合多部门数据，整体协调推进项目，达到一张蓝图管控全局。同时，通过大数据+AI，用智能化的数字分析和比选得到最佳的设计方案，实时根据业主的需求对方案模型进行修改，减少沟通产生的理解偏差，提高各方之间的沟通效率，并运用三维场景的可视化功能，实现项目设计方案决策的直观和高效。

施工阶段充分利用BIM技术，实现数字孪生的价值转换，对施工现场场布、土方开挖等进行施工工艺模拟，能够直观地表现施工现场、办公区、生活区的位置空间关系，给现场材料堆放、行车路线提供优化参考，提高施工场地的利用率；在项目建造过程中合理制定施工计划、精确掌握施工进度，优化使用施工资源以及科学地进行场地布置，在精细化管控、物料溯源、安全管理等过程对工程施工进度、资源和质量进行统一管理和控制，以缩短工期、降低成本、提高质量。

运维期通过收集整治区域边界与地块位置、土壤分布水源信息、渠管和沟道分布、闸阀位置等灌溉信息，并通过遥感、无人机等手段收集整治区域农作物反射特性、时相特性及空间特性，农作物种植结构提取方法，土地利用现状等种植信息，利用数字手段分析，实现整治区域输配水、种植结构、种植密度、灌溉方式、土壤肥力（供肥）等智能化、数字化管理。

2）全域产业数字化拓展

为提高农业的产出及资源利用率，将信息化技术、网络技术等新的科学技术引入农业。随着农业信息化的发展，更多的智能化出现在农业中，云计算、物联网、机械人工智能等技术不断成熟。融合物联网技术，开发适用与农业生产精确化、设施化等要求的农业智能装备和技术设备，包括耕作、灌溉、细草、施肥、收割、采摘机械智能化等作物生长各阶段高新智能设备。采集上报的数据将更加精确，为农民提供更适合的作物品种及耕作方式，最终达到科学种植，实现产业化与信息化的融合，自动化、远程化、实控化、智能化的结合。建立各种农业科学专家智慧系统、农业作物生长物联网控制系统、农业自动化系统、有机农产品安全溯源系统等，通过计算机系统对农业生产进行经营，通过互联网的互联互通，及时了解国内外的农产品的市场动态，作为园区农业生产与经营决策的依据。开发模拟分析应用，使用信息技术对农作物、畜禽的生长过程进行模拟，并在极短的时间内就可以得出模拟结果，以此来制订最优的作物生长方式和畜禽饲养措施。

农业产业互联网有两个关键部分组成：一是"农业产业"，二是"互联网+"。农业的产业链条很长，但基本由这几部分构成：种植养殖—初深加工—仓储冷链—物流运输—市场流通—终端消费者。产业链是农业产业核心要素的集合，有了产业链上核心要素的聚集才有规模化，有了规模化才有规模效应，有了规模效应才有降本增效，有了降本增效才有农业产业升级的基础。

"互联网+"，代表着要在农业产业上运用现代先进技术。技术上和农业相关的技术有云计算、大数据、物联网、遥感、区块链等。结合农业的特点，农业行业本身有很多问题痛点，同时，信息化程度相对工业和服务业要低很多，所以在农业要先进行产业的数据化，再进行数据的产业化，最终构建农业数字经济生态。

农业数字化进程的推进过程中，技术本身很重要，但更重要的是技术在农业的应用场景，更更重要的是技术应用场景是不是能够聚合在一起，聚合在一起才能成链，聚合成链才是体系，形成体系才有盈利模式。这也是农业如何解决科技和产业两张皮问题的关键，是一二三产业如何融合的推动力，是农业集群式发展的内在逻辑。依托航天技术优势，以农业安全、高效、精细、环保为目标，以云、大、物、移、智为手段构建"互联网+农业"全产业链服务平台，利用市场、金融等工具引导农业生产方式及产业结构转变，重构"互联网＋农业"产业链价值体系。简化管理监督，助推农产品标准化、农业金融保险、区域品牌等体系建设和助力产业链全过程精准服务，不断融合农业产业数据资源形成数据资产，应用和服务于全社会。

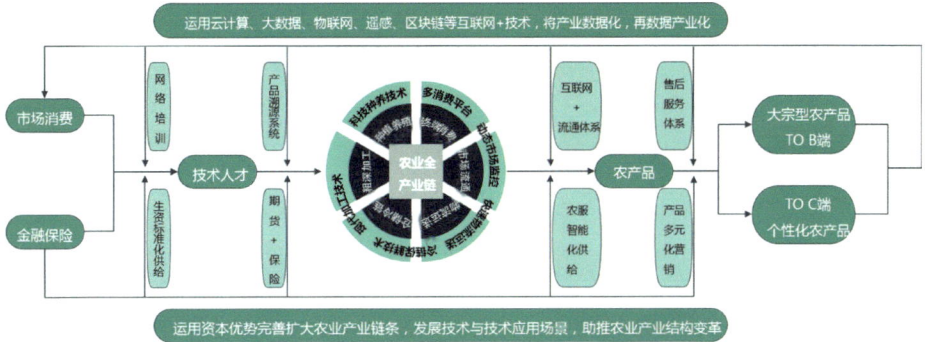

全域产业数字化流程图

（3）创新资源转化途径

土地仅作为生产场所使用的时代已经过去了。土地作为财富的作用已越来越多地得到重视。但是土地资源不能自行成为土地资产为使用人带来利润和现金流量；土地从资源到资产的转化是有条件、有代价的；土地成为资产的必要条件是将其成为企业"可控制"的法人财产，成为资产的充分条件是作为客体参与企业的经营活动，如抵押、转让、作价入股、划拨用地通过协议出让、支付地价款等取得土地使用权，具备了同时享有经济杠杆和取得全部自然升增（因政府基础设施投入、环境改善、区域整体功能提升的多重优势，可以取得最佳的经济效益，其特性应当得到重视）。

推进农村一二三产业融合发展是党中央 国务院做出的重大决策，也是"三农"政策理论的创新和发展。要全产业链、全价值链打造，使农业不断增值、增效，农民增收。农村产业融合发展可以构建现代农业的产业体系、生产体系、经营体系，可以促进农民持续较快的增收，可以培育农村新产业、新业态、新模式的发展，可以推动城乡融合发展。推进农村一二三产业融合发展，可以推动实施乡村振兴战略，增强农业农村的新动能。"互联网＋"具有互通互联，连接万物的作用，不仅连接新农具、新工具、新设施，同时连接人、连接商品、连接市场、连接万物，利用市场需求和消费信息来引导生产、加工、流通,增强一二三产业的互联互通性,把"互联网+"的理念、技术引入到农业,推进农业与其他产业深度融合,打造农业农村经济的升级版。"互联网+"催生各种创意农业、分享农业、众筹农业、电子商务等新业态、新模式,不断挖掘了农业的多功能,让农民分享增值的收益。

基于现状全域土地综合整治,至少土地综合整治+国土安全(绿色矿山、地质灾害、土壤修复)、土地综合整治+人居环境(美丽乡村、历史文脉、乡村旅游)、土地综合整治+生态修复(林网改造、水系整治)、土地综合整治+三产融合(现代农业、数字化)等模式已经得到实践检验。通过多模式和多目标的整治模式,统筹全域各类建设项目,将要素资源转化为新时代的发展资源。

1)生态要素转化

将全域土地综合整治深入学习和探索"GEP"(生态价值转换)、"碳中和"转化思想,不断升华生态绿色价值。从发展方式来看,未来产业发展要走生态绿色循环发展之路,绿色生态成为新型产业发展载体。以土地综合整治、土地流转、自然资源资产确权等为基础,坚持走生态优先和绿色发展相结合的道路,着力做好"美丽生态"环境资源转化为"美丽经济"文章,探索"两山"转化新通道,加快打通生态资源向生态产品、生态商品、生态服务的转换通道,实现 GEP 和 GDP 协调较快增长。将生态系统服务功能的价值和自然生态、资源环境质量挂钩,针对生态资源环境不同质量等级制定差异化价格。探索 GEP、碳汇核算指标、核算方法、核算因子、价值化方法,以及"GEP""碳中和"绿色发展模式及相关考核制度,推动经济高质量发展。

借力"两山银行"机制,有效整合优质的山水资源,通过林网改造、水系整治、生态海岸带等各种形式的土地综合整治,梳理谋划水源涵养、土壤保持、废物处理、生物多样性保护等服务类生态产品,实现生态环境资源的服务和供给价值。以生态资源的分散化输入、生态资本的集中式输出为核心,实现生态资源的优化配置和高效利用,不断把生态优势转化为经济优势,创新建立由政府主导、企业参与、市场化运作、可持续的生态产品价值实现路径。

2)生产要素转化

未来农业产业发展将更加突出产业融合发展理念,更加重视绿色化的投入、规模化的生产、机械化的操作、智能化的管理、集团化的运营和品牌化的发展,满足消费者对安全、绿色、健康、多元的产品、业态和服务的需求。

通过农产品生产、加工储藏、物流配送、市场营销等环节的标准化建设,实现生产、加工、销售的无缝衔接和全链条流程的贯通,以产业链不同环节间建立的需求信息和生产标准为纽带，使乡村产业价值链、信息链、物流链、组织链、资金链、产品链缔结为有机整体，增强乡村生产体系的整体竞争力和创造力，最终实现农业经营效益的最大化。

产业全生命周期的覆盖，包括增加产业链的纵向延伸、产业链横向延伸和扩大产业链的厚度。通过深加工，延伸产业链；发展中高端产品，提升附加值；提高农村服务业水平，创新乡村服务产品；通过一二三产业融合发展，促进产业形成"接一连二带三"的良性互动发展；积极发展企农契约型、利益分红型、股份合作型合作模式，将资源要素在农村进行整合，健全利益联结机制。

3）生活要素转化

农村生活要素主要是指农村建设用地。随着城市化不断推进，近年来农村闲置建设用地不断增加。盘活这类低效建设用地，将其合理转化为农村发展新动力，必将助推乡村振兴伟业。作为农村土地改革的重头戏，农村集体经营性建设用地入市改革牵动人心。近年来从国家到基层，都在不断探索生活要素转化的中国农村用地发展新模式。全域土地综合整治，以全生命周期的宏观思维，统筹评判区位条件、资源禀赋、环境容量、产业基础和历史文化传承，探索出适合当地实际的农村闲置宅基地和闲置民房盘活利用模式。鼓励利用闲置住宅发展符合乡村特点的休闲农业、乡村旅游、餐饮民宿、文化体验、创意办公、电子商务等新产业新业态，以及农产品冷链、初加工、仓储等一二三产业融合发展项目。

按照"总量锁定、增量递减、存量优化、流量增效、质量提高"的土地管理基本策略，通过对规划建设用地外的现状低效用地进行拆除复垦，使之恢复为农业生产和生态功能，并将腾挪出来的土地指标用于规划建设用地内的新增建设项目落地。构建建设用地流量空间管理机制，按照"以用定减、以减定增"原则分解下达各区年度减量化任务，并安排年度用地计划，实现土地利用计划安排由"以增量为主"转为"以流量为主"，并将减量化形成的土地指标向乡村地区倾斜，对前期手续等条件已经成熟但暂无减量化指标的乡村振兴项目，在明确规划方案的前提下，依申请提供周转指标。发挥区域"增减"效应，"减"了低效现状用地，"增"了高效发展空间；"减"了污染排放，"增"了改善环境；"减"了安全隐患，"增"了和谐稳定；"减"了低质资产，"增"了优质资产。突出数字化改革重点，聚力打造邻里、文化、健康、生态、创业、建筑、交通、数字、服务和治理等应用场景，实现乡村生产生活生态全方位、系统性重塑，基本实现农业农村现代化的样式、全面实现乡村振兴的样品、高质量乡村建设的样板，让美好生活充分融入乡村振兴之中。

（4）创建全域美丽乡村

诗人陶渊明"采菊东篱下，悠然见南山"，道出了很多人心中的最美田园梦，是人类向往自然的真切表达，是融于自然的人生哲学之美。全域土地整治不仅包含区域山水林田湖草等生态要素，同时也包含了人文要素、区域要素的方方面面。将各种要素系统整合，创造出现代人对田园乡村梦的未来畅想，是全域土地整治绘画自然与人文之美的终极目标。全域土地整治项目工程营造，是美丽乡村建设的一种具体提升展现方式，是一种美丽全域全要素的协调整合措施，是一种自然人文产业多元融合的实施路径，是一种对未来乡村的美丽畅想。

1）自然生态之美

全域整治项目农田复垦工程选址多为废弃矿地、未利用地、废弃荒地等自然环境较差或是已受到严重破坏的区域，其生态环境较单一，与周边完好的自然环境对比明显，缺乏自然协调统一之美。全域土地整治项目按照生态文明建设，以生态保护为前提，以生态修复为基础，重构区域生态系统自然环境，以农田为主要人造生态要素，其余生态要素为辅，对现状生态良好的予以保留，对现状生态较差的予以修复，将各要素融入整个生态系统之中，打造优质的生态基底，展现自然各要素的生态之美。

2）人文韵味之美

我国地域广袤，各类地质地形上都分布着各色各样的自然村落。乡村区别于城市最大的区别就是浓厚的邻里人文关怀，但是近年来随着城市化的发展进程，各个村落都受到了较大的影响，这种城市化影响两极发展，有好的，也有不好的。一种典型是城郊型村庄，完全按照城市化建设思路，大广场大马路，缺失乡村气息的人文魅力；一种典型是山区型村庄，人员构成上空心化、老龄化，旧建筑破败、新建建筑丑陋，缺乏乡村活力。目前中国多数村庄建设千篇一律，南北东西各类村庄风貌都差不多。虽然新农村建设、农村环境整治等工程推进，对乡村风貌有序提升改善，但是任务依然艰巨。

全域土地综合整治，不仅对生态要素进行统筹协调，还对村庄建设进行规划建设。全域整治项目人文要素建设，充分挖掘乡村历史文化、建筑文化、民俗文化、宗教宗族文化、饮食文化等，强调乡村建设既要有"形"，也要有"魂"。规划设计中对文化元素提取并转化为设计思路，将文化以有形的方式重新展现，同时充分尊重村民建议，让村民共同参与到村庄建设中，希望以有形的村庄公共项目建设，连接人与人之间的沟通桥梁，重塑无形的人文韵味之美。

3）产业创富之美

要振兴乡村，必须使农业强旺、农村美丽、农民富裕，其中让农民富裕是关键。未来乡村产业形态不断丰富，未来乡村产业将重视跨界配置农业和现代产业要素，促进产业深度交叉融合，形成"农业+""文化+""旅游+"等多业态发展态势。农业文化、农业教育、农业旅游、乡村康养、乡村电子商务等产业快速发展。建立标准化生产、规模化经营、品牌化管理的现代农业发展体系，做大农产品品牌。支持符合条件的试点村建设特色产业园、小微创业园，支持村集体利用闲置厂房、农房等建设"共享办公""共享创业"空间，吸引年轻人回来，城里人进来。加快三产融合、产村融合，壮大美丽经济新业态，积极组织农事节庆、体育赛事、音乐节、美食节等活动，增添乡村人气，集聚乡村财气。

未来乡村产业应发挥乡村价值，在引导供给上下功夫，满足不同性质的需求市场，制定适应市场、满足市场、引导市场发展的策略，其中产品的迭代创新方式是保证市场策略实施的重要路径，实现需求的升级与变化推动供给的发展与升级，在供给满足需求的过程中，不断创建满足、引领与创造需求来发展现代乡村产业。

4）多元融合之美

近年来，乡村发展提速，多元要素加快融进乡村建设。这其中包括新中式建筑与传统建筑、乡村人造景观与乡村自然景观的有形融合，同时也有城市生活方式与乡村生活方式、新兴产业与乡村第一产业的无形融合。试图打破乡村原有既定的壁垒和刻板模式，走向一个更开放、更融合的高效型乡村社会，以"科创融合、产创融合、文创融合"多元融合的创新模式，展现未来乡村发展的多元融合之美。

5）时代印迹之美

自20世纪初起中国乡村发生结构性变革，中国历史变迁在整个世纪中的主体始终是乡村社会变迁。中国近代乡村发展从梁簌溟引导的乡村运动开始，晏阳初推动中国乡村建设学院设立，直至20世纪80年代提出建设小康社会，建设社会主义新型农村。在这发展过程中，城市的快速扩展与乡村的逐渐衰败引起了各界的高度关注，党中央的建设经验越发丰富，乡村振兴战略等一系列政策的提出，从而兴起了新的乡村运动。全域土地综合整治模式，在国家自上而下战略性的乡村建设体系下，结合时代特色探索并提出的乡村建设新模式，是一种自下而上的科学发展方式的实践，以村庄实用性规划结合国土空间规划而形成的国土空间综合整治，必将在乡村发展史上留下时代的印迹。

"一切历史都是当代史"，意大利史学家哲学家克罗奇在其专著《历史学的理论和实际》中提及这个概念。当代并不仅仅是一个时间概念，而更多的是一个思想观念。正如克罗齐自己所表明的，"当代"是对历史做出叙述时所出现的一种思考状态。这种思考无疑是思想的现实化和历史化。在当下这个缤纷多彩的世界中，我们同样是历史的创造者。"世界处于百年未有之大变局"，这是党的十八大以来，以习近平同志为核心的党中央高瞻远瞩、深谋远虑，洞察时代和世界发展大势，深入分析世界经济、政治、文化、社会等方面的基本特征及对世界和中国的影响，深入分析国际格局和国际体系的历史发展及深刻演变所作出的重大战略判断。处于大有作为的战略机遇期，我国致力于推动经济实现高质量发展。当前，中国经济实现高质量发展具有四方面可靠的支撑条件。第一是丰富的人力资源和人力资本。中国有9亿多劳动年龄人口，相当于美国、日本、欧盟的总人口。2009年以来，中国研发人员规模稳居全球首位，STEM（科学、技术、工程、数学）人才培养不断加强。第二是拥有充裕的资金供给。当前我国储蓄率虽然比历史峰值有所下降，但仍远高于美国等发达国家水平，我国政府负债率远低于国际社会通用的警戒线。资金供给充裕，债务风险水平低，为我国经济持续健康发展创造了有利条件。第三是具备强大的网络化基础设施。纵横成网、互联互通的基础设施，增强了经济发展的韧性和回旋余地。第四是巨大的市场规模和需求扩张空间。在这方面，我国拥有独特的优势条件。一方面，市场规模巨大、内部结构复杂，有利于形成形态更高级、分工更复杂、结构更合理的经济体系。另一方面，我国经济发展尚不平衡，这意味着巨大的社会总需求，无疑将激发出强劲的发展动能。而这样的历史背景，都是我们当代从事全域土地综合整治的同志最佳的历史画板。我们相信，在历史长河中，一定能留下一些我们的思考。

参考文献 ————————————————————————

[1]. 李文学. 土地整理与粮食安全 [J]. 理论与当代，2008（10）：42-45.

[2]. 傅泽强，蔡运龙，杨友孝，戴尔阜. 中国粮食安全与耕地资源变化的相关分析[J]. 自然资源学报，2001（4）：313-319.

[3]. 肖建刚. 建设高标准基本农田　保障国家粮食安全 [J]. 南方国土资源，2012（6）：10-11.

[4]. 丁庆龙，叶艳妹. 乡村振兴背景下土地整治转型与全域土地综合整治路径探讨 [J]. 国土资源情报，2020（4）：48-56.

[5]. 陈铁雄. 开展全域土地综合整治　助推乡村振兴战略实施 [N]. 浙江日报，2018-07-16.

[6]. Erich Weiβ，贾生华. 联邦德国的乡村土地整理 [M]. 北京：中国农业出版社，1999.

[7]. Thomas J.Zur Sinnhaftigkeit von Bodenordnungsmaßnahmen in den ländlichen Bereichen-Versuch einer Systematisierung. Zeitschrift für Kulturtechnik und Landentwicklung[J]. Journal of Rural Engineering and Development，1995,36：293-299.

[8]. 刘文贤. 谈谈日本土地制度 [J]. 北京房地产，2006（3）：105-107.

[9]. 汪先平. 当代日本农村土地制度变迁及其启示 [J]. 中国农村经济，2008（10）：74-80.

[10]. 贾克敬，张辉，徐小黎，祁帆. 面向空间开发利用的土地资源承载力评价技术 [J]. 地理科学进展，2017,36（3）：335-341.

[11]. 严金明，张雨榴，马春光. 新时期国土综合整治的内涵辨析与功能定位 [J]. 土地经济研究，2017（1）：14-24.

[12]. 谭荣，王荣宇. 借鉴德国乡村整治经验 助推全域土地综合整治[J]. 浙江国土资源，2018(10)：19-22.

[13]. 国土资源部土地整治中心. 德国土地整理研究 [M]. 北京：地质出版社，2016.

[14]. 田玉福. 德国土地整理经验及其对我国土地整治发展的启示 [J]. 国土资源科技管理，2014,31（1）：110-114.

[15]. OECD. 环境绩效评估：德国. 於方等译 [M]. 北京：中国环境科学出版社，2006.

[16]. Ohashi，K.Arable Land Readjustment in Japan：Consolidation of Japanese Farmland in the Century since the Institution of the 1899 Arable Land Readjustment Act[J]. International Conference on Spoken Language Processing，1990，Vol.38，pp：1-4.

[17]. 焦必方. 战后日本农业的发展与问题 [J]. 国际学术动态，1997（9）：5-8.

[18]. 王瑷玲，齐藤雪彦，高明秀. 日本农业农村整备及其对我国新农村建设的借鉴 [J]. 山东农业大学学报（社会科学版），2009（4）：34-39，121-122.

[19]. Sorensen A.Land readjustment and metropolitan growth：an examination of suburban land development and urban sprawl in the Tokyo metropolitan[J]. Progress in Planning，2000,53（4）：217-330.

[20]. 孙强，蔡运龙.日本耕地保护与土地管理的历史经验及其对中国的启示 [J].北京大学学报（自然科学版），2008（2）：249-256.

[21]. 杨庆媛，涂建军，廖和平，等.国外土地整理：性质，研究领域及借鉴 [J].绿色中国：理论版，2004（6M）：49-52.

[22]. 林柏璋.农地重划改善营农环境及农村生活环境 [J]丰年，2007,57（10）：56-58.

[23]. 张修川.台湾农村社区土地重划的经验 [J].中国土地，2012（8）：57-58.

[24]. 国土资源部土地整治中心.东亚地区典型国家和地区土地整治研究 [M].北京：地质出版社，2017.

[25]. 严桥来，沈志勤，何佑勇.浙江：推进乡村全域土地综合整治与生态修复 [J].中国土地，2019（12）：57-58.

[26]. 董祚继.探索一条符合中国实际的乡村振兴之路——浙江省农村全域土地综合整治的实践与前瞻 [J].浙江国土资源，2018（10）：7-12.

[27]. 顾守柏，刘伟，夏菁.打造"土地整治+"的新格局——上海的创新与实践 [J].中国土地，2016（9）：42-44.

[28]. 贾文涛.统一概念为土地整治保驾护航 [J].中国土地，2012（8）：46-47.

[29]. 王军，钟莉娜.中国土地整治文献分析与研究进展 [J].中国土地科学，2016,30（4）：88-97.

[30]. 贾文涛.从土地整治向国土综合整治的转型发展 [J].中国土地，2018（5）：16-18.

[31]. 夏方舟.全域土地综合整治：发展背景、系统内涵与趋势展望 [J].浙江国土资源，2018（10）：23-25.

[32]. 李侃桢.土地综合整治的理论创新与实践探索 [J].中国土地，2018（2）：4-7.

[33]. 周远波.全域土地综合整治若干问题思考 [J].中国土地，2020（1）：4-7.

[34]. 李红举，曲保德.全域土地综合整治的实践与思考 [J].中国土地，2020（6）：37-39.

[35]. 吴次芳等.国土空间生态修复 [M].北京：地质出版社，2019.

[36]. 曹帅，金晓斌，韩博，孙瑞，周寅康.从土地整治到国土综合整治：目标、框架与模式 [J].土地经济研究，2018（2）：133-151.

[37]. 龙花楼.论土地整治与乡村空间重构 [J].地理学报，2013,68（8）：1019-1028.

[38]. 黄雪飞，吴次芳.城乡融合视野下全域土地整治的动力机制与规划框架构建研究 [J].国土资源情报，2018（6）：46-51.

[39]. 陆大道，郭来喜.地理学的研究核心：人地关系地域系统 [J].地理学报，1998,53（2）：97-105.

[40]. 杨青山，梅林.人地关系、人地关系系统与人地关系地域系统 [J].经济地理，2001（5）：

532-537.

[41]. 吴传钧.论地理学的研究核心——人地关系地域系统 [J]. 经济地理，1991（3）：1-6.

[42]. 黄震方，黄睿.基于人地关系的旅游地理学理论透视与学术创新 [J]. 地理研究，2015,34（1）：15-26.

[43]. 刘彦随.现代人地关系与人地系统科学 [J]. 地理科学，2020,40（8）：1221-1234.

[44]. 周宝同.土地资源可持续利用基本理论探讨 [J]. 西南师范大学学报（自然科学版），2004（2）：310-314.

[45]. 周伟，张文秀，袁继超.土地可持续利用系统理论初探 [J]. 国土经济，2003（9）：19-21.

[46]. 李周.中国生态经济理论与实践的进展 [J]. 江西社会科学，2008（6）：7-12.

[47]. 方时姣.西方生态经济学理论的新发展 [J]. 国外社会科学，2009（3）：12-18.

[48]. 刘薇.区域生态经济理论研究进展综述 [J]. 北京林业大学学报（社会科学版），2009,8（3）：142-147.

[49]. 邓汉慧，张子刚.西蒙的有限理性研究综述 [J]. 中国地质大学学报（社会科学版），2004（6）：37-41.

[50]. 曹宇，王嘉怡，李国煜.国土空间生态修复：概念思辨与理论认知 [J]. 中国土地科学，2019,33（7）：1-10.

[51]. 邬建国.景观生态学——格局、过程、尺度与等级 [M]. 第二版，北京：高等教育出版社，2007.

[52]. 明传鹏.农田水利工程在土地整治中的发展应用 [J]. 价值工程，2018,37（16）：221-222.

[53]. 贾文涛.生态修复是国土整治应有之义 [N]. 中国自然资源报，2019-08-15.

[54]. 谢建华.助推乡村振兴战略 促进生态文明建设——杭州市积极探索和实践全域土地综合整治新路径 [J]. 浙江国土资源，2018（10）：13-15.

[55]. 苗越，郭勇.长兴县聚焦"四大效应"高效率推进全域土地综合整治 [J]. 浙江国土资源，2020（5）：50-52.

[56]. 贺涌源.对实施全域土地综合整治的思考 [J]. 浙江国土资源，2018（4）：37-38.

[57]. 严桥来，沈志勤，何佑勇.浙江：推进乡村全域土地综合整治与生态修复 [J]. 中国土地，2019（12）：57-58.

[58]. 山衍鹏.烟台市种植业结构调整现状与发展对策研究 [D]. 泰安：山东农业大学，2018.

[59]. 袁浩博.吉林省农村三次产业融合发展研究 [D]. 长春：吉林大学，2020.

[60]. 潘仲尼.太谷县农村一二三产业融合发展研究 [D]. 晋中：山西农业大学，2019.

图书在版编目（CIP）数据

全域土地综合整治与生态修复理论与实践 = Theory
and Practice of Comprehensive Land Management and
Ecological Restoration / 汪洋，童菊儿主编 . — 北京：
中国建筑工业出版社，2022. 11（2025.8重印）
　　ISBN 978-7-112-27956-2

　　Ⅰ. ①全… Ⅱ. ①汪… ②童… Ⅲ. ①土地整理—生
态恢复—研究—中国 Ⅳ. ① F321. 1

　　中国版本图书馆CIP数据核字（2022）第174354号

　　本书介绍了全域土地综合整治的时代背景、相关理论概念、工作路径与
方法，从前期准备到现场调研评估到规划编制、工程设计、项目实施与运营
全流程，山水林田湖等全要素展开，契合我国当前乡村振兴以及国土空间规
划的大背景。
　　本书可供从事土地整治、乡村振兴等相关领域的规划人员以及政府管理
人员和技术人员阅读参考。

责任编辑：黄习习　陆新之
责任校对：张惠雯

全域土地综合整治与生态修复理论与实践
Theory and Practice of Comprehensive Land
Management and Ecological Restoration
汪　洋　童菊儿　主编
＊
中国建筑工业出版社出版、发行（北京海淀三里河路9号）
各地新华书店、建筑书店经销
北京海视强森文化传媒有限公司制版
建工社（河北）印刷有限公司印刷
＊
开本：787 毫米 × 1092 毫米　1/16　印张：16¹/₂　字数：300 千字
2023 年 1 月第一版　2025 年 8 月第三次印刷
定价：**176.00** 元
ISBN 978-7-112-27956-2
　　（39828）

版权所有　翻印必究
如有印装质量问题，可寄本社图书出版中心退换
（邮政编码 100037）